KB028682

중소기업을 위한

수출 마케팅

길잡이

중소기업을 위한

수출 마케팅 길잡이

펴낸날 2019년 5월 17일

지은이 황선창

펴낸이 주계수 | **편집책임** 이슬기 | **꾸민이** 이슬기

펴낸곳 밥북 | **출판등록** 제 2014-000085 호

주소 서울시 마포구 양화로 59 화승리버스텔 303호

전화 02-6925-0370 | **팩스** 02-6925-0380

홈페이지 www.bobbook.co.kr | **이메일** bobbook@hanmail.net

© 황선창, 2019.

ISBN 979-11-5858-554-9 (13320)

※ 이 도서의 국립중앙도서관 출판시도서목록(CIP)은 e-CIP 홈페이지(http://www.nl.go.kr/cip)에서 이용하실 수 있습니다. (CIP 2019018136)

※ 이 책은 저작권법에 따라 보호받는 저작물이므로 무단전재와 복제를 금합니다.

이것만 알면 수출 마케팅 두렵지 않다!

중소기업을 위한 수출 마케팅 길잡이

황선창

KOTRA 수출지원업무 20년 경험과 노하우
수출 업무 입문자들도 알기 쉽게 정리한 실전 전략서

밥북

추천사 1

해외시장은 우리의 숙명이다. 한국 경제발전사에서 수출을 빼고는 이야기할 수 없다. 기업가정신으로 무장하고, 세계시장에 도전하여 무역 1조달러, 세계 10위의 눈부신 경제대국을 이룩하였다. 해외시장에서 글로벌기업을 상대로 험난한 역경을 뚫고 이루어낸 값진 결과물이다.

글로벌시장은 우리 기업들에 무한경쟁시장이다. 특히 정보력도 약하고, 인력도 부족한 중소기업들에는 막연한 두려움의 시장이기도 하다. 대기업에 입사해 해외마케팅 부서에 막 배치된 청춘들 또한 처음에 당황스럽기는 마찬가지일 것이다.

〈중소기업을 위한 수출 마케팅 길잡이〉는 우리가 잘 모르고 두렵기만 한 글로벌시장을 요리하는 데 필요한 최고의 실전 전략서라 할 수 있다. 저자는 미국 시카고 코트라무역관에서 20년을 넘게 중소기업과 동고동락하면서 보고, 느끼고, 체험한 살아있는 생생정보를 수출 초기 입문자들도 알기 쉽게 일목요연하게 정리하고 있다. 또 해외시장정보조사는 어떻게 하는지 바이어는 어디에 있는지, 외국인 바이어와의 상담전략은 무엇인지를 충실히 보여주고 있다.

우리 제품이 세계시장에서 소비되고 우수한 평가를 받을 수 있는 것은 수출기업의 노력 덕분이다. 이러한 현상은 지속되어야 하고, 새로운 수출기업과 인재들이 끊임없이 수출산업에 유입되어야 한다.

여러분이 한국수출경제에 일원이 되고 싶다면, 수출이 어렵고, 두렵다고 느낀다면, 이 책을 읽어볼 것을 권한다.

김윤태 / 코트라 유럽본부장(President of KOTRA Europe)

추천사 2

1999년 삼성 중공업 미국 주재원으로 근무할 때 IMF로 회사가 해외 기업에 매각되어 퇴사를 한 후 한국 중소기업 제품을 미국에 수출하는 무역과 수출 마케팅에 아무런 준비 없이 뛰어 많은 시행착오를 경험하였다. 그때는 물어볼 사람도 변변한 수출 마케팅 관련 책도 없어 스스로 경험하고 실패하면서 수출 마케팅을 배웠다.

나는 삼성에서 그리고 사업가로 수출시장에서 활동한 지 어느덧 35년이란 세월이 되었는데 지난 20년 동안 가까이에서 황선창 차장을 꾸준히 지켜보았다. 수출 마케팅을 하고 있는 나로서는 그의 경험과 지식을 바탕으로 큰 도움을 받았고, 그의 풍부한 노하우에 놀라곤 했다.

그가 지난 5년 동안 준비하여 이번에 펴낸 〈중소기업을 위한 수출 마케팅 길잡이〉는 폭넓은 실무 경험과 다양한 사례제시를 통해 수출마케팅 추진 전략을 누구나 이해하기 쉽게 설명하고 있다.

미국 시장에 진출하려고 준비하거나 이미 해외시장에 진출한 기업 임직원들이 필독하고 활용한다면 나처럼 큰 도움을 얻을 것이다. 특히 해외수출을 추진하는 한국 중소기업에 큰 도움이 될 것을 확신한다.

이남수 / 시카고 한인 정부조달 협회 회장 및 Unisource America,Inc 대표

추천사 3

이 책은 국외 시장 진출을 추진하는 기업들이 어떻게 준비하고 어떻게 바이어를 발굴하여 관리하는지 등, 아주 기초적인 내용에서부터 수출 마케팅 전략 수립 노하우와 현지 비즈니스까지 쉽고 일목요연하게 정리한 가이드북이다.

또 전체적인 수출 마케팅의 흐름과 핵심 사항을 사례를 통하여 설명하고 있어, 수출 관련 업무에 관심 있는 학생은 물론 중소기업 및 수출 마케터들이 항상 곁에 두고 실무에 활용할 수 있는 실전 해외 마케팅 참고서이다.

권정식 / 렉스피드 해외 영업 팀장

중소기업의 해외 마케팅 목표는 수출이다. 모든 업체들은 역량에 상관없이 큰 기업과 큰 금액의 수출 거래를 희망한다.

자동차 부품업체면 유명 완성차 업체나, 대형 1차 공급업체에 납품하고 싶어 하고 소비재를 생산하는 업체면 월마트 등 대형 유통업체에 납품 하고 싶은 목표가 있다. 이러한 목표를 이루기 위해서는 어떻게 준비하고 어떻게 실행해야 할지에 대한 세부 전략과 준비가 필요하나 많은 중소기업이 목표는 세우나 세부 추진 준비나 전략은 부족하다.

수출을 위한 준비와 전략이 되어 있지 않은 기업이 시행착오를 줄이며 단기간에 수출 성과를 내기란 거의 불가능에 가깝다. 사실 대다수 중소기업은 수출을 위한 조사에서부터 마케팅 과정에 이르기까지 어떻게 하는지 몰라서 못 하기도 하고, 예산과 인력 제한으로 못하는 경우도 많기 때문이다.

이러한 현실에서 시중에 나와 있는 해외 마케팅 관련 책들을 보면 대부분이 이론 중심이어서 다루는 범위가 너무 넓을뿐더러 실제 적용할 수 있는 사례가 많지 않다. 그러다 보니 자금과 인력이 제한된 중소기업에서 현실적으로 활용할 수 있는 내용은 그리 많지 않고 마케팅 용어 정도를 습득하는 기초자료로 활용되는 정도이다.

이 책은 이러한 문제의식으로 수출하는 데 꼭 알아야 할 기본적인 조사 및 마케팅 방법을 단계별로 짚어 보고, 수출 마케팅을 추진하는 큰 흐름을 파악하여 직접 활용하는 데 중점을 두었다. 그런 만큼 해외 마케팅을 처음 시작하는 기업의 실무자나 경영학과 및 무역학과 학생들이 해외 마케팅의 큰 흐름을 파악하고 다양한 실제 사례를 통해 실무현장을 파악하고 적용하는 데 도움이 될 것이다.

특히 자본과 인력이 부족한 중소기업에서 다소 활용하기 어려운 수출 마케팅 방법은 배제하고 중소기업에 필요하거나 즉각 활용할 수 있는 내용을 중심으로 구성하였다. 다년간 중소기업의 해외수출 지원 업무를 하면서 꼭 필요하고 자주 활용하는 내용만 선별하여 이해하기 쉽게 정리한 것이다. 나아가 사례 제시를 통해 왜 필요하고 어떻게 활용하는지를 추가 설명하였다. 마케팅 전략수립을 위해 가장 기본적이며 반드시 필요한 업무인 시장조사의 경우 인터넷과 주변 전문가, 그리고 정부 관련 기관을 종합적으로 활용하여 효율을 극대화하도록 한 게 그 예이다.

중소기업들은 자기 제품은 누구보다도 잘 알고 있을 것이라 확신한다. 문제는 시장을 정확히 파악하여 그 제품 시장이 요구하는 상거래 방법을 파악한 후 전략적으로 접근해야 한다는 점인데, 이는 수출 성공을 위해 필수적이다. 그래서 이러한 과정을 거쳐 한국에서 잘 팔리는 제품이 외국에서 잘 팔릴 수 있는 시장을 찾아야 한다.

이런 경우 대부분은 현지 시장에 맞게 약간 또는 전반적으로 변경한 제품이 성공할 확률이 높다. 이러한 노하우는 해외 현장을 알아야만 가능한 일인데, 이 책에서는 이러한 부분까지 놓치지 않고 이에 대한 준비와 추진 방안을 제시하면서, 바이어 발굴과 관리 요령까지도 자세히 설명하였다.

수출의 중요성은 국민과 기업이 잘 알고 있다. 정부도 수출 확대를 위해 여러 지원 기관을 통해 독려하고 기업들에는 각종 편의나 혜택을 제공하고 있다. KOTRA를 포함한 중소기업진흥공단, 한국무역협회 등 정부 관계기관이 중소기업의 수출지원을 위해 많은 노력을 하고 있다.

하지만 정부와 관련 기관이 다양한 지원을 한다고 해도 정부 지원프로그램을 효율적으로 활용하지 않고, 각 중소기업이 수출에 대한 의지와 인력, 전략이 없다면 수출 성과를 달성하기는 어렵다. 목마른 사람을 물가까지 데려갈 수는 있으나 목마른 사람이 물을 마시지 않는다면 그 갈증을 해소할 수 없기 때문이다. 그러므로 중소기업 스스로가 물을 마시려 나서지 않으면 수출에 대한 갈증은 영원히 해소되지 않을 것이다. 또 정부가 다양한 지원프로그램을 통해 목마른 사람을 우물까지 데려가 주더라도 어떻게 거기까지 갔는지 눈여겨 두지 않으면 다시 돌아올 때나 그 길을 다시 찾아갈 때 헤매고 길을 잃어버리기에 십상이다.

중소기업의 수출 확대를 위해서는 해외 마케팅 인력을 양성하는 것도 아주 중요하다. 많은 중소기업 경영자들은 수출 마케팅 추진에 가장 어려 점 중 하나로 수출 경험이 있는 수출 마케팅 인력을 구하는 것을 꼽고 있다. 현장에서 보면 중소기업 수출 담당 직원 대부분이 경험이 많지 않고, 어디서 어떻게 시작해야 할지 몰라 어려움을 겪곤 한다.

이 책이 제공하는 기초적인 해외 마케팅 방법과 관련 기관 활용 안내가 이런 어려움을 해소하는 데 조금이나마 도움이 되길 기대한다.

이 책을 준비하는 데 도움을 주신 분들이 많다. 의욕은 넘쳤으나, 알고 있는 지식과 경험을 글로 표현하려니 생각보다 녹록하지 않아 좌절할 때마다 조언과 격려로 이 책을 완성하게 해준 분들이다. 근무하는 KOTRA는 내가 조사에서부터 마케팅, 해외투자 업무까지 모든 업무에 도전해 볼 기회를 주었고, 20년 근무하는 동안 가르침을 주신 전·현직 시카고 무역관장과

KOTRA 동료들이다. 그분들께 이 지면을 통해 감사의 말씀을 전한다. 또 항상 새로운 생각으로 많은 질문과 조언을 통해 이 책이 나오도록 영감을 준 현 손현일 과장을 포함한 시카고 무역관 동료 후배 현지 직원들에게 고마움을 전한다.

축구와 테니스를 좋아하며 인생의 힘든 여정의 시작을 위해 고군분투하는 사랑하는 아들 윤재(Justin Hwang)는 바쁜 학교생활에도 불구하고 영문 샘플 편지를 교정, 작성에 필요한 자료를 수집해 주고, 이 책의 대다수 표와 그림을 직접 그려 주어 원고 작성 시간을 크게 줄일 수 있게 도와주었다. 특히 발표자료 준비 및 마케팅 전략 부분에 대해 초보자 입장에서 책의 구성과 순서, 내용에 관한 의견을 주고 이해하기 쉽도록 그림을 직접 그려 주었다. 직장생활과 가정일 때문에 나보다 훨씬 바쁜데도 불구하고 부족한 남편이 나태해질 때마다 자극과 용기를 북돋워 주고 책을 쓸 시간을 허락한 아내에게 이 책을 바친다.

마지막으로 이 책이 세상에 나올 수 있도록 도움을 주신 도서출판 밥북 주계수 대표와 편집진에게도 고마움을 표한다.

2019년을 맞이하며 황선창

Contents

3장_바이어 발굴 및 관리하는 방법

4장_공급업체 조건 및 절차와 바이어 미팅법

5장_판매 전문가인 세일즈랩 활용 방법

6장_해외 전시회 참가와 수출 계약서 작성법

7장_투자를 통한 해외진출과 검토사항

8장_해외시장 진출전략

9장_정부, 기관의 수출지원사업과 활용

10장_수출 잘하는 중소기업은 다르다

읽기 전에

시행착오를 줄이는 해외수출 마케팅

필자는 지난 20년간 한국 중소기업 미국 수출지원 업무를 해왔지만 아직도 중소기업 수출 마케팅 지원을 통해 수출 성약이라는 결실을 맺기까지는 많은 도전과 어려움이 따른다.

미국시장은 단일 세계 최대 시장이자 세계 유수 글로벌 기업과 중소기업들 모두 진출 목표로 삼고 있어 경쟁이 아주 치열한 시장이다. 따라서 미국시장 수출에 성공했다고 하는 것은 단순히 수출 성공이 아닌 세계 시장에서 제품뿐만 아니라 수출 마케팅 부분에서 그 기업이 경쟁력을 갖추고 있다는 남다른 의미가 있다.

오랫동안 다양한 제품의 중소기업 수출지원 업무를 하면서 많은 시행착오, 잘못된 방향, 전략 부재로 인해 시간 낭비와 실패를 직간접적으로 경험하였다. 내가 해외 마케팅 지원 업무를 시작할 때 해야 할 일은 알려 주었지만, 누구도 어떻게 하라, 이렇게 하면 된다고 알려주지 않았다. 방향을 못 잡아 헤매고 있거나, 방향은 잡았으나 어떻게 해야 하는지 고민이 될 때 의논할 사람도 없었고 마땅한 자료나 책도 없었다.

해외 마케팅 관련하여 이 경우 무엇을 준비하고 어떻게 하라는 가이드가 될 만한 책도 없을뿐더러, 그동안 해외 마케팅 경험이 많은 사람들은 자신의 경험이 돈을 버는 자산이라는 이유로 각자의 노하우를 공개하지 않았다.

나는 지금도 많은 시행착오를 겪고 경험을 통해 효율적인 방법을 터득하며 배우고 있지만, 지금까지 쌓은 나의 노하우를 이 책을 통해 공유하고자 한다.

모든 영업이 그렇듯이 수출 영업 역시도 지름길이 존재하지 않는다. 직접 시도와 실패를 통해 배울 수밖에 없다. 지름길은 없지만 좀 더 효율적인 방법과 노하우는 있다. 내가 일하는 사무실에도 대학을 갓 졸업한 직원들이 입사하여 한국 중소기업들의 해외 영업을 지원한다. 업체들이 요청하는 사항을 최선을 다해 지원하고 있지만 체계가 없고 무엇을 준비해야 하는지 방향성이 없기 때문에 해외 마케팅 수행과 수출이라는 성과를 창출하는 데 늘 어려움에 부닥치곤 한다.

수출 마케팅의 목적은 가능한 짧은 시간에 수출 성과를 내고, 장기적인 판매나 성장으로 이어지도록 시장 기반을 다지는 것이다. 여기에 도움이 되도록 이 책은 수출 마케팅 전체를 쉽게 이해하고, 그 이해를 돕도록 가능한 많은 성공 사례와 실패 사례를 각 단계별로 포함하였다.

이 사례들은 필자가 경험한 내용을 토대로 하였으며, 기업 이름은 무기명으로 표기하였다. 공개할 수 없는 중소기업의 영업 기밀을 보호하기 위해 내용을 약간 각색하였으나 최대한 사실을 기반으로 핵심 요소는 변형시키지 않으려고 노력하였다.

무역 관련 전문 용어나 계약서 작성 등 관련 내용은 무역 실무와 같은 시중에 출간된 책에 자세히 정리되어 있기 때문에 이 책에서는 가장 많이 활용되는 중요한 부분만 간단히 정리하고, 가급적 수출 마케팅 관련 내용을 자세히 다루는데 치중하였다.

책의 내용과 사례를 참고하더라도 기업별로 처한 상황과 품목, 경영진의 경영 방향이 다르기 때문에 어떻게 자사에 적용할 수 있을지 끊임없이 노력하는 자세가 필요하다. 이러한 바탕 위에서 적극적인 해외수출 마케팅을 하다 보면 자사만의 노하우를 확보하고 수출 성약이라는 결실을 얻을 수 있을 것이다.

사람들은 한국의 수출 중요성에 대해 흔히 이렇게 말한다. '한국 시장은 좁아 해외시장으로 나가야 한다. 한국은 부존자원이 부족하기 때문에 수출 기반의 산업구조를 가지고 있다. 한국은 내수시장 규모가 작고 부존자원이 없기 때문에 수출을 통해 경제발전을 이룩해야 한다' 등등.

사실 한국은 그동안 정부와 기업들이 수출 확대 정책을 통해 많은 경제 발전을 이룩하였으나 최근 내수시장이 더욱 침체함에 따라 앞으로 수출 확대를 위한 노력이 더 절실해 지고 있다. 그러나 외부 수출 환경은 그리 녹록하지 않다. 한국의 대다수 제품은 가격 경쟁력을 상실한 지 오래되었으며, 몇몇 제품을 제외하고는 품질 경쟁력이 경쟁국가에 비해 월등히 뛰어난 것도 아니다.

특히 중국산 제품의 빠른 기술 경쟁력 확보가 한국산 제품 수출 시장에 가장 큰 타격을 주고있다. 지금도 또 다른 경쟁국가들이 속속들이 세계 시장에 등장하여 경쟁은 더욱 치열해 지고 있다.

해외시장 개척은 많은 노력과 시간이 소요되지만, 판매할 수 있는 시장을 넓혀 다양한 판로를 확보하여 경기 부침에 대한 위험을 피할 수 있기 때문에 꼭 필요하다. 요즘 언론 매체에서 중소기업이 강해야 한국 경제가 산다는 내용이 많이 나온다. 그러나 정부 정책과 노력에도 불구하고 중소기업 수출 상황은 여러 가지 면에서 아직도 취약하다.

산업통상부가 발표한 자료에 따르면 전체 중소기업 중 수출 중소기업의 비중은 약 2.6%에 그치고 있으며, 독일의 10.9%, 미국의 5.2%에 비해 아주 낮은 실정이다. 또 통계청 자료에 따르면, 2015년 기준 중소기업이 전체 한국 대외 수출액에서 차지하는 비중은 약 20.5%로 OECD 평균 비중은 31.5%에 비해 낮은 편으로 한국은 대기업 수출 비중이 다른 선진국에 비해 높은 편이다. 따라서 중소기업들이 해외시장 개척을 통해 시장을 다변화하고 한국 경제를 다시 도약시킬 수 있도록 해야 한다.

1장

–

수출 마케팅 기초

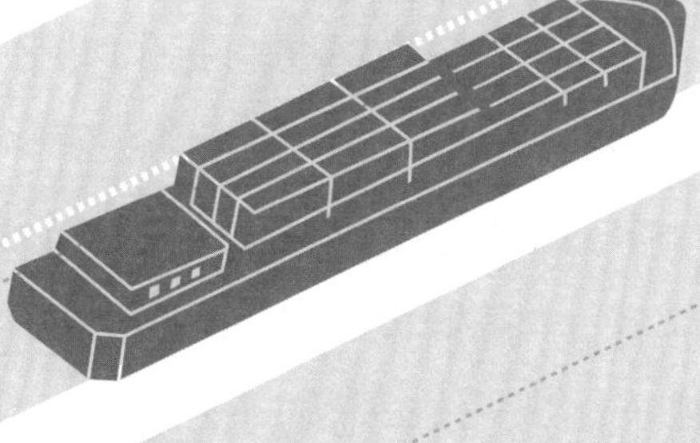

1. 수출 마케팅 4가지 단계

중소기업이 기본적인 수출 준비사항인 영문 카탈로그와 홈페이지를 보유하고 있다고 해도 처음 수출 마케팅을 위해서는 무엇을 먼저 시작해야 하나 아주 막막할 수밖에 없다.

걱정할 필요가 없다. 이 책에서 제시하는 기본적인 절차를 염두에 두고 하나씩 준비해 나가면 된다. 이 책에서 가능하면 단계별 세부 추진 방법뿐만 아니라 이해를 돕기를 해 사례와 팁을 제공한다.

본격적으로 수출을 위해서는 먼저 수출 마케팅을 추진할 타깃 시장을 정해야 한다. 이를 위해서는 회사 내부의 경쟁력 조사와 및 외부 시장에 대한 면밀한 조사와 분석이 필요하다.

시장조사를 통해 어느 나라에 어떤 제품이 수출되고 있는지, 경쟁업체는 어디가 있는지, 제품 특징이 무엇인지 등을 각종 인터넷 자료와 수출 통계자료를 활용해 조사해야 한다. 또한 해당 국가 수출 경험이 많은 관련 업계 종사자인 에이전트나 무역상사 그리고 주변 전문가들한테 자사 제품의 경쟁력과 시장성이 어느 정도이며 왜 판매되고 있는지도 조사하거나 문의하여 시장성을 파악해야 한다.

중소기업 여건상 수출을 위해 단계별로 완벽하게 준비가 된 후 수출에 나설 수는 없다. 어떤 경우는 수출을 추진하면서 필요한 사항을 하나씩 준비해야 한다. 그러나 영문 카탈로그 제작 등 아주 기본적인 사항과 각 국가에서 요구하는 기본적인 인증 등은 반드시 사전에 파악하고 준비해야 한다.

수출 마케팅을 하면서 필요한 사항을 보완하고 준비하면서 수출을 추진할 수 있다. 특히 계약서 검토나 선적 서류 작성 등은 거래가 성사되면 전문가에게 자문을 구하면 된다. 그래도 가능하다면 사전에 철저한 준비와 학습을 통해 시행착오를 줄이려는 노력은 반드시 동반되어야 한다.

수출 단계는 크게 4단계로 나누어진다. 1단계는 수출 준비, 2단계는 거래선 발굴, 3단계는 계약체결, 4단계는 해외 진출 단계이다.

각 단계 및 순서에 따라 준비할 필요는 없으나 첫 번째 단계로 가장 기본이 되는 것은 영문 자료 또는 현지어로 된 회사 소개 및 제품 소개 자료이다.

1단계에서 기본적인 영문 회사 및 제품 정보가 준비되면, 2단계인 거래선 발굴에 나서야 한다. 거래선 발굴은 전시회 참가 및 상담회 참가, 직접 전화나 이메일을 통해 잠재 바이어를 발굴할 수가 있다. 3단계는 바이어와 거래가 성사되면 계약을 체결하고 이를 이행하기 위한 계약서 검토 및 각종 서류 작업, 배송 문제, 은행 관련 서류 등 수출에 필요한 다양한 내용을 알아야 한다. 마지막 단계로는 수출을 통해 어느 정도 판매가 증가하면 좀 더 공격적으로 현지 시장 공략을 위해 현지 판매법인이나 생산공장을 설립할 수도 있고 인수·합병을 통해 해외시장을 크게 확대할 수도 있다.

해외 진출을 위해서는 현지 법인 설립 방법과 설립 절차 등을 준비해야 하며, 또한 현지 인력 채용 및 관리를 위한 현지 노무 관련 법이나 규정도 반드시 파악해 놓아야 한다.

1단계부터 4단계까지 어떻게 준비해야 하고 추진해야 하는지에 대해서 각 단계별로 차근차근 설명하도록 하겠다.

<수출마케팅 단계별 준비사항>

1 단계	영문 회사 및 제품 자료 준비
2 단계	시장 조사 및 바이어 발굴
3 단계	계약서 작성을 위한 거래 조건
4 단계	해외 현지 법인 설립을 통한 현지 시장 공략

2. 해외수출 기본적인 준비사항

가장 먼저 수출을 위한 준비 단계로서 1단계부터 설명한다. 모든 일을 처음 시작할 때 준비가 필요하다. 준비 없이 시작할 수도 있다. 그러나 준비 없이 시작했다가 문제가 발생하면 그 문제를 해결하기 위해 더 많은 시간과 노력이 소요된다.

수출도 준비와 전략이 필요하다. 많은 외국 바이어들이 한국 중소기업과 미팅을 하고 난 후 가장 많이 하는 말 중 하나가 "준비가 되어 있지 않은 업체가 많다"이다.

그럼 바이어는 준비되지 않은 업체와 거래를 할 가능성은 있는가? 특별한 경우가 아니면 없다고 봐야 한다. 어떤 바이어가 가르치고 준비하면서 제품을 사 가겠는가?

바이어가 말하는 해외수출 마케팅을 위한 '최소한의 준비'는 적절한 영문 카탈로그를 가지고 있느냐는 것이다. 추가로 외국 기업의 바이어가 컴퓨터나 휴대용 기기를 이용해 직접 홈페이지를 방문하여 회사 소개 및 제품 설명을 볼 수 있는 영문 홈페이지도 있어야 하며 해당 국가의 산업 또는 제품이 요구하는 인증도 확보하고 있어야 한다.

갈수록 홈페이지 중요성이 강조되고 있으며, 외국에서 쉽게 접속할 수 있는 홈페이지는 적절한 회사 및 제품 소개 내용이 있어야 한다. 그리고 외국에서 접속해도 아무런 문제가 없도록 기술적인 부분도 고려하여 준비 또는 설계되어야 한다. 최근에는 모바일 기기에 호환되는 웹페이지 디자인이 크게 늘어나고 있으니 이도 고려해야 한다.

해외수출을 위해서는 해당 국가에서 요구하는 제품 또는 산업별 인증을 획득해야 한다. 특히 선진국 시장의 경우 거의 모든 제품에 인증을 요구하고 있기 때문에 본격적인 해외수출 마케팅 이전에 미리 획득하는 것이 필요하다.

해당 국가의 필요 인증이 없을 경우 아무리 제품에 관심이 있는 유력 바이어를 발굴 또는 미팅을 한다고 해도 수출 성약이 이루어지기 힘들다. 따라서 진출 타깃 수출 시장이 있으면 해당 국가에서 요구하는 인증의 종류를 미리 파악하여 획득해 놓아야 한다.

최근 들어 인증 획득에 대한 중소기업들의 인식이 확산되고 정부의 지원 등으로 인해 사실 인증을 확보하고 있는 중소기업들이 비중이 높아지고 있다. 그러나 아직도 전시회 참가 등의 마케팅 활동으로 바이어를 발굴해 놓고도 인증이 없어 바이어들로부터 "인증을 획득하면 다시 연락해라"라거나 "인증이 없으면 검토 대상이 안 된다"는 말을 듣는 업체가 많다.

<해외 마케팅을 위한 3가지 기본적인 준비사항>

1. 영문 또는 해당 국가 언어로된 카탈로그
2. 영문 또는 해당 국가 언어로 된 홈페이지
3. 해당 국가의 산업 또는 제품에 요구하는 인증

해외수출을 위해 위 세 가지가 준비된 업체들도 아래 세부 내용을 읽고 자사가 이미 보유한 것들에 대한 내용을 검토하여 필요한 경우 보완하거나 수정하기를 권유한다.

특히 카탈로그와 홈페이지는 살아 움직이는 생물이라고 생각해야 한다. 한 번 만들어 놓게 계속 사용하는 것이 아니라 내용과 기술을 지속적으로 관리하고 업데이트를 해야 한다.

1) 영문 카탈로그 만들기

영문 카탈로그는 바이어에게 회사 및 제품을 소개할 때 아주 기본이며 꼭 필요한 도구이다. 보통 발굴한 바이어에 이메일 회사 소개 및 제품 소개서를 보낼 때 사용할 수 있으며 전시회에서 바이어와 상담할 때도 가장 유용하게 사용된다.

영문 카탈로그는 인쇄 버전과 디지털 파일 버전으로 준비하고 파일 버전은 이메일에 첨부하여 손쉽게 보낼 수 있는 용량인 10MB 이하의 버전과 직접 방문 미팅하여 전달할 수 있도록 USB에 저장한 고화질 자료 버전으로 각각 준비하는 것이 좋다.

영문 카탈로그를 만들 때는 먼저 전체 구성과 순서를 정하고 각 항목에 어떤 내용을 채울 것인지에 대해 설계가 필요하다. 일반적으로 카탈로그는 정형화된 순서가 있다기보다는 자기 회사를 소개할 때 가장 중요한 핵심 사항이 무엇인지에 따라 다르다.

어떤 업체는 가장 일반적인 순서인 회사 소개, 제품 소개, 기술 현황 및 인증 등으로 구성하여 만든 업체가 있는가 하면, 어떤 업체는 먼저 제품 소개를 하고 그와 관련된 기술 인증 내용을 넣고 마지막으로 회사 소개를 하는 구성을 하기도 한다. 이러한 구성은 회사 이름보다 제품 또는 브랜드 인지도를 강조하는 산업 또는 제품을 특성이 있을 때 적합한 방법이다.

필자는 중소기업 카탈로그 중에서 화장품 업체들이 디자인과 내용, 구성면에서 가장 우수한 것으로 보였다. 아마도 제품 특성상 디자인 감각이 뛰어난 직원들이 많은 게 그 이유인 것 같다. 내용 작성은 키워드가 눈에 띄고 핵심 의미를 전달할 수 있도록 헤드라인을 작성하고 세부 설명은 추가적인 관심이 있을 경우 읽을 수 있도록 아래에 작성해야 한다.

너무 추상적인 내용과 장황한 설명, 검증되지 않은 효과 효능 등에 대한 내용은 오히려 회사와 제품을 이해하는데 오히려 방해가 되기도 한다.

영문 카탈로그를 만들 때 기본적이며 세부적으로 고려해야 할 사항은 아래와 같다. 이 외에도 카탈로그를 통한 좀 더 명확하고 효과적인 메시지를 전달하기 위한 다양한 노력과 검토가 필요하다. 최근에는 천편일률적이며 대동소이한 카탈로그보다 디자인 측면에서 좀 더 눈에 띄고 효율적인 메시지를 전달할 수 있는 새로운 구성과 방법이 도입되고 있다.

tips +

영문 카탈로그 만들 때 고려사항

1. 디자인하기 전에 카탈로그에 쓸 내용 수집

카탈로그에 어떤 내용을 넣을 것인지 방향을 정하고 이에 필요한 내용을 수집할 때는 제품 사진, 제품 리스트 및 주요 특징, 회사 정보, 고객들의 평가 등 회사와 제품을 부각할 수 있는 사항이 필요하다.

2. 카탈로그에 사용하는 고품질 사진을 준비

가급적이면 전문가한테 회사 제품 사진을 의뢰하는 것이 좋으나 예산 사정으로 직접 디지털 카메라로 찍을 경우 가급적 고해상도로 사진을 촬영하는 것이 좋다. 사진 배경은 흰색 또는 밝은색으로 촬영해야 하고, 제품별로 하나씩 촬영해 놓아야 편집할 때 손쉽게 사용할 수 있다.

3. 카탈로그를 작성하기 전에 제품의 특성을 정확히 파악

제품의 기술적인 장점뿐만 아니라 가격 구조, 경쟁력 등도 파악해야 함. 그리고 제품에 대한 세부정보를 알리길 희망할 경우 제품 안내 웹사이트를 표기하는 방법도 고려.

4. 카탈로그를 작성하기 전에 어떤 형태로 작성할지 구성 검토

적정한 사이즈를 선택하기 위해서는 먼저 어떤 용도로 사용할 것인지에 따라 달라짐. 전시회에 사용할 것인지, 이메일로 첨부 파일로 송부할 것인지, 우편으로 송부할 것인지 등 용도를 파악해야 함.

5. 몇 페이지를 작성할 것인지 정함

카탈로그는 고객들에게 회사 및 제품 정보를 충분히 전달할 수 있을 정도의 페이지가 필요하며 또한 흥미를 유발할 수 있을 정도의 페이지가 좋고 내용이 간결하게 작성되어야 함. 또한 목차와 회사 소개 페이지, 제품 소개 페이지는 반드시 필요한 경우가 많음.

6. 제품 정보는 간결하고 주요 특징이 부각될 수 있게 준비

제품 세부 정보를 작성할 때 짧고 간결하며 약 50~150단어 내에서 작성. 제품의 핵심적인 장점이 부각되고 제품의 세부적인 특징이 부각될 수 있도록 작성.

7. 문장은 전문 용어 사용을 자제하고 쉽게 작성

누구나 쉽게 읽을 수 있도록 짧게 작성해야 하며, 너무 기술적인 용어를 많이 사용하는 것은 피해야 함.

8. 작성 내용을 잘 배치하고 정리

페이지별 어떤 내용을 작성하고 어떻게 배치할지 설계를 해야 함.

9. 카탈로그는 표지가 90% 좌우

표지는 카탈로그를 처음 받았을 때 보는 표지가 중요한 역할을 하기 때문에 가장 신경을 써서 작성해야 함. 첫인상에서 눈길을 끌지 못하면 내용을 보지도 않고 쓰레기통으로 던져질 수도 있음.

10. 연락처는 눈에 잘 띄는 곳에 표기

카탈로그에 제품 주문이나 질문 사항이 있을 경우 연락 수 있는 연락처, 회사 주소, 웹사이트를 마지막 페이지 또는 매 페이지 하단에 반드시 표기.

2) 영문 홈페이지 구축

기업들은 점차 종이로 인쇄된 카탈로그보다 웹사이트를 통해 자료를 검색하고 정보를 얻는 경우가 늘어나고 있어 홈페이지 구축에 더 많은 시간과 노력을 투자해야 한다. 회사 웹사이트는 인쇄된 종이 카탈로그보다 쉽게 업데이트가 가능하며 필요에 따라 다양하고 많은 정보를 제공할 수 있다. 이런 장점이 있기 때문에 내용 구성과 편리한 검색이 가능하도록 내용과 디자인에 많은 신경을 써야 한다.

특히 처음 웹사이트를 방문했을 때 방문자가 어떤 정보를 가장 먼저 찾을 것인지를 분석하여 그 수요에 맞게 웹페이지를 구성해야 한다. 예를 들자면 일반적으로 방문자는 가장 먼저 제품 정보를 확인하고 그다음 회사 소개 자료를 본 다음 관심이 있다면 회사 연락처를 찾는다. 따라서 웹사이트를 디자인할 때 제품 및 회사 소개, 연락처를 가장 눈에 잘 띄게 배치하는 노력이 필요하다.

필자는 한국 중소기업 해외수출 지원을 위해 한국 중소기업의 홈페이지를 가장 많이 방문하는 사람 중 한 명일 것이다. 업무 중 바이어가 특정 품목을 생산하는 한국 업체를 찾아 달라는 의뢰가 접수되면 구글이나 네이버 검색을 통해 관련 제품을 생산하는 업체를 찾는다.

검색된 많은 한국 중소기업들의 홈페이지가 기술적인 문제로 잘 접속이 되지 않을 뿐 아니라 모바일 기기와 호환이 안 되기 일쑤다. 또 이들 영문 홈페이지들은 이미지나 내용이 업데이트되지 않아 검색 엔진에도 잘 검색이 되지 않고 있다.

잘 디자인된 영문 홈페이지가 있는 업체들도 많지만 많은 한국 중소기업들의 영문 홈페이지는 아래와 같은 공통적인 문제점을 가지고 있다.

<한국 중소기업 홈페이지 문제와 개선 방향>

1. 너무 텍스트 위주여서 한눈에 내용이 들어오지 않음.
2. 전체적으로 고객 편의가 아니라 일방적인 정보 전달 형태로 디자인되어 있음.
3. 그림 파일이 많으면 포털 사이트에서 검색되지 않으므로 텍스트 형태로 변경.
4. 제품 설명 및 회사 소개 시 검색엔진에서 많이 사용하는 키워드를 사용하여 내용 변경 필요
5. 이미지 파일을 잘 활용해야 하나 너무 많으면 작동에 문제가 발생할 수 있으니 주의.
6. 모바일버전 추가하여 휴대폰으로 홈페이지를 방문할 수 있게 해야 함. PC 기반 웹페이지의 경우 모바일 기기로 접속했을 경우 크기를 확대 축소해야 한다는 불편한 점이 있음.
7. 플래시나 액티브 엑스 활용 자제, 외국에서 접속하면 잘 열리지 않은 경우가 많고, 엑티브 엑스를 컴퓨터에 내려받기하지 않음.
8. 초기 화면에 너무 많은 내용을 담는 것 자제. 홈페이지 방문하는 사람은 회사, 제품, 연락처 정보를 얻기 위해 방문.

영문 홈페이지 제작 시 가장 고려해야 할 사항은 해외에서 영문 홈페이지 접근이 용이하고 잘 열리고 검색이 가능하도록 디자인 되어야 한다는 점이다.

외국에서 웹 페이지를 방문하면 이미지 파일이 열리지 않거나 플래시, 동영상 파일의 과도한 사용으로 페이지에 접근하는 데 문제가 있는 경우가 많다.

그리고 적절한 정보가 수록되어 있고 검색 시 잘 노출이 될 수 있는 이미지보다는 텍스트 위주로 작성되어야 한다. 제품 설명 및 회사 설명이 이미지 파일로 되어 있으면 검색 엔진에서 검색되지 않기 때문이다.

영문 홈페이지 제작 시 이러한 다양한 요인과 아래 사항을 고려한 최적의 홈페이지를 구축하여 해외 마케팅에 최적의 도구로 사용될 수 있도록 해야 한다.

tips +

영문 웹페이지 제작 시 고려사항

1. 목표를 명확히 해야 함. 웹사이트를 만드는 목적과 타깃 고객이 누구인지에 대한 설정이 필요하다. 웹사이트의 목적 판매를 위한 정보 전달인지, 온라인 판매를 목적으로 하는지 등과 같은 것을 검토해야 함.
2. 웹사이트 주소도 잘 선택해야. 도메인 이름에서 'co.kr'보다는 '.com' 사용을 권장. 적당한 '.com'이 없을 경우 '.net' '.biz' 등도 검토 필요. 가능하면 회사 이름과 동일한 도메인 사용. 불가능 한경우 앞뒤에 글자를 추가하여 연관 있게 도메인 네임을 정하는 것이 바람직. 또한 기업의 브랜드 이미지와도 상호 호환되어 시너지 효과를 거둘 수 있어야 함.
3. 검색 최적화는 필수. 검색했을 때 쉽게 검색될 수 있도록 최적화된 키워드 사용, 콘텐츠도 쉽게 검색될 수 있도록 최적화 작업이 필요.
4. 첫인상이 중요. 방문자는 홈페이지를 방문했을 때 10초 안에 머물지 아니면 닫고 나갈지를 결정하기 때문에 처음 방문했을 때 초기 화면이 중요. 따라서 플래시 사용을 자제하고 핵심 내용을 담을 수 있도록 디자인하는 것이 필요.
5. 이젠 모바일 기기 시대이므로 모바일 기기에서 쉽게 방문할 수 있는 모바일 환경 웹 페이지를 만드는 것이 중요. 모바일 기기 및 가로세로 변환에 따라 자동으로 변환되는 환경 구축.
6. 연락처는 필수. 홈페이지를 보고 관심이 있을 경우 쉽게 연락하도록 주소와 전화번호, 이메일 주소는 필수적이며 가장 찾기 쉬운 곳에 배치해야 함. 특히 해외 무역의 경우 더 중요하며 이메일의 경우 홈페이지 도메인과 동일한 이메일 사용 권장
7. 지속적인 업데이트와 보완을 통해 살아있고 생동감 있으며 항상 최신 정보가 게재될 수 있어야 함.

웹사이트는 자기 회사를 소개하는 가장 기본적인 홍보 수단이다. 특히 해외수출에 노력을 하는 기업이라면 해외에서 손쉽게 접속하여 볼 수 있는 웹사이트 구축이 매우 중요하다.

보통 모임 또는 전시장에서 처음 만난 사람한테 명함을 받고 사무실로 돌아오면 잘 기억이 나지 않는 경우가 많다. 그래서 사람들은 만난 사람을 잊어버리지 않고 기억하기 위해서 가장 먼저 받은 명함의 회사 홈페이지가 있는지를 확인하고 홈페이지를 방문하여 어떤 회사인지를 파악한 다음 명함을 받은 사람과 회사를 연결하여 기억해 놓거나 명함에 메모하는 경우가 많다.

따라서 웹사이트가 없다면 직접 만났던 당사자에게 물어보는 것 외에 회사 정보를 찾아볼 수가 없다. 웹사이트가 있다고 하더라도 잘 만들어 놓지 않으면 스스로 비즈니스 기회를 버리는 것과 마찬가지인 경우가 발생할 수 있다.

이제는 웹사이트를 보유하느냐 마느냐는 선택의 문제가 아니라 기업을 운영하거나 수출을 희망하는 업체라면 필수이다. 나아가 해외 바이어가 쉽게 접속 가능한 간결하고 명확한 내용의 웹사이트를 디자인하여 홍보 효과를 극대화하는 노력이 필요하다.

바이어에게 업체를 소개하기 위해 파일로 된 회사 및 제품 소개서를 이메일로 송부하고 검토를 요청하는 경우가 있으나, 웹사이트가 있으면 회사와 제품을 이해시키는 데 많은 도움이 된다. 추가로 동영상이나 제품 이미지 등이 포함된 자세한 웹사이트가 있을 경우 바이어에게 이메일 또는 전화 통화 시 웹사이트 방문을 안내하여 제품을 이해시키는데 훨씬 수월하다.

해외에 수출하려면 해당 국가에서 가장 높은 점유율을 기록하고 있는 검색엔진에 최적화될 수 있도록 설계하는 것이 좋다. 예를 들자면 미국의 경우 구글, 중국의 경우 바이두이다. 특히 소비재의 경우 더 현지 시장에 맞는 단어와 포맷을 사용한 컴퓨터와 모바일에 최적화된 웹사이트를 보유해야 한다.

웹사이트는 자사를 홍보하는 목적이지만 가장 중요한 것은 고객이 가장 궁금해할 만한 사항에 대한 정보 제공에 우선순위를 두고 콘텐츠를 설계해야 한다.

홈페이지에서 가장 중요한 3가지는 첫째 제품정보, 두 번째는 회사정보, 세 번째는 연락처이다. 특히 제품에 대한 정보가 불명확하거나 너무 많아 핵심 정보 전달에 문제가 없도록 내용을 작성해야 한다.

사례 1 웹 디자인 변경으로 거래에 성공한 A사: 바이어가 인터넷 검색을 통해 한국 기업에 거래를 제안한 사례

A사는 화장품을 판매하는 회사로 회사와 제품을 잘 보여주는 웹사이트 디자인으로 수출 성약을 이룬 사례가 있다.

한국산 제품에 대한 높은 품질에 대한 소문을 들은 바이어는 공급업체를 찾기 위해 구글에서 한국산 마스크 팩을 검색하였다. 구글 검색에서 찾은 몇몇 한국 기업들의 홈페이지를 검색하였는데, 어떤 업체는 웹사이트가 열리긴 하나 엑티브엑스를 다운받으라는 메시지가 뜨고 다운받지 않으니 그림 파일이 깨져서 볼 수가 없었다. 다른 업체는 제품에 대한 자세한 설명과 이미지가 제품의 장단점을 확실하게 부각시킬 수 있는 내용이 없고 너무 설명이 장황하여 제품 특성을 쉽게 파악할 수가 없었다. 또 다른 업체는 제품을 괜찮아 보였지만, 휴대폰으로 검색하였는데 컴퓨터 기반의 웹페이지 디자인으로 인해 제품 내용과 사진 파일을 보는데 많은 어려움이 있었다.

반면 바이어가 A사 홈페이지를 접속했을 때 그곳은 설명과 사진으로 제품의 특징을 잘 부각해 놓아 빠르게 제품을 파악할 수 있었다. 제품에 대한 특징을 파악한 후 그 회사를 좀 더 알고 싶어 회사 소개를 클릭하였다. 한국 기업의 대다수가 CEO 소개 및 조직도, 연혁 등과 같은 획일화된 포맷으로 구성되어 있으나 A사는 회사 비전과 제품 연구개발, 거래 및 판매 현황, 성장 현황 등 신뢰를 줄 수 있는 내용으로 구성해 놓았다.

이와 같은 제품 특성과 일관성을 가진 내용들로 인해 바이어는 A사에 직접 연락하여 샘플을 받아보고 싶다는 생각이 들었다. 바이어가 회사에 연락하려고 연락처를 클릭하니 해외 마케팅 담당자 이름과 이메일, 전화번호가 나왔다. 보통 직원 이름이 없는 경우가 많고 대표 이메일을 활용하고 있으나 담당자 이름이 있어 처음 연락하는데 팔로업 등에 많은 도움이 되었다.

이 사례는 바이어가 검색을 통해 회사 홈페이지를 방문하고 제품 및 회사 정보를 파악한 후 샘플과 업체 세부정보를 요청함으로써 거래 성약으로 이어짐을 잘 보여준다.

3) 비관세 장벽과 국가별 주요 인증

① 글로벌 시장 비관세 장벽 높아져

과거 시장 규모가 큰 미국, 유럽 등 선진국 시장에만 비관세 장벽이 존재하였으나 점차 개발도상국을 포함한 후진국 시장들도 자국 산업보호와 안전을 이유로 비관세 장벽을 높이고 있다. 따라서 사전에 수출 희망 국가의 인증 및 산업 규제와 같은 비관세 장벽 유무를 조사할 필요가 있다.

KOTRA의 2018년 글로벌 비관세 장벽 동향에 따르면, 일반적인 관세 장벽은 낮아진 반면, 반덤핑, 상계 관세 및 세이프가드 조치를 포함한 기술 장벽, 위생검역, 통관절차 강화, 수입제한 등의 비관세 장벽을 통한 무역 제한 조치는 증가하고 있다.

WTO 자료를 보더라도 전 세계 비관세 장벽 규제 건수가 2017년 4,474건을 기록하여 5년 전인 2012년 3,829건에 비해 많이 증가한 것으로 나타난다. 특히 기술 장벽(Technical Barriers to Trade) 규제 건수가 최근 10년간 109%로 증가하였으며 개도국 비중이 76%로 큰 비중을 차지하고 있다.

2017년 기준 국가별 기술 장벽 규제 건수는 우간다가 329건, 미국이 296건, 브라질이 119건으로 집계되었고 기술규제 대상 분야별로는 식품·의약품이 가장 큰 비중을 차지하고 있으며 화학세라믹, 전기전자, 교통안전, 생활용품, 농수산품 분야 순으로 나타났다.

또 다른 비관세 장벽 중 하나인 위생·검역조치(SPS: Sanitary and Phytosanitary Measure)는 최근 10년간 97%나 증가, 2017년 총 1,480건 중 개도국의 위생검역 규제가 71%를 차지하고 있다. 2017년 위생검역 조치는 중남미 지역이 367건으로 가장 큰 비중을 차지했으며 그다음은 아시아, 중동, 북미, 유럽, 아프리카, 오세아니아, CIS 순으로 나타났다.

② 해당 국가 요구 인증 획득을 통해 비관세 장벽 극복 추진 노력 필요

나라마다 비관세 장벽 관련 규제가 강화됨에 따라 기술규격과 환경 위생 안전을 증명하는 인증이 시장진입의 결정요인으로 작용하고 있다. 인증이 의무사항일 경우, 취득 불가 시 시장진입이 차단되는 장애가 발생하므로 관련 정보를 취득하고 해당 인증을 획득하는 것은 해외시장 진출을 위한 선결조건 중 하나이다.

북미지역의 경우 공공의 건강 혹은 안전에 직접적인 영향을 미치는 제품을 제외하고는 일반적으로 민간 차원에서 산업별 인증제도를 시행하고 있다. 이러한 인증제도는 자율규제 제도임 에도 불구하고 표준을 개발하는 과정부터 연방·주·지방 정부와 협조가 이루어져 정부 조달 등의 표준으로 채택되고 있으며, 일반 소비자들에게도 품질 및 안전 기준 충족의 판단 기준으로 활용되는 등 강제 규제와 유사한 효력을 가지고 있다.

한국의 많은 중소기업이 좋은 품질의 제품을 생산하고 있음에도 불구하고 해당 시장 또는 산업에서 요구하는 인증이 없어 해외시장 시장 진출에 어려움을 겪고 있는 사례가 매우 많다. 예들 들자면 전기 관련 제품들의 대표적인 인증인 UL이 없는 경우 미국시장에서 판매하는 데 많은 어려움이 있다. 특히 식당용 전기용품은 UL 인증이 없는 제품을 설치한 경우 해당 시에서 안전 허가를 발급해 주지 않고 있어 식당 영업을 할 수 없는 도시가 많다.

③ 미국과 캐나다의 주요 인증제도

미국의 주요 인증제도로는 UL, FCC, FDA, NSF 등 외에도 각 산업과 제품에 따라 수많은 인증이 있으며, 캐나다에는 CSA, 에너지효율인증, 의료기기 라이선스 등이 있다. 미국과 캐나다는 북미자유무역협정 체결 시 양국의 인증절차를 상호 인정하기로 합의하여 양국 인증기관 간의 업무 협조약정으로 허용된 제품에 한해서는 한 나라에서 받은 인증을 상호 간에 공식적으로 인정하고 있다.

미국은 일반적으로 정부가 아닌 민간 차원에서 산업별로 인증제도(Certification Program)가 시행되고 있다. 산업별로 인증 여부를 결정하는 일련의 기준(Standards)도 대부분 민간 주축으로 구성된 기구 내 기준 개발위원회 (developmental committees)의 합의를 통해 수립되고 있다.

현재 미국 내 기준개발 민간기관(SDOs; Standard Development Organizations)만도 400여 개가 넘는데, 특성에 따라 4가지로 분류되고 있다.

전문가로 구성된 협회는 기계공학협회인 ASME(American Society of Mechanical Engineers) 등이 대표적이며, 외에도 SAE International(Society of Automotive Engineers) 등이 있고, 이들은 산업의 기준과 인증, 자료 출판, 세미나 또는 학회 개최를 통해 기술 동향 및 새로운 산업 기준에 대해 공유하고 있다. 산업별 협회로는 전자부품 산업협회인 ECIA(The Electronic Components Industry Association)가 있는데 전문가들로 구성된 협회와 비슷하게 관련 산업 인증 및 관련 산업의 발전을 위해 조직된 협회이다.

검사 및 인증 전문기업으로 대표적인 업체는 UL(Underwriter Laboratories)이 있다. UL은 제품의 안전을 테스트하여 인증을 부여하고 있으며 개인 기업의 인증임에도 산업 전반에 걸쳐 인증이 받아들여지고 있다. 전문 표준 및 인증 개발 기관으로는 ASTM(American Society for Testing and Material) International 등이 있으며 제품, 재료, 시스템, 서비스 등에 광범위한 인증을 개발하고 발급하고 있다.

정부 산하의 대표적인 인증기관으로는 FDA(Food and Drug Administration)가 있다. 동 기관은 미국 연방정부 산하기관인 Department of Health and Human Services가 담당하고 있으며 식품에서부터 의료 및 의료기기 관련 인증을 발행하고 등록 관리하는 기관이다.

<미국 주요 인증 발행 및 관리 기관>

1. 전문가 협회(Professional Societies): American Society of Mechanical Engineers(ASME) 등
2. 산업별 협회: ECIA(The Electronic Components Industry Association), AGA(American Gas Association) 등
3. 검사(testing) 및 인증 기업: UL(Underwriters Laboratories), FM(Factory Mutual) 등
4. 전문 표준 및 인증기관: ASTM(American Society for Testing and Material) International 등
5. 정부 발행 인증: FDA(Food and Drug Administration)

미국은 이렇게 전문가 및 산업, 기업, 정부 기관 등에서 다양한 인증을 개발하고 테스트하여 인증을 발행하고 있으며, 대다수 대표적인 인증은 정부 기관이나 산업에서 인증 획득 여부에 따라 제품의 기본적인 안정성 및 품질 수준을 평가하는 기본 잣대로 활용되고 있다.

예를 들자면, UL 인증의 경우 민간 기업에서 제품을 테스트하여 인증을 발행하고 있으며 제품 판매를 강제적으로 받아야 하는 인증은 아니나, 정부 기관 및 기업들이 제품 인증 획득 제품을 대상으로 구매 조건을 제한하는 경우가 증가하고 있다.

④ 산업별 · 제품별 필요한 인증 조사 방법

미국시장에 진출하기 전에 자사 제품에 필요한 인증이 어떤 것이 있고 어떻게 인증을 신청하고 획득할 수 있는지를 파악하여 인증 획득을 추진해야 한다. 사전에 해당 국가에서 요구하는 인증 없이 바이어 발굴이나 전시회에 참가하면 바이어들이 제품에 대해 일차적으로 관심을 보였다가도 인증이 없다고 하면 인증을 획득한 후에 다시 이야기하자고 하는 경우가 많기 때문이다. 해당 시장에 수출을 추진하기 전에 먼저 그 시장에서 요구하는 인증이 무엇이며 어떻게 인증을 취득할 수 있는지 조사를 해야 한다.

전기 제품을 미국시장에 판매하기 위해서는 아주 기본적인 인증이 UL 인증을 획득해야 한다. 물론 시장에 유통하기 위해 반드시 필요하지는 않지만, 기업들과 유통업체들이 인증을 획득한 제품을 선호하고 있다. 그리고 정부에 납품할 경우 기본적으로 인증을 가진 제품을 대상으로 구매한다고 공고문에 구체적으로 요구하고 있다.

미국시장에서 제품을 수출하려면, 어떤 인증이 필요한지 조사해야 한다. 조사할 때 가장 쉬운 방법은 먼저 제품과 관련된 한국과 미국의 산업협회에 문의하는 방법이 있다. 제품을 구매하는 유통업체나 바이어에 문의해도 필요 인증에 대한 정보를 얻을 수 있다. 전시회에 참여 했을 경우 대다수 바이어들은 필요한 인증에 대해 아주 잘 알고 있으므로 이도 어떤 인증이 필요한지 파악하는 하나의 방법이 될 수 있다.

인터넷에서 경쟁업체를 검색하고 그 업체가 어떤 인증을 확보하고 있는지를 조사하는 방법도 있다. 일반적으로 유명업체의 경우 자사 제품이 받은 인증 내용 홍보를 위해 인터넷 홈페이지에서 게재하고 있기 때문이다.

⑤ 미국과 캐나다의 주요 산업별 인증기관

- UL 인증

UL 인증제도는 원자재, 장치, 제품, 기기 등이 사용에 위험이 있는지를 실험을 통해 측정하고, 일정 기준을 충족할 경우 UL 마크 표시를 허용하는 것이다. 일부 도시에서는 강제기준으로 정하고 있으나 일반적으로 자율규제이며, 미준수 시 재사항은 없으나 대다수 기업들이 UL 인증을 요구하고 있다.

- FCC 인증

FCC 인증제도는 불필요한 전파 발생으로 인한 인체 및 재산에 대한 피해를 방지하기 위해 도입된 것으로, 전파를 발생하는 모든 기기와 부품 등에 있어 허용가능 전파발생기준을 충족할 경우 FCC 마크를 제품에 부착하도록 규정하고 있다.

- FDA

FDA 인증은 의료기기 및 의약품 전반에 걸쳐 적용되며, 미국 전역에서 제품 유통 및 판매를 위해서는 반드시 획득해야 하는 강제 인증이다. FDA 인증은 국민의 건강과 직결되는 것인 만큼 세계에서 가장 까다롭다고 평가되는 인증 중의 하나로, 사전에 철저한 준비가 필요하다.

- CSA

캐나다의 CSA 인증은 IT, 건축용품, 전기전자, 에너지, 환경 등 다양한 분야에 걸쳐 이뤄지고 있는데, 이중 강제 규격으로 적용되는 전기기구, 가스연소기구 등 위험성이 있는 품목 이외에는 임의규격이다. 이 밖에도 강제 인증인 에너지효율 인증과 의료기기 라이선스가 있으며, 동 인증을 받지 않을 경우, 관련 품목은 캐나다 내 판매가 불가능하다.

새로운 유형의 다양한 상품이 늘어나고, 상품의 국경간 이 동이 매우 활발해 짐에 따라 소비자들이 제품의 품질을 판단하기 위한 수단으로서의 인증은 그 의미가 더욱 커지고 있다. 앞에 소개한 주요 인증 외에도 산업별로 아주 많고 다양한 인증이 있다. 예를 들자면 항공 부품의 경우 AS9000 인증이 필수적으로 요구되고 있으며, 자동차부품업체의 경우 QS9000과 ISO14000 등이 있다.

⑥ 유럽의 대표적인 인증

- CE

유럽의 대표적인 인증인 CE는 프랑스어 'Conformité Européene'의 약자로, 글자 그대로는 '유럽 규칙 준수'라는 의미이며 해당 제품의 CE 인증은 유럽진출에 필수 요건이다. CE 인증은 EU와 EFTA를 포함하는 유럽경제지역(EEA) 총 30개국 단일 시장 내에서 제품의 자유로운 합법거래를 보장하고 있으며 EEA 세관과 집행 당국의 규제를 준수하지 않는 제품은 수입 금지당할 수 있다.

CE 인증 획득이 필요한 제품은 기계류에서 장난감까지 아주 다양한 제품으로 구성되어 있으며 자세한 품목 리스트는 웹사이트(http://www.ce-marking.org/what-product.html)에서 찾아볼 수 있다.

<CE 인증 의무 제품군>

가전제품용 기체 연료(Appligas), 민간용 폭발물, 의료기기, 인명 구조장비(PPE), 엘리베이터, 온수 보일러, 체내 삽입형 의료장치, 단순 압력용기, 저압 전기장치, 리프트 또는 리프트가 탑재된 장치, 체외 시험 의료장치, 압력장치, 건축자재, 기계류, 수동 계량기, 스포츠 및 레크리에이션용품, 폭발 위험 환경에서 사용되는 장비 및 보호 시스템(Atex), 측정장치, 라디오&무선 통신 단말기(R&TTE), 장난감

출처: ce-marking.org

tips

<정부 지원 인증 획득 지원프로그램 활용>

중소벤처 기업 부는 수출 여건을 갖추고도 해외 정보 및 전문 인력 부족으로 수출대상국에서 요구하는 해외규격인증을 획득하지 못한 중소기업을 대상으로 해외규격인증획득 소요비용의 일부(50% 또는 70%)를 지원해 주는 사업을 시행하고 있다.

세계 주요 인증 약 350개를 대상으로 연중 3회에 걸쳐 지원 신청을 받고 있으며 지원 차수는 지원 수요에 따라 일정변경 및 조기 마감(예산 소진 시) 될 수 있다.

<해외 규격인증 획득 지원 사업 신청 일정(2018년 기준 일정)>

구분	1차 사업	2차 사업	3차 사업
공고일	2월 중	6.01	9.01
신청·접수	3.02~3.30	6.01~6.29	9.03~9.28
평가	4.01~4.30	7.01~7.31	10.01~10.31
선정·협약	5.01~5.20	8.01~8.20	11.01~11.2

자료원: 중소기업 수출지원센터

– 지원 내용

해외 규격 인증 획득에 직접적으로 소요되는 시험 인증비, 공장심사비, 컨설팅 비용 등 소요 비용 일부를 지원 하고 있으며 지원 한도 액수는 기업당 1억원 이다. 기업당 지원 비율은 전년도 매출액 기준 30억 이하는 전체 인증 신청 비용의 70%가 지원 되며 30억 초과 기업은 50%만 지원된다.

<기업당 지원한도 및 지원비율>

(금액: 천원)

인증건수	기업당 지원한도	지원비율	
		전년도 매출액 30억 이하	전년도 매출액 30억 초과
최대 4건	100,000	70%	50%

자료원: 중소기업 수출지원센터

– 신청 방법

신청기업은 중소기업수출지원센터(http://www.exportcenter.go.kr)에 접속하여 회원가입 후 [수출지원사업 바로 가기] → [해외규격인증획득지원] → [해외인증신청] → [일반공모 신청] 메뉴에서 신청서 작성 등록하면 된다.

<신청 및 선정 절차 순서도>

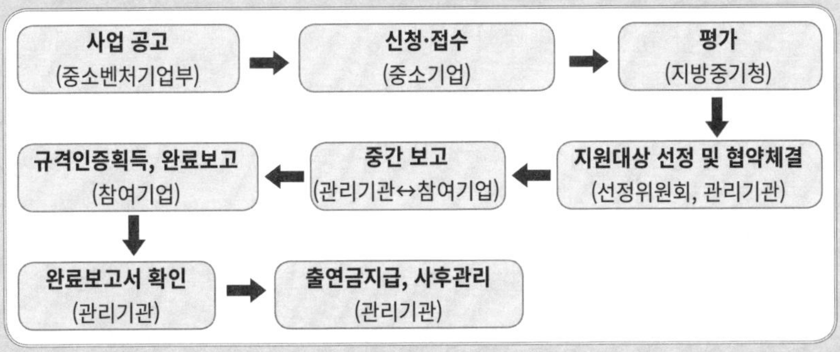

3. 해외시장조사

1) 해외시장조사 방법

① 조사의 첫출발은 조사 목적과 조사 범위 설정

해외시장조사를 처음 하는 사람은 어디에서부터 어떻게 시작해야 할지 막막하다. 그래서 시장조사 초보자는 성공적인 조사를 위해서 조사 목적과 범위를 잘 정하는 것이 일의 절반이라고 해도 과언이 아니다.

시장조사에서 가장 중요한 것은 무엇을 어떻게 조사할 것인지 방향을 정하고 조사 목적에 맞게 조사항목을 정하고 몇몇 특정 핵심 타깃 시장과 조사 범위를 정하는 것이다. 따라서 조사는 의사결정을 위해 필요한 정보가 무엇인지를 정하고 관련 정보를 수집할 수 있도록 조사 프레임을 잘 짜는 것이 필요하다.

예를 들자면 중국 또는 미국 등 진출을 희망하는 시장을 정한 다음 그 시장에 진출하기 위해 필요한 세부 시장조사 항목을 정하여 조사하면 된다. 국가별 시장조사는 먼저 인터넷 검색을 통해 해당 국가를 검색하고 제품에 대한 시장 보고서 및 기사를 찾아 검색하는 1차 조사를 해야 한다.

중소기업들은 제한된 예산과 인력으로 인해 동시에 여러 시장을 공략하기엔 어려움이 있으므로 국가의 주요 경제 지표, 해당 품목의 시장 여건 및 잠재 성장 가능성 등 전반적인 조사를 토대로 적절한 타깃 시장 및 국가별 진출 희망 우선순위를 정해야 한다. 처음부터 너무 많은 시장을 선정하기보다는 시장별 진출 우선 순위표를 작성하여 조사을 통한 시장 진출 방안 및 전략을 수립할 필요가 있다.

② 조사를 통해 자사에 맞는 타깃 시장 발굴

조사를 통해 자사의 제품과 역량에 맞는 시장을 선정하는 것이 매우 중요하다. 시장 규모가 크더라도 각종 규제, 경쟁, 인증 등 진입 장벽이 높은 시장 진출에는 많은 준비와 신중하고 장기적인 접근이 필요하기 때문이다.

반면 규모는 작지만 성장 가능성이 크고 한국산 제품이 프리미엄 지위를 가지고 있는 시장과 글로벌 기업 진출 비중이 높지 않은 시장은 한국 제품에 오히려 기회를 제공하는 새로운 시장이 될 수 있다.

일반적으로 어느 시장에 진출할지 타깃 시장을 찾아내기 위해 조사를 하는 경우 조사를 할 때 제품의 시장 진출 가능성뿐만 아니라 자사의 역량, 조사 목적을 고려하여 최종적으로 목표 시장을 정해야 한다.

어떤 경우는 회사 경영진이나 선임자들이 이미 특정 시장 또는 국가 시장에 진출하는 것을 정해 놓아 지정된 시장에 대한 시장을 조사하는 경우가 있을 수도 있다. 또한 몇 년 동안 진출 노력을 했음에도 불구하고 성과가 지지부진하여 처음부터 새롭게 시장 진출 돌파구를 마련하기 위해 시장조사를 하는 경우도 있다. 그리고 경영진에 보고하기 위해 시장조사를 하는 경우도 있다. 경영진에 보고하기 위해서는 해당 시장의 구체적인 진출전략과 추진 방안, 소요 예산 등과 같은 내용이 포함되어야 한다.

조사된 내용과 해당 시장 경험에 대한 확신은 필요하지만 조사된 내용에 대한 과신은 하지 말아야 한다. 많은 중소기업의 해외시장 영업을 담당하는 직원들이 시장조사와 고객들의 반응 등을 종합하고 분석하여 자기 회사만의 시장성에 대한 확고한 의견을 가지고 있다. 그러나 변하는 해외시장에 대응하기 위해서는 지속적으로 시장 상황 변화와 트렌드를 파악하여 시장에 대응해 나갈 수 있는 유연성을 가지고 업데이트를 해나가야 한다.

사례 2 시장조사를 통해 적합한 시장을 발굴한 A사

모조 장신구 제품을 생산 수출하는 중소기업인 A사는 타깃 해외수출 시장을 선정하기 위해 가장 먼저 시장조사를 하였다. 잠재 시장으로 먼저 가장 시장 규모가 큰 미국시장과 신흥 시장으로 구분하여 조사를 하였다.

신흥 시장으로는 중국을 고려하였으나 중국 시장의 경쟁 가속화와 정치 및 경제적 불안으로 인해 중국을 배제하고 최근에 급부상하고 있는 인도와 동남아시아 시장 중 인도를 1차 공략 대상 시장으로 하여 조사를 하였다.

조사에 의하면 미국시장은 시장 규모 면에서 매우 매력적인 시장이나 유통 채널이 대형 유통업체와 유명 브랜드에 의해 장악되어 있어 신규 업체가 진입하기엔 진입 장벽이 아주 높은 시장이었다. 반면 인도 시장은 시장 규모는 미국시장에 비해 작지만 지속적으로 높은 시장 성장률을 기록하고 있는 시장으로 잠재력이 매우 높은 시장이었다. 그러나 높은 관세율과 투명하지 않은 유통 채널로 인해 신규로 시장을 개척하는데 어려움 있을 것으로 조사되었다.

이 조사를 토대로 최종적으로 성장 가능성이 크고 국민 소득 증가에 따라 구매력이 증가하는 인도 시장에 진출하기로 결정하였다. 그런데 시장조사 단계에서 인도 시장은 기존에 한국에서 인기 제품이더라도 인도 소비자들에게는 별로 인기가 없는 아주 다른 시장이라는 것이 파악되었다. 인도 시장은 금도금의 크고 화려한 모조 장신구가 인기 있다는 것이 파악되었으며 성공적인 인도 시장 진출을 위해서는 현지 소비자들의 특성에 맞는 제품 개발이 필수적임을 파악하였다.

현지에 맞는 디자인을 개발하기 위해 모조 장신구 소매 판매점을 일일이 방문하여 가장 판매가 잘되는 제품에 대한 사진과 샘플을 구매하여 인도 시장에 맞는 새로운 디자인을 준비하는 것으로 전략을 수립하였다. A사는 전략에 따라 소비자들과 도매상들에게 문의하여 현지 인도인이 선호하는 디자인 및 소재 개발을 통한 현지 시장에서 판매 가능한 제품 위주로 판매 제품 라인을 모두 바꾸어야 한다는 것을 시장조사를 통해 확신을 갖게 되었다.

③ 시장조사 시 관련 관계기관과 협회 웹사이트 활용법

시장조사는 위에서 언급한 바와 같이 해외수출 마케팅의 아주 기본단계이며 마케팅을 하면서 계속해야 하는 업무이다. 어떻게 보면 모든 것이 조사에서부터 시작된다고 해도 과언이 아니다.

시장조사는 아주 광범위하므로 조사 전에 먼저 왜 조사를 하는지 조사 목적이 무엇인지에 따라 조사 범위(Scope)를 정해야 한다. 조사 목적과 범위 정해지면, 다음은 어디서 무엇을 조사할지 조사항목을 정한다. 조사를 원하는 산업의 시장 규모 및 시장 동향을 파악하기 위해서는 먼저 해당 산업협회를 검색해야 한다.

협회 웹사이트에 방문해보면 관련 시장 정보에서부터 최신 산업 뉴스 및 자료, 전시회 정보까지 아주 다양한 정보를 얻을 수 있다. 예로 조사 목적이 미국 공작기계 시장 진출을 위한 시장조사라면 먼저 미국시장 규모를 파악해야 한다. 시장 규모는 미국 공작기계협회인 Association for Manufacturing Technology 웹페이지인 www.amtonline.org를 방문하면 분기별로 발표되는 기계 판매 대수 정보를 알 수 있다. 또 당 협회가 주관하는 세계 최대 공작기계전시회 정보도 찾을 수 있으며 협회 회원사 디렉터리에서 해당 제품을 판매하는 디스트리뷰터 리스트도 찾을 수 있다.

2) 유망 시장 선정 시 고려사항

① 내부 수출 역량 분석

해외수출 타깃 시장을 정할 때는 회사의 역량 및 여건, 해당 국가 시장 동향 등 많은 변수와 상황을 고려해야 한다. 자체 분석을 통해 업체의 상황과 시장성에 따라 중장기 타깃 시장에 대한 우선순위를 정해야 한다. 한국 인접 국가인 중국과 일본 시장을 우선 공략하고 장기적으로 회사 역량을 고려하여 시장 규모가 큰 미국과 유럽 시장에 진출한다는 식의 구체적인 계획이 필요하다.

진출 유망 시장을 파악하기 위해서는 크게 회사 내부 역량과 해당 타깃 시장의 상황이라는 두 가지 영역을 모두 고려해야 한다. 내부 수출 마케팅 역량을 파악하기 위해서는 사장 또는 경영진의 수출 의지와 해외 수출 담당 직원의 확보를 통해 지속적으로 바이어를 발굴하고 대응할 수 있는지가 중요하다. 역량 있는 해외 마케팅 직원 확보 여부에 따라 다수의 해외 진출을 동시에 추진할 수도 있기 때문이다.

중소기업의 경우 사장이 직접 수출 마케팅을 수행하는 업체들도 많이 있으며 직접 진행하지 못할 경우 진행 현황을 사장이 직접 챙겨 수출 마케팅 상황을 정확히 파악하는 것이 필요하다. 그리고 수출 마케팅 전담 직원 있어야 다양한 정부 기관별 수출지원프로그램을 파악할 수 있는데 이를 적극 활용하는 것은 인력과 예산이 부족한 중소기업에 매우 중요하다. 또 해외수출 마케팅을 통한 수출 성약을 달성하기 위해서는 전시회 참가와 출장 등 수출 마케팅을 위한 예산 확보와 투자 등이 가능한지에 따라 수출 타깃 시장을 정하는 게 필요하다.

<회사 내부 역량 분석을 위한 주요 검토 항목>

1. 해외수출 담당 인력 현황: 수출 의지와 해외수출 담당 직원을 확보, 지속적인 바이어 발굴 및 대응 가능 여부.
2. 해외수출을 위해 예산 확보 현황: 전시회 및 출장 예산, 마케팅 지출 가용 예산 확보 여부.
3. 인증 및 기본 자료 확보: 해당 국가의 언어로 작성된 마케팅 자료 및 웹페이지 보유, 인증 보유.

중소기업은 인력 및 예산 한계로 인해 처음부터 모든 국가를 대상으로 수출 마케팅을 추진할 수 없다. 먼저 가장 시장성이 높고 시장 진출이 용이한 시장을 먼저 수출 타깃으로 삼아 추진하는 것이 좋다.

② 수출을 위한 유망 시장 발굴 조사

해외수출 타깃 시장을 선정하기 위해서는 해당 시장의 경제현황 조사 등 다양한 조사와 분석이 필요하다. 정치적으로 불안정한 나라의 경우 경제 상황도 불안정 하기 때문에 설령 수출에 성공하였다 하더라도 지속적이고 안정적인 수출이 어려운 경우가 많다.

해당 국가의 한국 제품 수출 경쟁력을 파악하고 그 시장에 진출하기 위해서는 한국 제품의 인지도 및 선호도, 진입 장벽 등 세부 사항을 조사 분석해야 한다. 또 제품과 국가의 유통구조, 시장 접근성 등도 시장 진출 우선순위를 정하는 데 필요하다.

유통구조의 경우 각 국가 및 산업별로 차이가 있기 때문에 시장 진출을 위해서는 이미 시장을 선점하고 있는 경쟁제품의 유통구조를 파악하고 이를 어떻게 활용할지에 대한 분석전략이 필요하다. 시장 진입 장벽은 관세뿐만 아니라 각 산업에서 요구하는 각종 인증 등 비관세 장벽을 조사하여 진출 가능 여부를 파악해야 한다.

<국가별 시장성 파악을 위한 조사항목>

1. 해당 국가의 경제 상황
2. 한국산 제품의 인지도 및 선호도
3. 각국 수입 통계 분석을 통한 한국산 제품에 대한 경쟁력 확보
4. 진입 장벽
5. 유통구조
6. 해당 국가의 접근성

유망 시장 발굴을 위한 다양한 조사항목을 종합해 보면 아래와 같이 크게 시장 접근성, 시장 매력도, 시장 성장성, 시장 경쟁력 등 4개 분야로 조사 내용을 정리할 수 있다.

이 4가지 분야를 중심으로 세부 조사 내용을 분석하고 이를 토대로 우선 진출 가능 시장을 파악할 수 있어야 한다. 세부 항목별 조사 방법은 이 책 뒷부분에서 자세히 다루도록 하겠다.

<경쟁력 있는 사장 선정을 위한 분석항목>

시장 접근 성	시장 매력도	시장 성장성	시장 경쟁력
ο 관세율 ο 무역 장벽 ο 시장접근성 ο 유통구조	ο 경제 현황 ο 시장규모 ο 바이어	ο 5년간 수입 증가율 ο 2년간 수입 증가율 ο 수입 변화율 대 한국 수입 증가율	ο 무역 수지 ο 수출 호부진 품목 유무 ο 한국산 제품 선호도 및 인지도

3) 조사 목차와 내용 정하는 방법

① 조사의 시작은 무엇을 조사할지 항목을 정하는 것이 중요

조사를 시작하면 막연히 인터넷에서 이것저것 찾다가 시간만 가고 정작 필요한 내용을 얻을 수 없는 경우가 많다. 그래서 앞에서 언급한 것처럼 조사 전에 반드시 무엇을 조사할지 목적과 조사항목을 정해야 한다.

조사 목차 및 항목은 제품의 특징이나 시장 여건에 따라 내용을 추가하거나 변경해야 한다. 시장조사 목적은 타깃 국가의 시장을 파악 분석하여 최적의 진출전략을 수립하는 것에 있다. 그리고 진출전략은 시장 전반적인 동향 및 업체 간의 경쟁 현황, 유통구조를 파악 및 분석을 토대로 수립되어야 한다.

<기본적인 시장조사 목차와 내용>

1. 시장 동향
   산업 현황, 시장 규모, 제품 수요 동향, 산업 주요 이슈로 전반적인 시장 현황 파악
2. 수출입 동향
   품목별 수입 동향 및 수출 동향을 통해 수입 제품 경쟁동향 파악
3. 경쟁동향
   제품 및 기업 간의 경쟁동향 파악을 통해 자사의 경쟁력 파악
4. 유통구조
   제품의 유통구조 파악을 통해 자사에 맞는 진출전략 수립
5. 진출전략
   진출 방안, 주요 전시회 활용 등 세부 마케팅 추진 방법 수립

② 조사 분석을 통한 타깃 시장 선정해야

보통 중소기업들이 해외수출 타깃 시장을 선정할 때 다양한 요인을 종합적으로 검토한 후 전략적으로 정해야 한다. 하지만 많은 업체들이 단순히 시장이 크기 때문에, 혹은 우리 제품이 잘 팔릴 것 같은 느낌 때문에, 아니면 사장님의 의견에 따라 정해지고 있다.

필자가 거주하는 미국시장 진출을 희망하는 중소기업과 상담할 때 왜 미국시장에 진출하고 싶은지를 문의하면 대다수 중소 업체들의 대답은 세계에서 가장 큰 시장이기 때문이라고 대답한다. 반면 구체적으로 조사한 내용을 기초로 한 세부적인 내용과 논리로 미국시장을 타깃 시장으로 정하였고, 자사의 진출전략은 이렇다고 대답하는 중소 업체들은 아주 소수이다.

미국은 단일 국가 중 세계에서 가장 큰 시장이어서 반드시 진출해야 하는 시장이라고 말하지만 그만큼 글로벌 기업들이 아주 치열한 경쟁을 벌이고 있는 시장이다. 그러나 이러한 대답을 하는 대다수 업체가 기본적으로 갖추어야 할 인증 또는 영문 자료 등도 갖추지 않았다. 물론 과거에는 자세한 영문 자료나 인증 등이 없어도 수출할 수 있을 때가 있었다. 하지만 지금은 준비된 업체들의 시장을 선점하고 있어 준비 안 된 신규 업체가 비집고 들어가기엔 장벽이 아주 높아진 상황이다.

2장

–

효율적 시장조사와 방법

시장조사 시 가장 기본이 되는 조사항목은 크게 5가지로 구성되어 있다. 이 외에도 시장과 제품 특성에 따라 조사항목을 추가하면 되며, 각 조사항목의 세부조사항목도 상황에 따라 추가하면 된다.

<주요 조사항목별 세부 조사 내용>

1. 시장 동향

   시장 특징 및 현황/시장 규모

2. 수출입 동향

   국가별 수출입/품목별 수출입

3. 경쟁동향

   품목별 경쟁 현황/브랜드별 경쟁 현황

4. 유통구조

   품목별 유통구조

5. 진출전략

   단기 중장기 진출전략 구체적 제시

1. 시장 동향-시장 규모와 현황 파악

시장 동향 조사는 해당 산업과 품목 조사의 가장 기본이 되는 조사로 시장 현황 및 규모, 수요 동향, 주요 산업 이슈를 파악하는 등의 기초적인 자료를 수집 조사하는 것이다.

일반적으로 품목에 대한 시장 규모 자료는 인터넷 검색을 통해 찾을 수 있으며 크게 각국의 정부 기관에서 발행하는 통계자료를 포함한 무료 자료와 시장조사 기관에서 판매하는 유료 자료로 구분된다. 우선 인터넷 검색을 통해 무료로 제공되는 자료를 활용해 시장 규모를 파악하고, 반드시 구매가 필요한 경우 유료 자료를 구매하여 활용하면 된다.

미국시장 규모 파악을 위한 무료 자료는 센서스국, 통계국 등 정부 기관과 관련 산업협회 검색을 통해 시장 규모를 파악할 수 있으며, KOTRA 홈페이지에서 제공하는 각종 국가별 산업별 시장 자료를 활용하는 것도 좋은 방법이다.

품목이 너무 세부적이어서 시장 규모를 정확하게 파악할 수 없을 경우 그 품목이 포함되어 있는 산업 조사를 통해 시장 규모를 유추하는 방법을 사용할 수도 있다. 예를 들자면, 자동차 부품 중에 엔진에 들어가는 단조 부품 크랭크 샤프트 부품의 경우 전체 자동차 시장 규모와 자동차 생산 대수 자료를 통해 연간 엔진 생산 대수를 파악하면 미국 자동차 엔진에 사용되는 샤프트 수요 개수를 파악할 수 있다.

마케팅을 위한 기초 시장조사 중 고객이 누구인가를 포함하여 어디에 시장이 있는지 등을 조사하는 수요 동향 파악은 매우 중요하다. 수요 동향 조사는 고객별 및 지역별 시장을 세분화하여 조사하고, 이를 통해 타깃 시장 및 고객을 파악할 수 있어야 한다. 이들 조사 자료들은 추후 경쟁동향과 유통전략, 진출전략을 수립하는데 아주 중요한 기초자료로 활용할 수 있다.

관련 산업협회에서 발행하는 뉴스 등을 활용하면 최신 산업 트렌드를 파악하고 구글 검색을 통해 다른 관계기관이나 해외 기관에서 발행하는 자료를 수집 분석하여 전체 시장 트렌드를 파악할 수 있다.

아래는 미국의 대표적인 산업별 협회와 각 협회의 홈페이지 주소를 정리해 놓았다. 이들 협회를 제외하고 추가적으로 협회를 찾아야 한다면 구글 검색으로 쉽게 찾을 수 있다.

구글에서 협회를 검색할 경우 검색 창에 키워드로 영문 산업 명과 협회 명을 입력하고 검색하면 손쉽게 찾을 수 있다. 예로 미국조명협회를 찾길 희망하면 품목 또는 산업 명인 Lighting과 협회인 Association을 입력하여 검색하면 된다.

<미국 주요 산업별 협회 리스트>

협회명	로고	산업 명	홈페이지
American Lighting Association	american lighting association	미국 조명 협회	americanlightingassoc.com
National Kitchen & Bath Association	NKBA	전국 부엌 화장실 산업 협회	www.nkba.org
National Tooling & Machining Association	NTMA	전국 공구 기계 협회	www.ntma.org
National Association of Manufacturers	NAM	미국 제조업자 협회	www.nam.org
Communications Marketing Association	CMA	커뮤니케이션 마케팅 협회	www.cma-cmc.org
Precision Machined Products Association	PMPA	정밀기계 제품 협회	www.pmpa.org
Promotional Products Association International	PPAI The Mark of a Professional	국제 홍보용품 협회	www.ppai.org
Specialty Equipment Market Association	SEMA Specialty Equipment Market Association Serving the Motor Vehicle Aftermarket	특수 장비 시장 협회	www.sema.org
Tooling & Manufacturing Association	TMA	공구 제조 협회	www.tmanet.com

2. 수출입 동향 -제품의 경쟁동향과 관세율 파악

수출입 통계를 활용 분석하여 전체 시장 규모를 유추해 볼 수 있으며 국가간 경쟁동향도 파악할 수도 있다. 보통 수출입 통계는 품목 코드(HS Code: The Harmonized Commodity Description and Coding System)를 기준으로 국가별 수출입 통계를 검색할 수 있다.

국가별 수입 통계 분석을 통한 해당 국가의 외국산 수입 비중과 국가별 수입 점유율은 해당 국가의 수입산 제품의 시장 점유율과 경쟁동향을 파악하는 데 객관적인 자료로 활용할 수 있어 시장조사 시 반드시 포함 시키는 항목이다.

수출입 통계는 기본적으로 10자리 숫자로 구성되어 있는데, 6자리까지는 모든 국가가 공통으로 사용하고 있다. 6자리 이후 나머지 자리는 나라에 따라 약간 차이가 있기 때문에 6자리 이상 품목의 수입 통계 검색 시 반드시 품목 설명을 확인하여 정확한 품목인지 확인하는 것이 필요하다.

주요 국가별 또는 품목별 수출입 통계 검색은 한국무역협회(http://stat.kita.net/#)에 방문하여 회원 가입하면 무료로 검색이 가능하다.

미국의 품목별 수출입 금액 및 관세율 검색은 미국 상무부 산하 무역위원회가 제공하고 있는 웹사이트(https://dataweb.usitc.gov/)에서 가능하며 국가별 관세 프로그램에 따른 품목의 관세를 찾아볼 수 있다. 여기서 한국과 같이 FTA 체결 국가에 대한 세부 관세율과 일반 국가의 관세율을 찾아 비교할 수 있으며, 자세한 검색 방법과 예시는 뒷부분 관세율 조사 부분에서 자세히 설명할 예정이다.

3. 경쟁동향-자사 경쟁력 분석

경쟁을 결정하는 주요 상황과 요인은 산업이나 시장에 따라 매우 다양하다. 일반적으로 경쟁에 가장 큰 영향을 미치는 요인으로는 제품 품질, 가격, 기술 및 인증확보, 브랜드 인지도, 연구개발, 판매 후 서비스라고 할 수 있다.

고급 제품의 경우 품질과 브랜드 인지도가 경쟁력에 가장 큰 영향을 주는 요인이며, 만약 경쟁업체별 품질에 차이가 없을 경우 가격이 경쟁력에 미치는 영향이 가장 크다고 할 수 있다.

기계 장비류의 경우 1차적으로 기계의 성능과 품질이 가장 중요하며, 성능, 품질이 뒤지지 않고 가격이 경쟁업체보다 낮다면 경쟁력을 갖추고 있다고 할 수 있다. 그리고 기계류 제품은 고가이기 때문에 추가적으로 판매 후 서비스 및 부품 공급 능력 등은 제품 판매에 필수적으로 요구되는 경쟁력 측정 요인 중 하나이다.

1) 지각도 지도를 활용한 경쟁업체와 비교 분석

지각도 지도(Perceptual Map) 또는 포지셔닝 지도(Positioning Map)는 업체 또는 브랜드별 경쟁력을 분석하는 데 가장 많이 사용되고 있다.

일반적으로 X축에 가격, Y축에 품질을 정해 놓고 각 경쟁제품별 위치를 파악하여 한눈에 업체별 경쟁력을 파악할 수 있도록 작성할 수가 있다.

산업과 시장에 따라 지각을 결정하는 중요한 요인을 X축에 놓고 Y축에는 또 다른 중요 요인 놓고 사용할 수 있다. 예를 들자면 X축에 브랜드 인지도를, Y축에 기술 수준을 놓고 경쟁력을 비교 분석할 수도 있다.

아래 표에서 보는 바와 같이 가격과 품질만 비교할 때 B사 제품이 가격과 품질 경쟁력 면에서 가장 높은 경쟁력을 가지고 있다고 볼 수 있다.

<지각도 지도 예시>

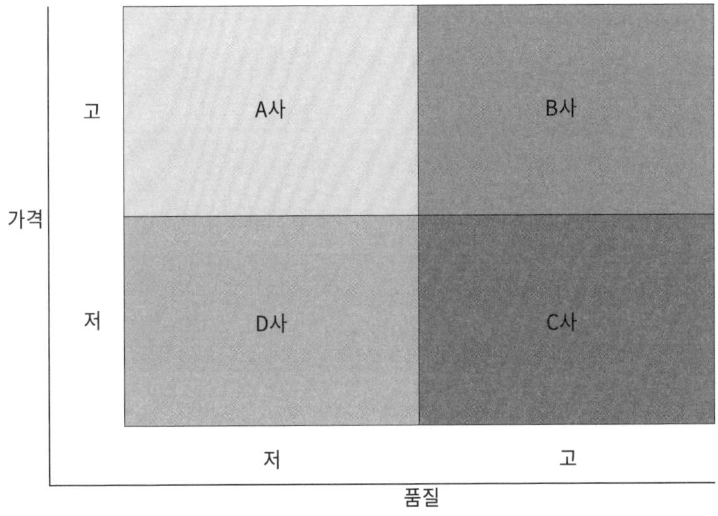

2) 자사 경쟁력 파악

먼저 수출전략을 수립하기 위해서는 시장조사와 함께 자사의 현황과 경쟁력 분석이 필요하다.

자사 경쟁력은 가장 많이 사용하는 방법으로는 SWOT 분석이 있다. 이는 자사의 강점(Strength), 약점(Weakness), 기회(Opportunities), 위협(Threat) 요인을 분석하는 것이다. 주요 국가별 경쟁력이 다르기 때문에 공략 시장별로 작성하는 것이 좋다.

이러한 분석을 통해 회사의 내부 및 외부 상황에 대한 분석을 정리할 수 있다. 처음부터 완벽하게 분석할 수 없으니 일단 조사항목을 만들어 놓고 조사과정에서 파악되는 대로 추가하는 것이 좋다.

세부 SWOT 분석의 활용은 이 책 뒷부분 전략수립 부분을 설명하면서 자세히 설명할 예정이다.

<SWOT 분석 구성도>

강점과 약점은 회사 내부적인 요인 위주이며, 기회 및 위협은 회사 외부적인 요인을 검토 분석하는 것으로, 아래는 한 업체를 예를 들어 작성한 것이다.

사례 3 한 기업의 SWOT 분석

● 강점

해외수출 경험

고객의 다양한 요구에 대응 가능, 특히 주문 제작에 대해 적극적인 지원

회사 규모는 작지만 기계 성능 평가 우수

글로벌 기업과 거래 경험, 좋은 브랜드 이미지 및 기업 평판

기술력 대비 가격 경쟁력

● 약점

직접 수출 경험이 없음

회사 규모가 작아 체계적인 해외 마케팅 능력 부족

낮은 회사 및 브랜드 인지도

해외 서비스 지원 체계 구축 미흡

비효율적이며 높은 비용 구조

●기회

해외시장에서의 수요 확대

바이어들의 제품 품질에 대한 높은 평가로 지속적인 수출 확대로 매출 확대

해외시장 확대에 따른 다양한 판매망 구축을 통한 시장 다변화

신기술 및 신제품 개발

●위협

업체 및 제품 간 경쟁 심화, 특히 저가 중국산 기계의 판매 확대

해외 마케팅 및 진출을 위한 투자 확대 필요

새로운 규제 및 진입 장벽 발생

신규 대체 제품 출시

새로운 사업 모델 출현으로 유통구조 및 트렌드 변화

4. 유통구조-진출전략 수립에 필요

유통구조 분석은 기존 경쟁제품 또는 산업이 어떤 경로로 제품을 유통하는지를 파악하여 이를 바탕으로 자사의 유통전략을 수립하는 데 필요한 중요한 조사다. 해당 제품의 유통구조 파악은 시장 진출 전략을 수립하는데 가장 핵심적인 조사 중 하나이다.

유통구조 조사에 따라 경쟁업체가 판매하고 있는 유통구조를 똑같이 활용할 것인지 아니면 유통구조의 문제점을 파악하고 자사만의 새로운 유통전략을 추진할지 결정해야 한다.

유통구조는 제품의 판매 경로 조사뿐만 아니라 유통 경로 중에서 어디가 가장 중요한 핵심 역할을 하는지 파악하는 것도 필요하다. 또한 단계별 적정 마진과 최종 소비자 가격에 대한 가격 분석도 이 단계에서 해야 한다.

유통구조는 제품과 산업에 따라 아주 다양한 형태의 유통구조를 가지고 있다. 일반적으로 일반 소비재 제품의 경우 제조업체→유통업체(디스트리뷰터)→소매업체→소비자 경로를 통해 유통되고 있다.

<일반적인 유통 경로>

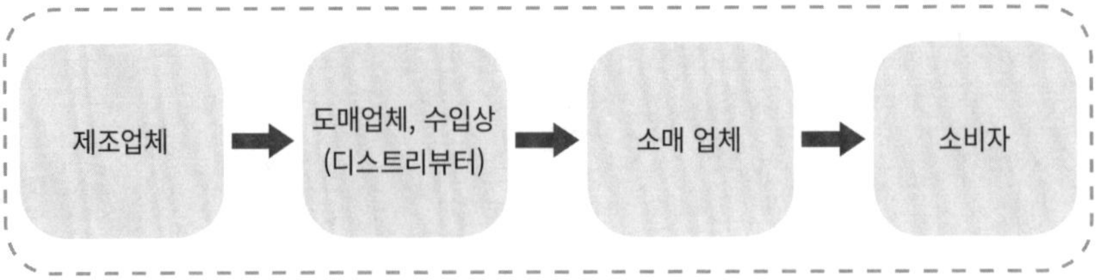

최근 들어 온라인 판매 확대에 따라 도매상 또는 수입상의 역할이 사라지고 온라인 유통업체로 대체되기도 하며 이러한 중간 단계가 생략된 제조업체가 직접 소비자에게 판매하는 경우도 점차 확대되고 있다.

자동차 부품의 경우 완성차업체에 납품하는 부품과 애프터마켓 부품으로 구분되어 유통 경로가 형성되어 있다. 완성차에 납품하는 자동차 부품의 경우 기업 규모가 큰 경우 직접 GM 등에 납품하는 방법이 있으며, 부품 특성과 기업의 능력에 따라 1차 또는 2차 부품업체를 통해 납품하는 유통구조를 가지고 있다.

자동차 애프터마켓 부품의 경우 주요 애프터마켓 부품 브랜드를 가지고 있는 업체 또는 AutoZone과 같은 대형 자동차 부품 유통업체에 직접 납품하는 방법이 있으며 또, 온라인 자동차 부품 전문 판매 업체를 통해 판매하는 유통구조를 가지고 있다.

기계제품의 유통구조는 애프터 서비스의 중요성으로 인해 제조업체에서 디스트리뷰터 또는 딜러들에게 제품을 공급하고 여기서 최종 소비자로 판매되는 다소 단순한 구조를 가지고 있다.

5. 진출전략 -단기, 중기, 장기 전략과 세부 마케팅 방안

진출전략은 시장조사, 경쟁동향 조사, 유통 경로 조사와 SWOT 분석 등을 종합적으로 분석하고 고려하여 진출전략을 수립해야 한다. 또 시장 분석뿐만 아니라 자사의 마케팅 능력, 인력, 예산 상황을 종합적으로 고려하여 준비해야 한다.

진출전략은 보통 마케팅 믹스인 4Ps를 활용하여 분석 수립되고 있으며, 자세한 마케팅 믹스인 4Ps에 대한 상품(Product), 유통(Place), 판촉(Promotion), 가격(Price)을 구분하여 전략을 수립해야 한다.

각각의 항목에 대한 조사와 분석을 바탕으로 마케팅 전략수립을 해야 한다. 특히 미국 등 해외시장의 경우 한국에 비해 정보도 부족하고 시장 특성이 다르기 때문에 조사와 전략수립에 어려움이 있을 수 있다. 세부 전략수립은 이 책 뒷부분 진출전략 부분에서 좀 더 상세히 설명할 예정이다.

<마케팅 믹스(Marketing Mix 4Ps)>

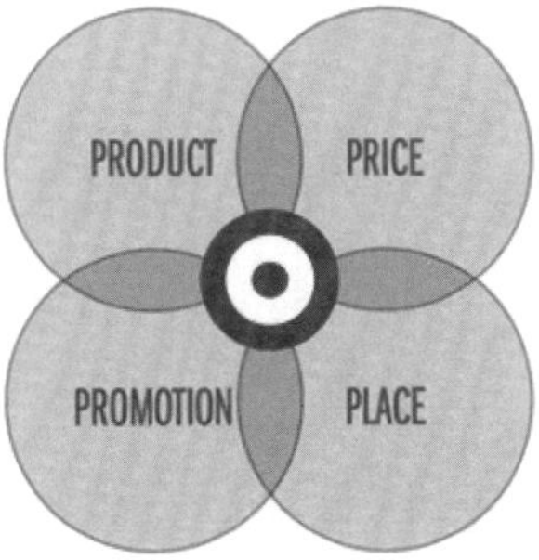

6. 시장조사를 위한 기초조사

1) 1차, 2차 자료조사 활용

앞에서 시장조사를 시작할 때 가장 먼저 해야 할 사항은 조사 목적을 정하고 이에 따른 조사항목과 범위를 정하는 것이 중요하다고 했다. 필요한 조사항목이 정해졌으면, 이젠 필요한 내용을 어떻게 조사할지를 결정해야 하는데 이에 대한 조사 방법을 소개한다.

조사는 크게 1차(Primary Research) 자료조사 및 2차(Secondary Research) 자료조사를 통해 필요한 정보를 조사할 수 있다. 먼저 기존에 조사되어 인터넷에 나와 있는 각종 조사 자료를 활용한 2차 조사를 통해 기본적인 시장조사를 먼저 하는 것이 좋다.

2차 조사는 기존에 이미 다른 사람이나 시장조사 전문업체가 조사한 자료를 최대한 활용하는 것이다. 인터넷에서 검색하여 각국의 경제 지표, 인구 통계, 시장 현황 및 분석 자료를 활용할 수 있으며 각종 조사기관에서 조사해 놓은 시장 자료를 활용할 수도 있다.

1차 조사는 조사 목적과 필요한 내용을 전문가나 포커스 그룹 인터뷰, 설문 조사 등을 통해 좀 더 세부적이고 자세하게 원하는 정보를 얻는 자체 조사 방법이다. 그러나 이 조사는 많은 비용과 시간이 소요된다는 단점이 있다.

효율적인 시장조사를 위해서는 1차 조사와 2차 조사를 필요에 따라 적절히 혼용 활용하는 것이 좋다. 그리고 2차 조사를 통해 확보된 조사 내용을 1차 조사를 통해 확신을 가질 수 있으며, 때론 2차 조사에서 부족한 조사 내용을 추가로 1차 조사를 통해 보완하는 경우도 있다.

설명의 이해를 돕고자 1차 조사와 2차 조사의 주요 조사 내용 사례와 장단점을 간단히 표로 작성해 보았다.

<1차 조사 및 2차 조사를 통한 조사 내용>

1차 조사 내용	2차 조사 내용
1. 포커스 그룹 인터뷰 2. 전화 및 온라인 설문조사 3. 현장 방문 조사 4. 대면 조사 5. 샘플 테스트 마케팅	1. 경제통계 2. 산업통계 3. 인구 통계 4. 기존 시장조사 보고서 5. 인건비 현황
장점: 심도 있고 구체적인 조사 가능	장점: 저렴하고 손쉽게 조사 가능
단점: 많은 비용과 시간 소요	단점: 내용이 단편적이며 특정 시장을 심도 있게 분석하는 데 한계

사례 4 시장 진출에 성공한 B사의 1, 2차 조사와 활용

음식물 보관용 플라스틱 컨테이너 업체인 B사가 미국시장 진출을 위해 실행한 1차 및 2차 조사 사례이다.

이 업체는 미국시장 진출전략 수립을 위해 2차 조사와 1차 조사를 병행하기로 하였다. 1차 조사의 경우 다소 비용이 소요되고 오랜 시간이 필요하지만 제품에 대한 세부적인 소비자들의 선호도 파악을 위해 필요하였다. 먼저 구글 검색을 통해 2차 조사로 기존에 조사 연구기관에서 발행한 조사 보고서를 찾아보고 KOTRA 시장조사 보고서를 검색하여 기본적인 시장 동향 자료를 확보하였다. 이러한 2차 조사를 통해 시장 규모, 제품 동향, 경쟁업체 현황, 유통구조, 수출입 동향 자료 등의 기본적인 시장 정보를 확보할 수 있었다. 1차 조사를 위해 시장조사 전문기업에 포커스 그룹 설문 조사와 인터뷰를 의뢰하고 자체적으로 참가하고 있는 전시장에서 방문 바이어를 대상으로 비공식 인터뷰를 진행하는 것으로 조사 계획을 수립하였다. 포커스 그룹 인터뷰는 성별 연령별 소비자 18명을 선별하여 제품의 기능과 성능, 개선점을 묻고 소비자들의 제품 구매 사유를 파악하는 데 중점을 두었다. 그다음에는 미국에서 가장 큰 가정용품 전시회에 참가하여 비공식적으로 바이어들과 미팅할 때 사전에 준비한 질문 내용을 바이어와 대화를 하면서 자연스럽게 물어보고 답변을 받아 정리하였다. 바이어들한테는 시장 동향 및 트랜드, 제품 구매 결정 사유, 유통구조 및 유통 마진 등과 같은 정보를 입수하여 향후 마케팅 전략을 수립하는 데 중요한 기초자료로 활용하였다.

이와 같이 소비재 제품의 경우 신제품 출시와 마케팅 전략을 수립하기 위해서는 반드시 시장조사가 필요하며, 이 업체는 이 시장조사를 기반으로 확고한 진출전략을 수립하여 시장 진출에 성공하였다.

2) 인터넷을 활용한 시장조사 방법

① 인터넷 발달로 편리해진 시장조사

오늘날에는 온라인상에 상품 및 시장 정보가 폭발적으로 넘쳐나고 있어 어떻게 보면 온라인 조사가 시장조사의 시작과 끝이라고 할 수도 있다.

구글에서 키워드 검색을 통해 간단한 뉴스나 제품을 검색하는 것에서부터 시작하여 정부기관, 관련 협회는 물론 유료 정보 제공 웹사이트 이용까지 온라인만으로 세부적인 수출입 통계자료 및 시장 자료를 손쉽게 찾을 수 있다. 소비재 제품의 경우 소비자들이 남긴 온라인 리뷰는 선호 제품의 특징과 소비자들이 원하는 기능과 장단점을 파악하는 아주 유용한 자료이다.

이렇게 온라인에서 정보가 넘쳐남에 따라 온라인을 활용한 시장조사가 크게 활성화된 만큼 시장조사 하는 사람들은 온라인을 활용한 최적의 조사 방법을 공부하고 스스로 터득하여 조사 노하우를 쌓을 필요가 있다.

② 온라인에서 키워드 검색

키워드는 문장이나 찾는 정보의 핵심이 되는 단어로 많은 사람들이 제품이나 원하는 자료를 찾을 때 공통으로 사용하는 단어이다. 보통 시장조사를 하기 위해서는 구글, 네이버 등 포털 사이트에서 키워드를 입력하여 검색을 시작한다. 미국시장조사를 예를 들자면, 영어로 키워드를 검색 방법은 크게 두 가지 방법이 있다.

키워드를 검색할 때 키워드가 범위가 너무 넓으면 너무 방대한 자료가 검색되어 원하는 정보를 찾는 데 비효율적이며, 키워드 범위가 좁으면 원하는 정보가 검색되지 않을 수도 있기 때문에 적절한 키워드를 선택하여 검색하는 것이 중요하다.

<온라인 검색 키워드 검색 선택 방법>

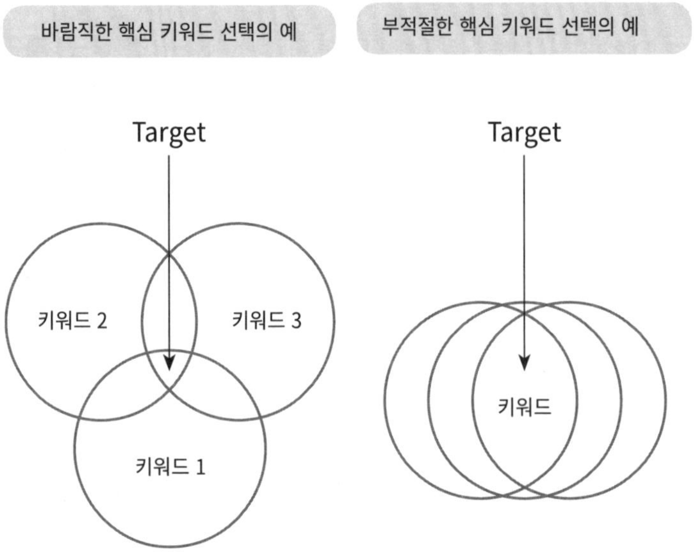

핵심 키워드는 서로 다른 카테고리에 속해야 하며 동일한 카테고리에 해당하는 키워드의 경우 타깃 범위가 너무 넓어서 검색에 비효율이 발생한다.

먼저 범위가 넓은 단어를 검색하고 추가로 세부 검색어로 특정 시장조사 주제를 찾는 방법과 반대로 내가 찾는 키워드를 직접 입력하여 찾는 방법이 있다. 조사 주제나 단어에 따라 어떤 방법을 활용하는 것이 더 적합한지는 두 가지 방법으로 검색을 시도해 보면 된다.

다른 하나는 키워드 검색할 때 유관 단어를 검색하는 방법이 있다. 찾는 내용이 검색이 안 될 경우 시장에서 통용되는 단어를 검색하거나 동의어 또는 유의어, 외래어 등 다양하게 시도해 봐야 한다. 어떤 경우는 한국에서 통용되는 영어 단어가 해당 국가에서는 다르게 사용되기도 하므로 해당 국가에서 주로 사용되는 단어를 파악하는 것도 효율적인 검색에 필수적이다.

인터넷을 활용한 가장 효과적인 조사를 위해서는 다양한 조사 키워드 활용하여 자주 연습해 보는 것이 좋다. 연습을 통해 조사 방법 및 정보원을 파악할 수 있고 시간 투입 대비 조사 효율을 향상할 수 있기 때문이다.

<시장조사를 위한 키워드 검색법>

1. 범위가 넓은 단어 검색에서 세부 단어로 검색하는 방법

   예) 검색단어: 미국 밸브 시장→버터플라이 밸브

2. 세부 단어에서 범위가 넓은 단어 검색

   예) 버터플라이 밸브시장→미국 밸브 시장

3. 유관 및 유사단어 검색

   예) Trade show, Trade event, Trade conference

4. 국가별 다른 영어 단어 사용, 미국식 영어와 영국식 영어 차이

   예) 벽장은 영국에서는 Cupboard, 미국에서는 Closet/나이프 포크 숟가락 세트는 영국에서 Cutlery, 미국에서는 Silverware

③ 구글 검색 연산자를 활용한 검색 방법

구글에서 검색할 때 연산자를 사용하면 좀 더 정확하고 효율적으로 검색 결과를 얻을 수 있다. 아래를 구글 기본 연산자 예로 검색할 때 이를 염두에 두고 연습하여 숙달해 높으면 원하는 자료를 조사하는데 많은 도움이 된다.

Tips

<구글 검색 연산자 예>

1. 가격 검색

숫자 앞에 $ 기호를 입력합니다. 예) 카메라 $400

2. 해시태그 검색

단어 앞에 # 기호를 입력합니다. 예) #throwbackthursday

3. 검색어에서 단어 제외

제외하려는 단어 앞에 '–' 기호를 입력합니다. 예) 재규어 속도 –차

4. 정확히 일치하는 결과 검색

단어 또는 문구를 따옴표 안에 넣습니다. 예) "가장 높은 빌딩"

5. 와일드카드 또는 알 수 없는 단어 검색

단어 또는 문구에서 자리표시자를 두려는 곳에 '*' 기호를 입력합니다. 예) "세상에서 가장 큰 *"

6. 숫자 범위 내에서 검색

두 숫자 사이에 '..' 기호를 입력합니다. 예) 카메라 $50..$100

7. 검색어 조합

각 검색어 사이에 'OR'를 입력합니다. 예): 마라톤 OR 경주

8. 특정 사이트 검색

사이트 또는 도메인 앞에 'site:'를 입력합니다.

예) site:youtube.com 또는 site:.gov

9. 관련 사이트 검색

이미 알고 있는 웹 주소 앞에 'related:'를 입력합니다. 예: related:time.com

10. 사이트 세부정보 보기

사이트 주소 앞에 'info:'를 입력합니다.

출처: google.com

7. 해당 국가 관세율과 품목별 수입액 조사

1) 미국의 품목별 관세율

미국 수출을 위해서 가장 기본적인 조사항목 중 하나가 관세율 조사이다. 기본적으로 한미 FTA 체결로 인해 많은 품목이 무관세율이 적용되고 있다. 그러나 특정 품목의 경우 아직도 낮지만 관세가 부과되고 있으며 최근 들어 통상 분쟁이 격화되고 있어 품목에 따라 관세율 적용이 변경되고 있어 지속적인 모니터링이 필요하다.

HS 품목별 코드를 알면, 미국 정부기관인 미국국제무역위원회(United States International Trade Commission)가 운영하는 온라인 사이트에서 관세율 및 국가별 수입액 데이터를 무료로 검색할 수 있다. 동 웹사이트는 관세율뿐만 아니라 품목별 또는 산업별 무역 통계도 제공하고 있어 이메일만 있으면 간단한 회원 가입 절차를 통해 관련 자료를 무료로 이용할 수 있다.

<미국국제무역위원회 웹사이트 초기 화면>

출처: 미국국제무역위원회(정리: Justin Hwang)

<회원 가입 방법>

회원 가입을 위해서는 먼저 해당 웹사이트인 https://dataweb.usitc.gov/를 방문한 후 메뉴에 있는 Create Account를 클릭하고 이메일과 ID, 암호를 정하면 간단하게 계정을 만들 수 있다

관세율의 경우 회원 가입을 하지 않아도 검색이 가능하나 수출입 통계는 회원 가입을 해야 수출입 통계자료를 검색할 수 있다.

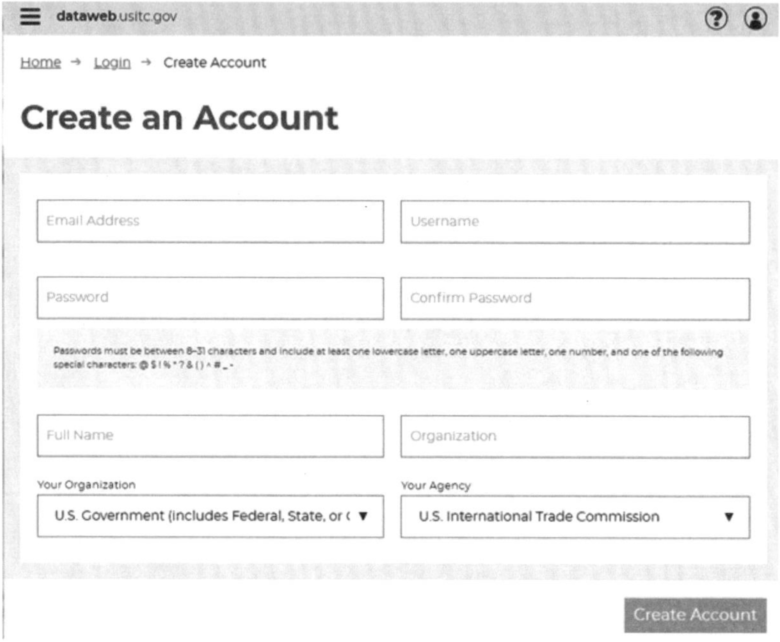

출처: 미국국제무역위원회(정리: Justin Hwang)

회원 가입 후 메뉴에서 클릭한 다음 Tariff Database를 선택하면 아래와 같은 창이 뜨며, 검색창에 제품 키워드나 HS 코드를 입력하면 해당 제품의 관세율을 검색할 수 있다.

<미국국제무역위원회 관세율 조회 사이트>

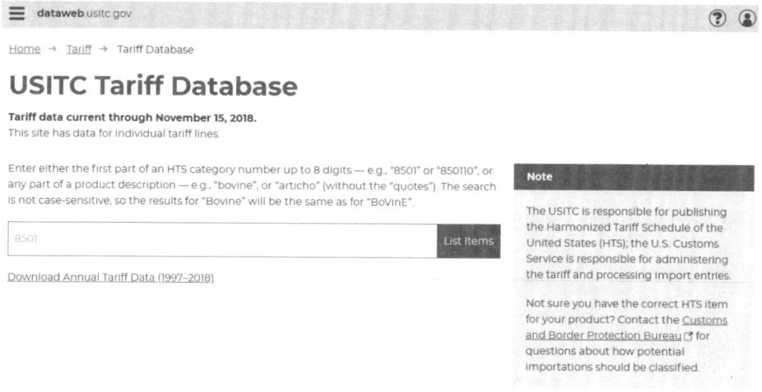

출처: 미국국제무역 위원회(정리: Justin Hwang)

<관세율 검색>

관세율은 크게 3가지로 분류된다. 일반 무역거래 관계국가(NTR:Normal Trade Relations와 비 일반 무역거래 관계국가(Non NTR: Non Normal Trade Relations), 무역 협정 국가들에 부과되는 관세율이다.

일반 무역거래 관계국가는 세계 대다수 국가들이 이에 해당되며 WTO에 가입되어 있는 나라가 이에 해당된다. 중국의 경우 2001년 12월 27일부터 적용을 받고 있다.

반면 비 일반 무역거래 관계국가는 WTO 가입되어 있지 않은 국가로 대표적인 국가로는 북한 등이 있으며, 이 국가들과는 무역 거래는 있지만 만약 수입을 할 경우 높은 관세율이 부과된다.

아래쪽으로 웹페이지를 내려 보면 한미 FTA 관세율이 따로 분리하여 관세율을 제공하고 있으며 한미 FTA 체결로 인해 대다수의 품목들이 무관세 또는 낮을 관세율이 적용되고 있다.

아래 HS Code 85012040(Universal AC/DC motors of an output exceeding 74.6 W but not exceeding 735 W) 품목의 경우 한국은 0%의 관세율이, 일반 무역거래 국가의 경우 4%의 관세가 부과되고 있어 제품의 가격 경쟁력에 도움이 되고 있다.

관세율 및 수입 통계는 HS 코드를 기준으로 검색할 수 있으며, 보통 6자리까지는 세계 각국이 공통으로 사용하고 있으며 그 이후 자리 숫자는 나라별로 약간의 차이가 있기 때문에 그 밑에 있는 품목설명을 반드시 확인해야 한다.

<미국의 품목, 국가별 세부 관세율>

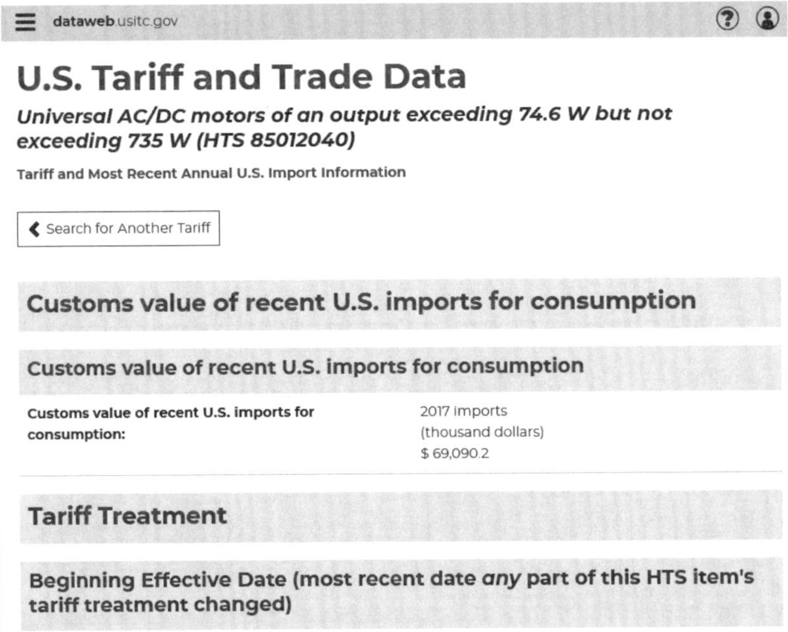

dataweb.usitc.gov

U.S. Tariff and Trade Data

Universal AC/DC motors of an output exceeding 74.6 W but not exceeding 735 W (HTS 85012040)

Tariff and Most Recent Annual U.S. Import Information

Search for Another Tariff

Customs value of recent U.S. imports for consumption

Customs value of recent U.S. imports for consumption

Customs value of recent U.S. imports for consumption:	2017 imports (thousand dollars) $ 69,090.2

Tariff Treatment

Beginning Effective Date (most recent date *any* part of this HTS item's tariff treatment changed)

Beginning Effective Date (most recent date *any* part of this HTS item's tariff treatment changed):	10/31/2012

Ending Effective Date (date *any* part of this HTS item is next scheduled for tariff treatment change)

Ending Effective Date (date *any* part of this HTS item is next scheduled for tariff treatment change):	12/31/2050

1st Unit of Quantity (Q1)

1st Unit of Quantity (Q1):	Number

2nd Unit of Quantity (Q2)

2nd Unit of Quantity (Q2):	

2018 Normal Trade Relations (NTR) duty rate (formerly known as the Most Favored Nation (MFN) duty rate)

MFN Text Rate:	4%
Duty calculation:	(Ad Valorem Rate) times (Value)
***Ad Valorem* (percent of value) component:**	4%
Specific (per unit) component:	$0.0
Other duty component:	$0.0
Binding Status:	Bound in World Trade Organization

PERU FTA Preference

Status:	Eligible code:"PE"
***Ad Valorem* Rate:**	0%
Specific Rate:	$0.0
Other Rate:	$0.0

KOREA FTA Preference

Status:	Eligible code:"KR"
***Ad Valorem* Rate:**	0%
Specific Rate:	$0.0
Other Rate:	$0.0

출처: 미국국제무역위원회(정리: Justin Hwang)

2) 미국의 품목별 수입액 검색 -해당 품목의 국가별 수입액을 통한 경쟁동향 파악

국가별 수입액을 알고 싶으면 웹사이트 https://dataweb.usitc.gov/에 로그인한 상태에서 메뉴를 클릭한 후 General Imports를 클릭하면 된다.

<미국의 국가별 수입 통계 검색창>

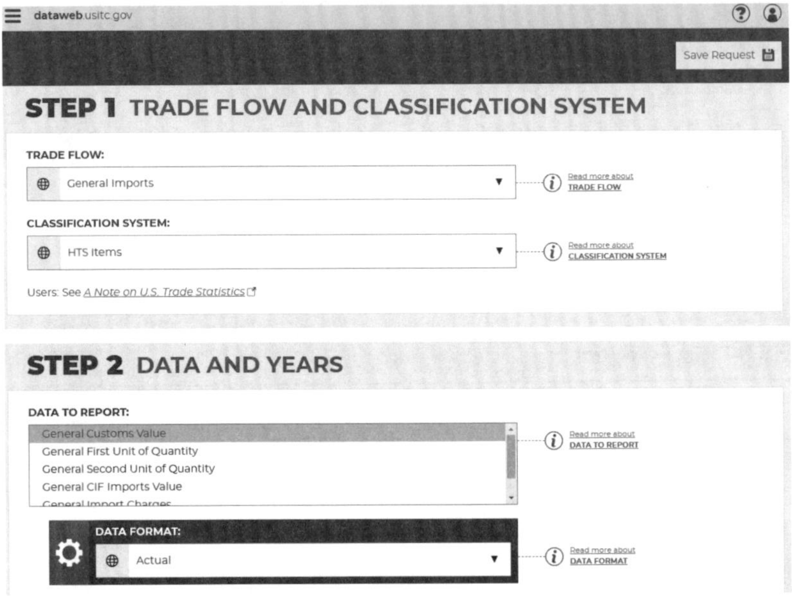

출처: 미국국제무역위원회(정리: Justin Hwang)

검색창이 다소 복잡해 보일 수 있으나 단계별로 주어진 선택 항목을 선택하여 연습해 보면 웹사이트에서 수입 통계를 필요에 따라 다양한 방법으로 추출할 수 있다.

예를 들자면, HS 코드 품목별로 수입 통계를 검색할 수 있을 뿐 아니라 국가별 수입액, 연도별 수입액 등 8단계에 걸쳐 원하는 수입 통계를 선택하여 검색하고 엑셀로 다운받아 사용할 수 있다.

또한 Imports by tariff program은 미국에 다른 나라와 체결한 무역협정 국가와의 수입 통계를 제공하고 있다. 따라서 한미 FTA, 북미자유무역협정인 NAFTA(North American Free Trade Agreement)별 수입 통계를 볼 수 있다. 이 통계는 한미 FTA처럼 한국과의 무역협정 또는 프로그램보다 NAFTA 체결 국가인 캐나다와 멕시코 같은 복수 국가와의 무역협정 거래액을 파악하는 데 유용하다.

Imports by U.S. Customs district of entry는, 미국의 주요 수입 지역별 수입액을 파악할 수 있다. 미국의 주요 수입 지역은 동부 및 서부 해안의 항구로서 이곳에서 가장 많이 통관되고 있고, 멕시코와의 국경 지역 도시의 수입 통관 물량도 많은 편이다.

그러나 통관 지역의 수입액이 그 지역에서 다 판매된다고 볼 수 없으며 서부 지역에서 통관되었다고 해도 수요처가 미국 중서부 지역일 경우가 많기 때문에 미국 주별 수입액은 큰 의미가 없고 참고용으로만 사용하는 게 좋다.

중소기업들은 수출 품목 수가 많지 않기 때문에 아래 링크를 북마크하여 저장해 놓으면 수시로 미국 국가별 수입액 변화를 매달 확인할 수 있다.

다른 관세율 및 수출입 통계를 제공하는 사이트들도 있으나 이 사이트가 무료로 아주 다양한 수출입 통계자료를 제공하는 기능이 있으므로 여기서 자사 제품의 수출입 통계를 검색하길 추천한다.

<검색한 HS 코드 품목의 국가별 수입 통계>

연번	국가	2016	2017	2017 YTD	2018 YTD	증감률 YTD'17 - YTD'18
1	China	33,575,017	42,410,528	35,655,877	37,889,979	6.30%
2	Japan	6,376,521	11,935,383	9,485,036	17,037,779	79.60%
3	Italy	6,371,310	5,126,136	4,474,240	2,285,376	-48.90%
4	Netherlands	3,464,109	2,724,153	2,521,470	2,726,691	8.10%
5	Thailand	2,631,163	2,635,286	2,139,764	2,039,927	-4.70%
6	Taiwan	2,540,834	2,483,272	2,218,952	1,678,412	-24.40%
7	Germany	1,997,848	2,099,882	1,602,367	1,877,236	17.20%
8	Korea	1,064,051	876,089	666,453	1,360,822	104.20%
9	France	1,407,062	728,297	649,702	399,882	-38.50%
10	Czech	652,953	509,836	419,912	554,601	32.10%
11	Mexico	475,194	502,510	410,424	585,662	42.70%
12	Canada	248,245	378,398	214,446	261,275	21.80%
13	U.K.	312,322	330,788	83,082	254,819	206.70%
14	Switzerland	891,710	286,408	259,380	169,190	-34.80%
15	Brazil	19,733	283,074	279,966	9,450	-96.60%
합계		63,693,474	74,252,536	61,921,037	69,927,023	12.93%

* 수입 통계: HS Code 85012040(Universal AC/DC motors of an output exceeding 74.6 W but not exceeding 735 W)

출처: 미국국제무역위원회(정리: Justin Hwang)

8. 무료 이용 미국 시장조사 자료와 유료 자료

1) 미국 정부 산업 및 통계 관련 자료

미국은 상무부 또는 미국국제무역위원회에서 산업별 통계 또는 시장 관련 자료를 발행하고 있어 시장조사 시 이들 자료를 유용하게 활용할 수 있다.

국제무역청(international trade administration)이 발행하는 해외시장 정보는 미국 기업을 위해 작성한 해외 주요 국가별 산업 정보로 한국에서 미국을 제외한 영국 등 다른 외국 시장을 조사할 때 참고할 수 있는 좋은 자료이다. 웹사이트는 https://www.trade.gov/topmarkets/이다.

또 미국 센서스국에서 발행하는 산업별 보고서 및 통계자료는 미국 주요 시장을 이해하는 기초자료로 활용되고 있다. 특히 미국 센서스국에서 제공하는 산업별 통계는 미국 산업별 분기 보고서와 시장 규모, 기업 수, 채용 현황 등 각종 세부 통계자료를 볼 수 있다. 센서스국의 웹사이트는 https://www.census.gov/econ/isp/이다. 미국 산업 관련 주무 부서인 미국 상무성(Department of Commerce: https://www.commerce.gov/)은 다수의 산하 기관을 통해 다양한 경제 산업 통계 조사 자료를 제공 있다. 부처별 웹사이트는 구글에서 아래 부처명를 검색하면 쉽게 찾을 수 있다.

<미국 상무성 주요 산하기관>

기관명	주요 업무
Bureau of Economic Analysis(BEA)	경제 현안 분석 및 통계
Bureau of Industry and Security(BIS)	산업 기술 유출 방지 및 무역 관련 규제
U.S. Census Bureau(Census)	산업별 통계 및 분기별 동향 보고서
Economic Development Administration(EDA)	경제 개발 및 육성 정책
Economics and Statistics Administration(ESA)	경제현황 분석 및 통계
International Trade Administration(ITA)	국제 무역 및 수출입 통계, 해외시장 보고서
National Technical Information Service(NTIS)	국가 기술 정보 관련 자료
National Telecommunications and Information Administration(NTIA)	정보통신 정책 및 산업 육성
U.S. Patent and Trademark Office(USPTO)	특허 및 상표권 등록 및 관리

출처: 미국 상무성(Department of Commerce) (정리: Justin Hwang)

2) 각종 산업협회 및 관계기관 활용

미국뿐만 아니라 많은 나라들이 주요 산업별 협회를 보유하고 있으며 이 협회들은 다양한 시장 보고서 및 통계자료를 생산하고 배포 또는 공유하고 있다. 대다수 협회들은 시장 및 산업 관련 자료를 무료로 제공하고 있으며 유용한 특정 자료는 회원사에만 제공하거나 판매하기도 한다.

예로 제조기술협회인 Association for Manufacturing Technology는 분기별 제조업체에서 사용하는 금속 가공, 기계 판매 동향을 무료로 제공하고 있고, 미국 최대 공작기계전시회인 IMTS(International Manufacturing Technology Show)를 개최하고 관련 산업 동향 정보를 제공하고 있다.

미국에는 거의 모든 산업이 협회를 가지고 있으며 해당 협회가 전시회를 개최하고 산업 활성화, 정보 교류 및 정책 입안 등에 영향력을 행사하고 있다. 해당 협회를 찾고 싶으면 구글에서 영문으로 산업을 입력하고 그 뒤에 Association을 입력하면 대다수 협회를 검색할 수 있다. 미국의 경우 협회들이 전시회 및 세미나를 개최하고 있기 때문에 전시회 명을 입력하고 검색하면 해당 협회를 찾을 수도 있다.

미국의 전체 협회 리스트를 검색하길 원하면 구글에서 industry association list로 검색하면 아래와 같은 협회 리스트를 찾을 수 있다.

<미국의 대표적인 산업협회>

협회명	유관 산업
Aerospace Industries Association	항공산업협회
American Bearing Manufacturers Association	미국베어링산업 협회
American Gear Manufacturers Association	미국기업 제조자협회
American Hardware Manufacturers Association	미국하드웨어제조자협회
American Welding Society	미국용접협회
Association for Manufacturing Technology	제조기술협회(기계산업)
International Housewares Association	국제가정용품협회
Consumer Technology Association	소비자가전 협회

출처: https://planningshop.com/associations/(정리: Justin Hwang)

3) 공신력 있고 세부 시장조사를 위한 유료 자료

더 심도 있는 조사 보고서가 필요한 경우, 고가이지만 많은 전문조사기업에서 세부적이고 구체적인 조사 보고서를 구매할 수도 있다.

대표적인 조사 전문 보고서로는 IBIS World가 있으며 필요한 보고서를 구매할 수도 있다. first research의 경우 산업별 보고서를 139달러에 판매하고 있어 저렴한 가격으로 시장 보고서를 구매할 수 있다.

이들 보고서 외에도 많은 시장조사 전문기관이 발행한 조사 보고서를 구매할 수 있으며, 구글 검색을 통해 필요한 자료를 검색하여 구매하면 되나, 많은 보고서들이 비교적 고가에 판매되고 있어 중소기업 입장에서 선뜻 구매하기가 쉽지 않다.

9. 국내 무역 관련 기초조사 자료

- 무역업 창업

무역업 창업 관련 인허가 등 설립 절차는 안내는 한국무역협회 웹사이트에서 자세한 안내를 받을 수 있다. 무역업 창업뿐만 아니라, 무역업 고유번호 신청, 무역관 관련 세무 등과 같은 정보를 제공하고 있다.

http://www.kita.net/trade/business_manual/manual01/a0101.jsp

- 무역협회 무역업 고유번호 신청

대외무역법 제2조 제1호의 규정에 따라, 무역을 업으로 하는 자는 무역업 고유번호를 한국무역협회장에게 신청하게 되어 있으며, 업체의 소재지와 관계없이 무역협회 본부 및 지역본부에서 신청 가능하다. 신청은 한국무역협회 회원 협력실 또는 각 지역 무역협회 본부에서 신청 가능하다.

http://www.kita.net/trade/business_manual/manual01/a0102.jsp

- 무역 관련 법령 조회

무역 관련 법령 조회는 트레이드 내비(http://www.tradenavi.or.kr)에서 조회가 가능하며 무역 관련 법령은 대외무역법 등 무역 관련 전반적인 법과 FTA 관련법, 관세법, 무역투자관련법, 외국환관련법 및 무역구

제법 등으로 나뉘어 있다.

http://www.tradenavi.or.kr/CmsWeb/viewPage.req?idx=PG0000000431&menuId=MN0000000544&infmId=10000017 이다.

- 무역통계 조회

한국무역협회에서는 품목별, 국가별, 지역별 수출입 통계 등 한국무역통계와 EU, 중국, 미국 등 국가별 무역통계 서비스를 제공하고 있다.

www.kita.net

- 교육연수 프로그램

KOTRA 아카데미에서는 신흥시장진출, 글로벌 마케팅, 외국인 투자유치, 산업별 특화연수 등 대한민국 무역투자의 우수인재 발굴을 위해 다양한 교육연수 프로그램을 운영하고 있다.

http://www.kotra.or.kr/kh/service/KHSBGT040M.do?MENU_CD=F047

한국무역협회에서 운영하는 Trade Academy도 무역 실무를 학습할 기회를 제공하고 있다.

http://www.tradecampus.com/ 이다.

3장

–

바이어 발굴 및 관리하는 방법

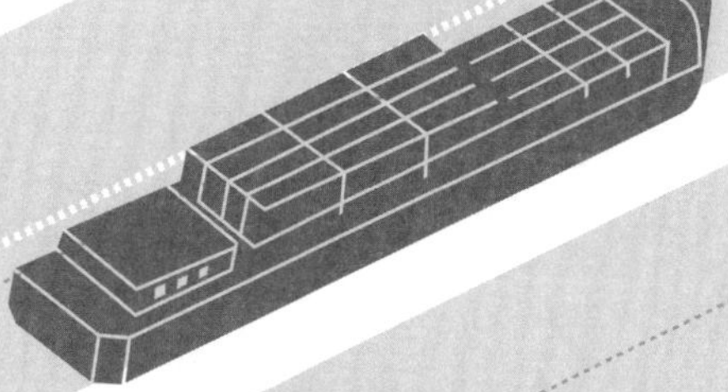

1. 미국 바이어 특징

1) 세계에서 가장 보수적인 미국 바이어

시장 조사가를 통해 타깃 시장이 정해졌으면 이젠 본격적으로 수출 마케팅을 통해 바이어를 발굴해야 한다. 해외에 처음 수출하려는 중소기업에 있어 해외 적격 바이어 발굴은 수출 마케팅 중에서 가장 큰 어려움 중 하나이다.

바이어는 국가별로 문화적, 상관습 차이가 있어 협상 방법, 거래 방법이 다르기 때문에 최종 수출 계약을 성사하기까지 협상과 의사소통에 많은 어려움을 겪는다.

어느 국가에서는 바이어와 미팅이나 방문이 수월하고, 미팅할 때는 당장 거래할 것처럼 말을 하지만 실제로 거래 성약까지 오랜 기간이 소요되기도 한다. 반면 어떤 국가에서는 바이어들이 반드시 필요하거나 관심이 있는 경우만 미팅하거나 회신을 하기 때문에 제품 경쟁력이 있고 적격 바이어가 발굴된다면 오히려 성약을 이루기가 오히려 수월하기도 하다.

세부적인 바이어 특징 및 바이어 발굴 방법은 필자가 거주하고 있는 미국 시장을 위주로 설명할 예정이며, 특히 바이어 발굴의 경우 다른 국가와도 별 차이가 없기 때문에 미국 바이어 발굴하는 방법을 응용하여 활용하면 된다.

2) 미국 바이어 특징

미국 바이어는 세계에서 가장 접근하기 힘들며 거래를 성사하기까지 가장 상대하기 까다로운 바이어 중 하나로 손꼽히고 있다. 세계 각국 수 많은 기업이 미국 업체와 거래하기 위해 바이어에 수없이 연락하기 때문에 바이어들은 귀찮아서 전화를 잘 받지 않고 이메일을 보내도 회신이 없는 경우가 허다하다.

미국 바이어들은 자기가 필요한 경우를 제외하고 거의 회신해주지 않아 신규 바이어 이름과 이메일 등 연락처를 확보하는 데도 많은 시간과 노력이 요구된다. 따라서 미국 바이어 발굴에 가장 좋은 방법은 해당 전시회에 참가하여 바이어와 만남의 기회를 얻는 것이 제일 효과적이다. 바이어들도 전시회에 참가하여 신규 업체를 발굴하고 기존 거래선과 유대 관계를 강화하는 아주 유용한 장소로 활용하기 때문에 지속적인 전시회 참가가 필요하다.

해외 전시회에 한번 참가했다고 해서 즉시 수출 성약이 발생하는 것은 아니다. 물론 운이 좋은 경우 처음 참가한 전시회에서 유력 바이어를 발굴하고 성약한 사례도 있다. 그러나 대부분 바이어들은 매년 어떤 업체가 참가하고 있는지 확인하고, 해외 업체의 경우 3년은 지속적으로 참가해야 회사를 어느 정도 신뢰를 하고 상담에 임한다.

미국 바이어들의 가장 큰 특징 중 하나를 꼽으라면 잘 연락이 되지 않는다는 것이다. 두 번째로는 기존 거래업체를 선호하고 매우 보수적이어서 신규 업체의 접근이 몹시 어렵다는 것이다. 아래는 미국 바이어들의 일반적인 특징을 정리한 것이다.

<미국 바이어들의 일반적인 특징>

1. 잦은 출장과 바쁜 업무로 인해 연락이 잘 안 된다.
2. 미국 바이어들은 상당히 보수적으로 신규 업체보다는 기존 업체와 거래를 선호한다.
3. 미국 기업들은 많은 기업이 거래를 희망하고 있어 슈퍼 갑이다.
4. 미국 기업들은 바이어의 재량보다는 가능하면 시스템을 따르려고 한다.
5. 제품 구매가격 인하 및 좋은 제품 구매 압력을 받고 있다.
6. 상업별 전시회 및 관련 컨퍼런스가 발달되어 있어 행사 참가를 통해 신규 공급업체를 발굴한다.
7. 구매의사결정은 가격이 전부가 아니다.
8. 높은 전직 또는 이직률로 인해 바이어들이 자주 바뀐다.
9. 바이어 유형별 마케팅 방법이 달라야 한다.
10. 위험을 가급적 피하는 보수적인 성향이 강하다.

2. 바이어 발굴 방법

1) 전화 통화로 바이어 발굴하기

① 전화하기 전에 소개 및 제품 설명 준비

처음 바이어를 발굴할 때 바이어 이름과 전화번호 그리고 이메일을 모르면 전화 연락을 통해 담당자를 파악하고, 회사 정보와 관심 여부를 문의한 후 관심이 있으면 이메일 주소를 알아내어 제품 정보를 보내는 순서로 진행 한다.

전화하기 전에 먼저 구글 검색과 기업 디렉터리 검색을 통해 거래가 가능한 잠재 기업을 선별하는 잠재 타깃 고객 리스트를 작성해야 한다. 잠재 고객 리스트가 작성되면 각 업체에 전화하여 담당자를 파악한다. 잠재 고객 리스트는 전화하면서 지속적으로 업데이트를 하여 연락하는 업체들이 자신이 찾고 있는 업체인지를 파악해야 한다. 연락한 바이어가 관심이 없다고 하면 단순히 해당 제품에 관심이 없는 것인지, 아니면 유통구조상 한국 제조업체와 맞지 않는 업체들인지를 파악해야 한다.

인터넷 발달과 이메일 활성화에 따라 아주 편리하게 바이어를 발굴하고 의사소통할 수 있게 되었다. 그러나 아직도 많은 영업 담당자들이 업체에 전화하여 자신을 소개하고 신규 거래선을 발굴한다.

모르는 사람한테 전화하는 것은 콜드콜(Cold Call)이라고 하는데, 일면식도 없는 사람에게 전화하여 자기를 소개하고 전화한 목적과 제품을 소개하여 관심 바이어를 발굴하는 것이 영업의 첫 단계이며 많은 인내가 요구되는 아주 힘든 작업 중 하나이다. 따라서 콜드콜은 영어를 잘하는 미국인들도 힘들어하는 일이다.

회사의 구매담당자 이름을 모를 경우 전화하여 담당자와 연락할 이메일을 알아내야 한다. 설령 이름을 알고 있더라도 이메일 보내기 전에 전화하여 담당자인지 확인하고 간단히 소개한 후 이메일 보내겠다는 짧은 안내가 필요하다. 그렇지 않으면 보낸 메일은 스팸 메일함을 벗어 날 수 없게 된다.

바이어 이메일을 알고 있다고 해도 그냥 무턱대고 메일을 보내면 바이어가 읽어 보지도 않고 십중팔구는 스팸메일로 처리된다. 바이어들은 하루에 수십 통씩 회사 소개 이메일을 받고 있다. 무턱대고 보내는 메일은 바이어들에게는 정크 메일 중 하나일 뿐이다.

② 콜드콜 하는 방법

우리가 영어를 미국인들과 똑같이 잘할 수는 없다. 따라서 미국 바이어를 상대로 콜드콜 하는 요령이 매우 중요하다. 이메일을 활용한 의사소통 방법이 활성화되면서 바이어와 전화 통화할 기회를 잡기는 더 힘들어졌다.

보통 전화를 하면 바이어가 전화를 받지 않고 음성 메시지가 나오는 경우가 대다수이다. 음성 메시지를 남겼다고 해서 그 메시지를 듣고 모르는 사람한테 회신 전화를 해주는 바이어는 거의 없다. 따라서 전화할 때마다 매번 음성 메시지를 남기지 않는 것이 좋다. 한두 번 음성 메시지를 남기고 지속적으로 바이어한테 전화를 하다 보면 바이어가 전화를 받는 기회가 올 것이고 이때를 잘 활용하는 것이 필요하다.

바이어와 통화되었다 해도 대다수는 잘 듣지도 않고 관심 없어 전화를 끊을 타이밍을 찾는 느낌인 경우가 많고, 해당 제품 구매담당자가 아닌 경우도 흔하다. 어떤 해외 영업 담당자는 필자한테 '몇 번 전화하면 바이어와 통화할 수 있나요?'라고 질문도 하는데, 이는 상황마다 다르다. 운이 좋은 경우 한번에 통화된 적도 있고 어떤 바이어는 50번 전화해도 통화되지 않아 포기하기도 했다.

많은 미국 대기업의 경우 회사 대표전화로 전화하여 교환원에게 통화를 원하는 바이어 이름 말하지 못하면 연결시켜 주지 않는다. 교환원들은 직원 이름만 있지, 그 직원이 어느 직종 또는 무슨 일을 하는지 알 수 없기 때문이다.

이러한 이유로 인해 바이어 이름이라도 알고 있어야 전화 통화를 요청할 수 있다. 이경우 바이어 이름을 찾기 위해서 LinkedIn과 Panjiva 등을 활용하여 담당자를 파악한 후 전화를 해야 한다.

십수 년간 수많은 콜드콜을 해본 경험을 볼 때, 바이어와 통화가 되면, 이름과 이메일 등 연락처를 파악하고 관심 여부를 문의하는데 처음 10초가 아주 중요하다. 수십 번 노력으로 운이 좋게 바이어와 통화되었다고 해보자. 어떻게 대화를 풀어나가는 게 좋을까? 막상 바이어가 수화기를 들어 응답할 경우 그제야 어떤 말을 해야 할지 생각한다면 이미 늦었다.

③ 처음 전화 통화가 되었을 때 어떤 말을 해야 하나

아래는 처음 전화하여 바이어와 통화되었을 때 영어로 어떻게 말을 시작해야 하는지 기본적인 대화 예시를 들어보았다. 이를 참고하여 기본적인 내용을 준비하고 숙지한 후 통화한다면 당황하지 않고 대응할 수 있다. 물론 이렇게 준비했다고 해서 준비한 대로 통화가 진행되는 것은 아니다. 그러나 기본적인 전화 응대 대화를 준비한 다음 지속해서 전화하다 보면 요령이 생기고 대응 능력도 향상된다.

전화를 통한 바이어 발굴은 영어가 유창한 미국 판매 담당 직원들도 어려워하는 일이란 것을 인지하고 꾸준히 전화를 걸어서 바이어를 발굴해야 한다

아래 예시는 관심 있는 바이어 발굴을 위해 전화할 때 필요한 대화 전개 방법이다.

바이어에게 전화했을 때 크게 4단계로 구분하여 전화 통화를 전개해 나갈 수 있다. 먼저 자기를 소개하고 전화한 이유와 제품을 소개하여 관심 여부를 문의 한다. 두 번째 단계는 제품에 대한 세부적인 질문을 통해 자사 제품과 바이어 회사 제품 및 고객 등을 파악하여 좀 더 바이어 회사 제품과 적합 여부를 파악한다. 세 번째 단계로는 전화 통화의 마무리 단계로 의사결정 단계다. 현재 공급받는 제품의 문제점 등 세부 추가 질문을 통해 바이어 회사와 필요한 제품을 파악하면 된다. 마지막 단계에서는 이메일로 제품 소개서 송부 하겠다고 말을 하고 향후 연락 계획 등을 협의한 후 다음 주쯤에 다시 전화하여 팔로업을 하겠다고 말하면 된다.

예시는 기본적인 절차일 뿐, 회사 특성과 제품, 산업에 따라 다양한 형태로 응용하여 필요한 내용을 스스로 추가 변형하여 자기만의 노하우를 축적하는 것이 필요하다.

<전화 통화 시 회사 소개하는 방법>

Opening

STEPS 1-3:

- Hi, my name is__________. I'm calling some startups in the area to find out if they are a good fit for our product/service/beta program.
- What we do in a sentence is we provide companies with xyz.
- Does this in general sound interesting to you?

Qualifying

STEP 4:

- What is your current xyz process?
- Who are your customers?
- How do you currently solve xyz?

Test closing

STEP 5:

- We would want to start in X weeks.
- Does this work for you?
- The beta program is heavily discounted. It's going to be $X per day.
- What is the decision making process in your company?

Next steps

STEP 6:

- Great. Sounds like this could be a good fit. Let me send you our brochure and schedule a time next week to discuss all your questions, etc.
- What's the best email to send you information and the calendar invite?
- What's a good time to chat next week?

출처: http://blog.close.io/how-to-create-a-sales-phone-script-free-template(정리: Justin Hwang)

④ 전화로 바이어 발굴할 때 어려움을 극복하는 방법

앞에서 언급했듯이 전화로 바이어를 발굴하기란 쉽지 않은 일이다. 한국에서 한국말로 영업을 위해 전화하는 경우도 어려운데 영어로 하려면 더 많은 용기와 연습이 필요하다.

전화로 바이어에게 제안을 할 경우 대다수가 관심이 없다고 거절하는 경우가 많다. 특히 거절당했을 때 좌절감과 부담감에서 벗어나는 것이 제일 중요하다. 입장을 바꿔 생각하면 된다. 누가 전화해서 어떤 상품을 사라고 하면 모든 사람이 전화를 빨리 끊을 궁리만 하고 관심 없다는 말을 할 타이밍만 찾는다. 따라서 바이어한테 거절당하는 것은 당연하다고 인정하고 좌절할 필요도 없다는 마음가짐이 중요하다.

이런 어려움을 미리 알고 전화하기 전에 제품에 대한 충분한 지식이 있고 자신감을 가져야 상대방을 설득할 수 있다. 바이어가 대화 도중 제품에 대해 질문하였는데 제품을 판매하는 사람이 제품과 시장에 대해 잘 모른다면 그 사람은 신뢰하기 힘들기 때문이다.

전화 통화 연습을 하고 관심을 끌어낼 수 있는 기술을 개발하는 것도 중요하다. 대화 기술 중 가장 중요한 것은 상대방 말을 잘 듣고 질문을 잘 하여 바이어의 문제점을 해결해 주는 제품이라는 것을 부각하는 것이다. 그러므로 자신만의 대화 스크립트를 개발하여 말이 자연스럽고도 편하게 나올 수 있을 정도로 미리 연습을 해야 한다. 그러나 아무리 잘 만들어진 스크립트를 가지고 있더라도 대화 중에 순발력 있게 대응하지 못하면 바이어의 관심도는 크게 떨어진다는 사실도 명심할 필요가 있다.

2) 전시회 참가를 통한 바이어 발굴

콜드콜하여 바이어를 발굴하는 것은 시간도 많이 소요되고 성공 확률도 그리 높지 않기 때문에 많은 인내가 필요하다. 따라서 세계 각지의 바이어가 한자리에 모이는 대표적인 국제 전시회 참가를 통한 바이어 발굴이 가장 효율적이며 운이 좋은 경우 전시 현장에서 거래가 성사되기도 한다.

전시회에 참가하는 바이어들은 대다수가 구매할 제품을 발굴하기 위한 목적이므로 실질적인 구매 수요가 있다고 볼 수 있다. 따라서 미국 및 유럽 등 선진 시장에 진출하기 위한 바이어 발굴 방법 중 가장 효율적인 방법은 전시회 참가이다.

전시회에서 발굴한 바이어들은 당장 성약이 되지 않는다 하더라도 지속적으로 연락하는 등의 관리를 해야 한다. 전시회에서 만난 바이어들은 최소한 대면한 사이기 때문에 콜드콜해서 연락할 때보다 좀 더 수월하게 이야기를 풀어나갈 수 있다.

처음 전시회를 참가하는 많은 한국 중소 업체들이 바로 성약이 이루어질 것이라고 기대를 한다. 물론 전시회 처음 참가하여 계약이 이루어지는 업체들도 있다. 하지만 대다수 업체들은 바이어들로부터 반응이 없고 적격 바이어를 발굴하지 못해 전시회 참가를 포기하기도 한다. 특히 한번 구매하고 끝나는 단발성 제품의 경우를 제외하면 대다수 제품은 처음 전시회 참가해서 성과를 내기는 하늘의 별 따기만큼이나 어렵다.

바이어들은 전시회에서 발굴된 업체 제품이 아주 좋더라도 믿을 수 있고 장기적으로 사업 거래를 할 수 있는 업체인지 확인하는 것이 필요한데 최소 3년 이상 전시회를 참가하는 업체는 그래도 경영에 안정적인 업체라 판단할 수 있는 아주 중요한 근거로 활용된다.

전시장에서 바이어 발굴 및 관리 하는 방법은 뒷부분 해외 전시회 참가 부분에서 추가로 자세히 설명하겠다.

3) 네트워크를 활용한 바이어 발굴

① LinkedIn 등과 같은 소셜네트워크 활용한 바이어 발굴

LinkedIn에서 바이어를 발굴하는 방법은 첫째 나와 1촌으로 직접 연결되어 있는 바이어가 아닐 경우, 나와 1촌으로 연결되어 있는 사람에게 내가 연락해야 하는 바이어가 1촌으로 연결되어 있다면 부탁하여 소개받을 수 있다.

LinkedIn를 잘 활용하려면 만난 바이어들은 동 웹사이트에서 검색하여 연결 신청을 하고 지속적으로 추가할 인맥이 없는지, 자기 이력 등을 관리해 줘야 한다. LinkedIn에서 내가 원하는 업체의 바이어를 찾았다 하더라도 1촌으로 연결되어 있지 않으면 연락처를 파악할 수가 없다. 이 경우 해당 회사 대표전화로 전화하여 바이어를 연결하여 달라고 요청하여 통화를 시도해야 한다.

앞에서도 언급한 것처럼 미국 많은 대기업이 바이어 이름을 모르면 대표 전화로 전화했을 때 교환원이 전화를 연결해주지 않는다. 예를 들자면 교환원한테 자동차 단조 부품 바이어를 연결해 달라고 하면 거의 다 연결해 줄 수 없다고 답한다. 교환원을 직원의 업무 관련 자료가 없고 오직 이름을 가지고 전화를 연결해주기 때문이다.

② 다른 3자로부터 바이어를 소개받아 발굴

미국은 네트워크로 움직이는 사회이다. 미국에서 성공하기 위해서는 거대한 인맥을 확보하고 이를 활용할 수 있어야 한다. 다른 사람의 소개를 받아 미팅할 경우 더 신뢰감을 줄 수 있기 때문에 서로 사업적으로 관심이 있다면 진행이 빨리 된다.

미국은 합법적으로 로비스트가 활동하고 있으며 이 로비스트들이 확보하고 있는 인맥을 활용하여 중간에서 정치적 및 사업적 거래를 촉진하는 역할을 하고 있다. 네트워크를 공유하고 있는 사람들은 사업 기회를 자기들끼리 공유하고 서로 협력하는 것을 당연시하며, 영업사원의 경쟁력은 자기만의 사업 네트워크를 확보하고 있느냐가 하나의 중요한 기준이 되고 있다.

미국은 또 세일즈랩이 발달해 있다. 세일즈랩들은 자신들이 오랫동안 구축한 네트워크를 통해 영업을 하고 제조업체를 대신하여 제품을 판매해 주는 마케팅을 대행하고 있으므로 산업에 따라 이들은 활용하는 방법을 검토해 볼 필요가 있다.

4) KOTRA 서비스 활용하여 바이어 발굴

KOTRA 서비스를 활용한 바이어 발굴은 이 책 뒤에서 KOTRA 서비스를 소개할 때 자세히 다룰 예정이며, KOTRA의 가장 큰 지원 기능 중 하나가 한국 중소기업 수출을 할 수 있도록 적격 바이어를 발굴 지원해 주는 것이다.

KOTRA 사업 중 거래선 발굴 지원 및 지사화 사업 활용, 해외 바이어 초청 국내 전시회 및 상담회 참가 등, 주요 마케팅 지원사업에 참가하여 바이어와 미팅할 기회를 활용한다면 적격 바이어를 발굴할 수도 있다. 따라서 KOTRA

의 다양한 지원사업을 잘 알아두고 활용하는 것은 처음 수출하거나 수출 확대를 희망하는 중소기업에 적은 비용으로 성과를 거둘 수 있는 방법이다.

이와 달리 개별 수출 마케팅 능력을 갖춘 중소기업들은 수출 확대를 위해 독자적인 전시회 참가, 바이어 발굴, 현지 진출 등을 통해 수출 마케팅 고도화를 별도로 추진하면 된다.

3. 바이어 유형별 특징과 대응법

제품을 판매하기 위해서는 구매를 결정하는 바이어를 발굴하고 관리하여 이들과의 유대 관계를 구축해야 한다. 그다음으론 최종 목적인 납품 계약을 따내기 위해 반드시 바이어의 유형별 특징을 파악하고 적절한 대응과 관리가 필요하다.

바이어들은 회사의 구매 정책 및 절차에 따라 잠재 공급업체를 선별하고 최적의 공급업체로부터 제품을 공급받기 위해 노력한다. 그러나 같은 회사의 바이어라 하더라도 바이어의 특징과 심리, 성향에 따라 약간씩 다른 구매 의사결정을 하므로 이에 대한 준비가 필요하다.

어떤 바이어는 의사결정이 빠르고 명확하지만, 어떤 바이어는 모든 필요한 조건과 서류가 완료되었음에도 가능한 모든 위험을 피하기 위해 의사결정이 매우 신중하고 느리다. 또 어떤 바이어는 그저 단순하게 가장 가격이 싼 제품을 구매하는가 하면, 어떤 바이어는 거만하고 어떤 바이어는 소극적이며 쉽게 결정을 번복한다.

이렇게 다양한 바이어의 성향 때문에 바이어 발굴에서부터 성약이라는 결과를 얻기까지 긴 시간 동안 인내와 협상을 위해 많은 노력이 요구되고 있다. 성약이라는 성공적인 결과를 얻기 위해서는 반드시 바이어 성향을 파악하고 이를 토대로 협상 전략을 마련해야 한다..

유명 세일즈 컨설턴트이며 저자인 Sean McPheat는 바이어의 성향을 크게 4가지로 분류하고 있으며 주요 특징은 아래와 같다.

1) 분석적인(analytical) 바이어

분석적인 바이어들은 세일즈맨이 자기 제품을 판매하기 위해 자기 제품을 과도하게 포장하여 장점만 설명한다고 판단하고 일반적으로 세일즈맨을 잘 믿지 않는다.

분석적인 유형의 바이어들은 비교하고 분석하는 것을 좋아하며, 의사결정이 다소 지연되는 경우가 많다. 분석적인 바이어들에게는 회사 제품의 장단점과 비용절감액 등을 정확히 숫자로 정리하여 자료를 제공하는 게 효과적인 공략방법이다.

분석적인 바이어들은 세일즈맨과 사회적으로 친분을 쌓은 것을 부담스러워 하고 위험을 피하기 위해 모든 것을 이메일이나 문서로 세부적으로 기록하는 것을 좋아한다. 또한, 세일즈맨이 남긴 부재중 전화 음성 메시지를 듣고 다시 연락을 해주지 않은 경우가 많다.

<분석적인 바이어 대응방법>

1. 빠른 결정을 해달라고 재촉하지 않는다.
2. 시간을 갖고 천천히 연락하고 대응한다.
3. 제품의 특성과 장점을 경쟁제품과 비교 분석하여 가능한 숫자로 제공한다.
4. 구체적이고 아주 세부적인 내용을 제공한다.
5. 위험을 피하도록 의사결정은 사실과 논리에 입각할 수 있게 지원한다.
6. 필요한 경우 협조적이지만 좋은 관계를 형성하는데 시간이 걸리는 것을 감안해라.
7. 미팅할 때 이유를 제시하고 왜라는 질문을 적극 활용하라.

2) 붙임성 있는(amiable) 바이어

붙임성 있는 바이어들은 친철하며 사교적이고 공급업체와 친근한 관계를 선호한다. 그렇다고 친절하고 붙임성 있는 바이어라고 해서 쉽게 납품 계약을 받아낼 수 있을 것라고 생각하면 착각이다.

일반적으로 바이어들보다 세일즈맨들이 붙임성 있는 경우가 많은데 주위에 이런 유형의 바이어들을 가끔 볼 수 있다.

이 유형의 바이어들은 쉽게 미팅 약속을 허락해 주지만 대다수의 경우가 시간 낭비인 경우가 많다. 바이어들은 일반적인 경쟁 현황에 대해 말해 주지만 나의 제품에 대한 경쟁 상황 및 경쟁력에 대해서는 말을 해 주지 않는다. 또한 기존에 거래하고 있는 업체와 충돌하는 것을 원하지 않기 때문에 공급업체를 바꾸는 것을 선호하지 않고 이들은 주위 사람들에게 친절한 편이며 No라고 단호하게 말하지 못한다.

<붙임성 있는 바이어 대응방법>

1. 친구가 될 정도로 친해져라.
2. 회사 외적으로 같은 취미를 즐기거나 공통점을 찾아라.
3. 개인적인 흥미나 가족 관련된 것을 파악하라.
4. 인내심을 갖고 대응해라.
5. 회의 시 How에 대해 집중해라.
6. 위험이 낮다는 것을 증명해라.
7. 개인적인 확신을 심어 줘라.

3) 표현하는(Expressive) 바이어

표현하는 바이어들은 지루한 것에 인내심이 없고 집중할 수 있는 시간이 짧은 특징을 가지고 있다. 그리고 신제품 또는 경쟁력 있는 제품에 대해 항상 열려 있으며 의사결정도 빠른 편이다.

그들은 너무 자세하고 복잡한 것을 원하지 않으며 핵심적인 내용을 좋아한다. 아주 자세하고 세부적으로 제안서를 검토하지는 않는다. 보편적으로 회의할 때 남의 말을 잘 경청하는 스타일은 아니다.

이러한 바이어들은 자신감이 넘치며 분석적이거나 아주 세부적인 내용에 취약한 편이며, 협상할 때 처음에는 매우 의욕적이며 주도적으로 참여를 하나 미팅 후반부에는 지루한 기색을 보이는 경우가 많다. 의사결정은 매우 빠른 편으로 프로젝트가 끝나면 빠르게 다른 프로젝트에 몰두하는 스타일이다.

<잘 표현하는 바이어 대응방법>

1. 바이어들이 일할 수 있게 시간을 두고 기다려라. 그리고 진행 상황을 종종 질문해라.
2. 상호 이익을 위해 개발이 필요한 분야에 대한 의견을 제시하라.
3. 회의 시 실질적인 자료를 제시하라.
4. 지속적으로 회의를 통해 동의한 내용에 대해 요약하라.
5. 가능하면 짧고 간결하게 의사소통하며 빠르게 대응해라.
6. 빠른 대안을 제시하고 계약을 진행해라.

4) 주도적인 바이어

이 유형의 바이어는 전형적인 협상 전문 바이어라고 볼 수 있다. 매우 상대하기 힘든 바이어로 의견 조율이 어렵고 그들이 원하는 것을 제공하거나 제안하지 못했을 경우 상당히 공격적인 성향을 보인다.

일반적으로 친절하지 않으며 미팅 시간을 정하고 끝나는 것에 매우 엄격하면서 바쁘고 어렵게 시간을 내주었다는 것을 강조한다. 가격과 거래 조건은 잘 양보하지 않고 자신이 이겼다는 것에 도취하는 경향을 보인다.

<주도적인 바이어 대응방법>

1. 미팅 시 눈을 마주치고 자신 있게 말하라.
2. 미팅 시 질문을 세부적이고 구체적으로 하기 때문에 발표 내용도 세부적으로 준비해라.
3. 검증된 사실과 논리를 최대한 활용해라.
4. 상황에 따라 의견보다 사실 자료에 입각한 반대를 해라.
5. 친분에 의한 개인적인 보증이나 개인적인 소개는 가장 효과가 작다.
6. 어떻게 No를 할지 방법을 찾아라.

바이어와 어렵게 미팅 약속을 잡으면 보통 1시간 내외의 시간이 주어진다. 이 시간을 효율적으로 잘 활용하여 성과를 창출해야 한다. 미팅에서 열심히 자기 회사 및 제품 소개에 그쳐서는 안 된다.

처음 미팅이 어떻게 보면 가장 중요하다. 이 미팅을 통해 가능한 많은 정보를 입수해야 한다. 바이어의 특징, 구매 의향, 현재 공급업체의 문제점 등을 파악해야 하는 것이다. 특히 바이어가 현재 직면하고 있는 기존 공급업체의 문제점을 대화를 통해 하나씩 파악하여 그 문제를 해결할 수 있는 대안을 마련해 두 번째 미팅을 준비해야 한다. 바이어 회사의 의사결정 구조와 미팅하고 있는 바이어의 의사결정 범위 등을 파악하고 어떤 단계 또는 절차를 통해 구매 절차가 진행되는지도 파악해야 한다.

바이어 미팅 후 스스로 미팅에 대한 평가나 느낌을 정리해야 한다. 특히 같은 회사에서 두 명 이상이 미팅에 참가했을 경우 서로 역할을 분담하거나 평가를 통해 다음과 같은 기본적인 질문을 스스로 해봐야 한다.

<바이어와 미팅 후 자체 질문을 통한 회의록 작성사항>

1. 바이어가 신규 공급업체 발굴에 어느 정도 구매에 관심이 있는가?
   - 상 중 하 등으로 분류
2. 바이어가 어느 정도 솔직하게 대답을 해주고 있는가?
   - 이는 경험적으로 다양한 질문을 통해 파악
3. 바이어가 어떤 구매 성향을 보이는가?
   - 개인적인 성격이나 특성에 따라 분류하여 대응 전략 마련
4. 지금 당장은 아니더라도, 지속적으로 연락하여 관계를 유지할 필요성이 있는 바이어 또는 업체인가?
   - 구매 프로젝트는 정해진 일정에 따라 진행되기 때문에 이번 기회는 아니더라도 장기적으로 좋은 관계와 연락을 유지해야 하는지 파악

4. 바이어와의 의사소통법

해외 바이어 거래와 사후 관리를 위해 다양한 형태의 업무 교신이 이루어지지만, 가장 많이 활용되는 것이 이메일과 전화이다.

1) 전화로 의사소통하는 방법

대다수 한국 중소 업체들은 언어의 한계로 미국 또는 해외 바이어에게 전화 통화를 시도하는 것을 꺼리는 업체가 많다. 그러나 이메일을 보내고 수신 여부를 확인하든지 이메일로 보내기에는 껄끄러운 내용을 협의해야 할 경우 메일보다는 전화로 협의하는 것이 더 효율적인 경우가 있다.

이메일은 계속 주고받으며 확인하고 의사결정 하는데 많은 시간이 소요되나 전화로 통화하면 더 빨리 의사결정과 합의에 도달할 수 있다. 그러나 전화 통화는 직접 만나서 대화하는 것보다 더 많은 연습이 필요하다. 특히 바이어 중 영어가 모국어가 아닌 사람들도 많아 인종별 고유 영어 억양이 있어서 익숙하지 않으면 쉬운 단어인데도 알아듣지 못할 수도 있다는 점도 알아야 한다.

해외 업체와 전화 통화하기 가장 좋은 방법은 바이어가 자리에 없을 경우가 많으므로 사전에 이메일로 전화 통화 약속을 하고 전화하는 것이 필요하다. 휴대폰 번호로 통화가 가능할 정도를 관계가 좋은 바이어도 사전에 시간을 협의하면 좋다.

해외 바이어와 전화로 통화 하기 전에 사전에 영어로 통화할 내용과 질문사항을 정리하여 노트를 작성하는 것도 필요하다. 특히 영어 구사가 편하지 않은 경우 더욱 많은 준비가 필요하다.

전화로 통화한 내용은 이메일로 협의 내용을 다시 한번 확인하여 서로 다르게 이해한 것은 없는지 파악하여 의사소통 문제로 추후 불필요한 분쟁의 소지를 줄여야 한다.

2) 전화 컨퍼런스콜 진행하는 방법

규모가 큰 업체와 거래할 경우 원활한 업무 진행을 위해 동일한 프로젝트에 바이어, 엔지니어, 구매 총괄 담당자 등 많은 사람과 동시에 일을 하게 된다. 따라서 특정 문제가 발생하면 다수가 각기 다른 지역에서 전화로 통화하는 컨퍼런스콜을 하는 경우가 많다.

이메일로 업무 진행에 한계가 있을 경우 컨퍼런스콜을 시행하면 문제점을 파악하고 서로의 의사를 확인하는 데 더 효율적이어서 빠른 업무 진행을 할 수 있다는 장점이 있다. 제품 불량이 발생하면, 해당 제품 바이어, 관련 엔지니어, 생산 담당자 등이 전화 컨퍼런스콜에 참여하여 서로의 입장과 의사를 한자리에서 협의하고 문제 해결책을 찾을 수 있다.

전화 컨퍼런스콜 미팅이 잡히면 가장 먼저 확인해야 할 사항은 일반 회의처럼 참석자를 확인하고 회의 목적 및 주요 이슈를 파악 하여 이에 대한 준비를 해야 한다. 참석자 확인은 직접 물어볼 수도 있으며, 이메일로 컨퍼런스콜을 조율하면서 주고받는 이메일 수신자들을 확인하면 유추해 볼 수 있다.

필요에 따라 휴대폰 기능을 활용하여 회의 내용을 녹음하여 미팅 후 잘못 알아들은 내용을 확인할 수 있는 준비도 필요하다.

<컨퍼런스콜 준비사항>

- 참석자 이름 직위 및 담당 업무 확인
- 회의 목적 및 이슈 확인
- 회의 녹음 준비
- 회의록 작성 준비

다수가 참가하는 컨퍼런스콜이 시작되면 각자 자기를 소개하고 회의를 시작한다. 회의를 하다 보면 누가 누군지 혼란스러운 경우가 발생한다. 누가 말하는지 확신이 없을 때는 중간중간 누가 말했는지 확인할 필요가 있다.

미국 회사 직원들은 자기 직원들끼리는 누가 말하는지 잘 알지만, 상대 회사로서는 생소할 수 있으므로 거리낌 없이 누가 말을 했는지 확인할 필요가 있다.

컨퍼런스콜을 마치면 대화 내용 및 주요 협의 내용을 정리하여 이메일로 확인하는 것은 필수이다.

한국에서 수출 영업을 하는 입장에서 전화 컨퍼런스콜은 사실 부담스러운 일일 수 있으나 자주 하다 보면 익숙해 지고 요령도 생기게 된다.

사례 5 바이어와 컨퍼런스콜 후 작성한 회의록을 이메일로 전송한 예

Kevin,

I think we had a great meeting this morning with company A - sounds really promising. Now we have to deliver on our end.

In case it is helpful, I have, from my notes, the list of action items from our meeting with Mark Smith:

1. KOTRA Chicago signed a NDA from Company A to be sent to Mark Smith.
2. Presentations from the Korean suppliers we recommend.
3. Spare or excess capacity of each of these suppliers - if they could estimate their overall capacity level today (ex. 65%) and current volumes / month for certain representative parts (not all). My guess is that most suppliers could increase capacity on firm orders from an OEM like Company A (ex. going from 2 shifts to 3 shifts, etc.).
4. Invitation letters from Korean suppliers for Company A's purchasing leader - we do not need this immediately, but fairly soon.
5. NDAs from Korean suppliers - once we receive the package of parts drawings, we have to make sure each supplier as signed Company A's NDA.

If the casting or forging suppliers you have provided do not work out for whatever reason (ex. price, capacity, capability, etc.), then I have a list of other Korean suppliers we approach for castings, forging, and motors.

If you want me to send the supplier presentations to Mark, then I would be glad to handle that.

Regards,

John.

작성 및 수정: Justin Hwang

3) 이메일로 연락하는 방법

대다수 한국 사람들은 영어로 통화하여 협의 하는 것보다 이메일을 통한 교신을 더 선호하는 경향이 있다. 또한 바이어들도 이메일을 통해 공급업체와 의사소통을 하고 있어 의사소통 수단으로 이메일 사용은 더욱 증가하고 있다. 영어로 대화하기가 불편하거나, 가격 및 주문 수량 등 정확히 확인해야 할 사항이 있으면 정확한 의사소통 및 확인을 위해 이메일을 활용하는 것이 좋다. 또한 전화 통화한 내용을 다시 한번 확인하는 차원에서 이메일로 전화로 협의한 내용을 정리하여 보내는 것은 효율성 향상과 실수를 줄일 수 있는 좋은 방법이다.

바이어와 이메일 교신을 위한 메일 작성 원칙은 단순하게, 전달하고 싶은 메시지를 시작하는 문장에 쓰는 것이 좋다. 한국 메일처럼 과도하게 안부 인사나 맺음말을 쓸 필요가 없다.

영문 이메일을 작성할 때 영작 문법 및 철자를 확인할 수 있는 앱을 활용하면 기본적인 영문법적 오류, 스펠링, 문맥에 맞는 문장을 수정할 때 많은 도움이 된다. 대표적으로 추천할 만한 앱으로는 'grammarly'가 있으며 무료로 사용할 수 있고 유료로 회원 가입을 하면 다양한 추가 기능을 제공하고 있다.

또한 영문 이메일 작성할 때 메일 샘플을 활용하면 이메일 내용 구성과 문장 작성에 많은 도움이 된다. 구글에서 검색하면 많은 영문 편지 샘플 문장을 제공하는 사이트를 찾을 수 있으며, 대표적인 웹사이트로는 www.WriteExpress.com가 있으며 주제별 영문 샘플 편지를 클릭하면 종류별 영문 편지를 보고 필요한 문장을 활용할 수 있다.

<주요 주제별 샘플 영문 편지>

Choose the kind of letter you want to write:

Acceptance	Acknowledgment	Advice	Announcement	Apology
Application	Appointment	Appreciation	Approval	Authorization
Cancellation	Claim	Collection	Complaint	Compliment
Condolence	Confirmation	Congratulation	Cover	Credit
Delegation	Directive	Disagreement	Discipline	Dismissal
Employment	Encouragement	Endorsement	Error	Farewell
Follow Up	Fundraising	Get Well	Gift	Goodbye
Goodwill	Government	Holiday	Inform	Inquiry
Introduction	Invitation	Job Offer	Love	Notification
Order	Persuasion	Recommendation	Reference	Referral
Refusal	Reprimand	Request	Reservation	Resignation
Response	Sales	Social Event	Suggestion	Sympathy
Termination	Thank You	Transmittal	Welcome	All Topics

출처: www.WriteExpress.com(정리: Justin Hwang)

4) 바이어 연락 및 관리

바이어 연락 및 관리는 지속해서 우호 관계를 유지하기 위해서 매우 중요하다. 바이어는 발굴 장소나 현재 거래 상황에 따라 아주 다양하다.

기존에 거래하고 있는 바이어 외에도 전시에서 만난 바이어, 신규 발굴된 바이어, 과거 거래했던 바이어인데 이직한 바이어 등 많은 종류의 바이어가 있으며 이를 효율적으로 관리하여 기업의 자산으로 활용해야 한다.

기업들은 입수한 바이어들의 연락처를 엑셀로 관리 하는 경우가 많으며 관리 바이어 수가 많고 다수의 직원이 사용하여 지속적인 업데이트가 필요한 경우 바이어 관리 웹 기반의 CRM(Customer Relationship Management)을 활용하는 것도 좋다.

관리를 위해서는 항목별로 분류해 놓고 연락하여 대화한 내용을 지속적으로 업데이트하여 제3자가 보더라도 진행 현황을 한눈에 파악할 수 있게 해야 한다. 그러려면 전시회에서 만난 바이어리스트라면 전시회별로 분류하고, 바이어 중요도에 따라 등급으로 분류하여 관리하는 방법 등이다.

등급 분류는 현재 활발히 거래되고 있는 바이어, 활발히 연락은 되지만 아직 거래가 성사되지 않은 바이어, 연락을 잘 안 되지만 거래 타깃 바이어 등 자사 특징에 맞게 분류하여 관리하는 것이 필요하다.

바이어 명함을 가지고 있다고 해서 거래가 성사되는 것은 아니기 때문에 지속적인 관리를 통해 인맥을 구축하여 명함 한 장이 계약 성사의 시발점이 되도록 해야 한다. 미국의 경우 이직률이 높기 때문에 지속적으로 관리가 되면 바이어가 이직했을 경우 새로운 기업의 수출 거래선 창출 효과도 거둘 수 있다.

사례 6 다른 업체로 이직한 바이어와 신규 거래에 성공한 P사

P사는 단조기어 가공제품을 수출하는 업체로 지난 수년간 거래해온 바이어로부터 갑자기 이직한다는 간단한 이메일 연락을 받았다.

연락을 받고 기존 거래선을 잃어버리지 않을까 1-2년간 걱정하면서 품질 문제 등 이슈가 생길 때마다 신임 바이어의 의도에 맞추기 위해 소홀함이 없이 적극 대응하였다.

점점 이직한 바이어 이름이 기억에서 잊혀갈 무렵 갑자기 그 바이어로부터 연락이 왔다.

"내 기억에 기어를 생산하고 다른 샤프트 종류도 생산하는 거로 안다. RFQ 패키지를 보내려는데 견적에 참여할 수 있느냐?"는 문의였다".

바이어가 이직한다고 연락을 해왔어도 어느 업체로 이직한 줄 모르고 있었는데 미국 유명 K사로 이직한 것이었다. 미국 K사는 P사의 타깃 수출 희망 업체로 수년간 지속적으로 수출을 위해 바이어 발굴을 시도하였으나 큰 성과가 없던 업체였다.

그 바이어는 품질과 납기 준수, 바이어 요구에 대한 대응을 잘 해줘 기억에 남았는데 새롭게 추진하는 신규 프로젝트에 적합한 업체로 판단하여 다시 연락하였다고 말했다.

회사 차원에서 가장 경쟁력이 있는 가격을 제시한다고 했음에도 가격은 다른 견적 참여 업체에 비해 최저 가격은 아니었다. 그러나 그 바이어의 설득으로 제품 품질과 납기 등에 아주 믿을 만한 업체라고 후한 평가를 해주어 최종 납품업체로 선정되었다.

이러한 성과는 바이어와 단순히 오랜 시간 알면서 사업 관계를 통해 신뢰를 구축하는 것이 얼마나 보이지 않는 경쟁력이 되는지를 잘 보여 준다.

이 사례는 LinkedIn이 없던 시기라 바이어 이직이 잘 파악되지 않았지만 지금은 LinkedIn에 연결되어 있으며 수시로 어느 업체로 이직하였는지 파악이 가능하다.

● LinkedIn 활용 관리방법

인맥 관리 소셜네트워크 중 하나인 LinkedIn을 활용하면 효율적인 바이어 및 인맥 관리가 가능해진다. 한번 연결되면 바이어가 이직하더라도 지속적으로 업데이트 되기 때문에 네트워크에 포함된 인맥 관리가 수월하게 이루어질 수 있다.

LinkedIn 은 2003년에 설립된 소셜네트워크 전문업체로 각 개인 또는 법인이 인맥관리 네트워크를 구축하고 관리할 수 있는 장소를 제공하고 있으며 전 세계 약 3억4천7백만 명이 등록되어 있다.

이 소셜네트워크에서는 내가 맺은 네트워크를 통해 3자를 소개받을 수 있는 장점이 있으며 개별 주요 근무 경력, 학력, 이력 확인이 가능하다. 따라서 바이어와 처음 미팅하기 전에 LinkedIn에서 검색하여 바이어어 이력과 특징, 주요 업무를 파악하여 미팅 시에 활용할 수 있다.

바이어의 경력과 업무 범위, 직위에 따른 의사결정권 등과 같이 업무에 직접 관련이 있는 사항뿐만 아니라 출신 학교와 취미 등은 바이어와 미팅 전이나 후, 식사 등을 같이 할 때 편안한 대화 소재로 활용할 수 있다.

LinkedIn에서는 회사 관련 소개 자료, 최신 뉴스 등과 같은 정보를 얻을 수 있으며, 개인별 이력서와 버금가는 정보를 얻을 수 있다.

<LinkedIn에서 확인할 수 있는 사항들>

◆ 회사 정보

- 최근 회사 소식(Recent News)
- 회사 기본정보(About Us)
- 구인 현황(Careers Page)
- 잠재 고객(Potential Customer)
- 공통 이사회 멤버 또는 투자자(Mutual Board Members/Investor)
- 경쟁력 분석(Competitive Analysis)

◆ 개인 정보

- 개인 이력 배경(Professional Background)
- 다른 사람과 공통 연결 현황(Any Mutual Connections)
- 업무 책임 범위(Job Responsibilities)
- 최근 활동 현황(Recent Activity-Promotion)
- 교육(Education)
-조직 활동 현황(Group/Organizations)
- 의견, 흥미 관련 분야(Opinions, Interests, Hobbies)

4장

–

공급업체 조건 및 절차와 바이어 미팅법

미국 기업들의 구매 특징과 거래 조건을 이해하기 위해서는 먼저 미국 기업들의 사업 환경을 이해할 필요가 있다.

미국시장은 최근 중국 시장이 급부상하였다고는 하나, 여전히 단일 국가 중 최대 경제 규모를 가지고 있는 세계 최대 소비시장이다. 따라서 이름만 들어도 알 수 있는 유명 글로벌 기업들이 미국시장을 선점하고 있으며 각 기업은 시장에서 지배적인 위치를 점유하기 위해 치열한 경쟁을 펼치고 있다. 또한, 대기업뿐만 아니라 중소기업들도 미국시장에 진출하기 위해 세계 기업과 치열한 경쟁을 펼치고 있다.

이러한 환경으로 인해 미국 바이어들은 절대적인 구매력과 협상 파워를 가지고 있다. 가만히 사무실에 앉아 있어도 서로가 자사 제품을 납품하기 위해 줄을 서니 신규 업체 발굴에 매우 소극적이며 신규 업체들이 연락해도 거의 응대를 하지 않고 있다. 바이어 연락처를 파악하기 위해 미국 글로벌 기업들에게 전화하면 담당자와 통화조차 힘든 이유가 바로 여기에 있다.

바이어 발굴을 위해 전화 통화를 시도하면, 보통 전화를 받지 않고 음성 메시지로 연결되는 경우가 대다수이다. 설령 바이어의 전화번호나 이메일 등을 확보해 연락해도 쉽게 연락이 되지 않고 자신들이 필요한 상황이 되어야만 연락을 해준다.

바이어들은 제품 또는 기업에 관심이 없는 경우 보통 회신을 해주지 않으니 납품하는 업체 입장에서는 관심 없다는 이메일 회신을 받기도 어렵고, 관심이 없다는 이메일이라도 받으면 오히려 바이어에게 고맙다는 생각마저 든다.

바이어들은 자신이 필요한 경우나 눈길을 확 끄는 제품을 제외하고는 신규 제품에 별 관심이 없다. 그런 만큼 시간을 들여 신규 제품을 평가하는데 시간을 쓰려 하지 않는다. 공급업체 입장에서는 관심이 없으면 왜 관심이 없는지 문의하여 자사의 경쟁력 현황이라도 파악할 수 있으면 좋은데 바이어와 친분이 있는 경우를 제외하고는 대다수가 제품에 대한 피드백은 받을 수 없다.

이처럼 바이어 발굴에 많은 어려움이 따르다 보니 많은 한국 업체들이 미국시장 진출을 희망하는 것과 달리 진출 큰 어려움을 겪고 있다.

1. 미국 기업이 요구하는 공급업체 조건

모든 바이어들은 좋은 품질의 제품을 낮은 가격에 구매하려 한다. 그들은 제품, 품질, 가격, 원자재, 포장, 운송, 레이블 등 제품과 관련된 직접적인 규정 외에도 보험, 환경법 준수, 준비 서류, 인증 등 공급업체가 지켜야 할 다양한 규정을 요구하고 있다.

글로벌 기업들은 공급업체의 기본적인 조건을 웹사이트에 게시하고 있다. 기본적인 공급업체 조건은 대동소이하지만 산업별로 약간씩 차이는 있다. 산업별로 공급업체 조건을 비교해 보면, 기본적인 항목 구성은 유사하지만 산업에 따라 물류, 레이블, 보험, 인증 등 세부적인 항목에서 약간씩 차이가 있다.

자동차 산업은 품질과 관련된 조건과 책임자 보험 등이 아주 세부적이며 까다로운 편이다. 반면 유통업의 경우 제품 가격도 중요 하지만 제품의 안정성, 환경 문제, 적정 임금 지급과 노동자 채용 등 생산의 적정성까지도 주요 평가 요구 사항에 포함되어 있다.

미국 기업들이 공급업체 또는 협력업체 요구하는 가장 기본적인 조건은 미국에서 장기적이며 안정적으로 경쟁력 있게 사업을 할 수 있는가이다. 단순히 제품 품질이 우수한 것만으론 안 되며, 가격 경쟁력만으로 납품업체가 될 수 없다. 협력 납품업체가 되기 위해서는 기업이 제시하는 기본적인 조건을 충족해야 한다.

어떤 미국 자동차 OEM 업체는 미국을 포함한 북미의 생산 공장 보유를 납품의 기본 조건으로 요구하기도 한다. 그 외 자동차 1차 공급업체에 납품하기 위해서는 미국 현지 판매 및 기술 지원 인력을 확보해야 하며 원활한 부품 공급을 위해 미국 현지 물류 창고 및 시스템을 갖춰야 한다는 조건이 따른다.

대형 유통업체의 경우 제조업에 비해 공급업체가 되기 위한 기본적인 조건은 까다롭지 않으나 월마트의 경우 미국 기업 등록 디렉터리인 Dun & Bradstreet에 등록하고 기업 고유 등록번호인 DUNS 번호를 요구하며 현지 물류공급지원시스템을 갖추고 있어야 한다.

1) 월마트의 신규 공급업체 등록 및 조건

세계 최대 할인 유통업체인 월마트의 경우 신규 공급업체 등록 조건과 방법을 웹사이트에서 자세히 안내하고 있다.

잠재 공급업체 등록 안내자료는 총 3페이지 분량인데 기본적인 회사 정보에서부터 주거래은행 정보, 제품 정보, 보험, 제품 화학성분 정보 등의 제출을 요구하며, 외국 수출 업체의 경우 어떻게 등록하는지에 대한 방법을 자세히 설명해 주고 있다.

신규 공급업체 등록을 위한 체크 리스트는 https://corporate.walmart.com/suppliers/apply-to-be-a-supplier에서 내려받을 수 있다.

<월마트 공급업체 등록 체크 리스트>

Supplier Checklist *(for New Suppliers to Walmart or Sam's Club)*

Supplier Checklist: This checklist describes the information that Domestic and Direct Import suppliers should be prepared to provide in order to become a fully qualified supplier with Walmart or Sam's Club.

Note: Google Chrome is the preferred browser for Global Supplier Management (GSM).

✔	Required Fields	Domestic Suppliers	Direct Import Suppliers *(Non-US Suppliers Shipping to the US)*
	Supplier Company's Legal Name	Your Company Legal Name must be the same exact name you have filed with the IRS and must match the name on your W-9 or W-8 Tax Form	Your Company Legal Name must match the name on your W-8 or W-9 Tax Form and your Business Registration Certificate accredited by a party of your local government
	Administrator Contact Name, Email and Phone Number	Representative authorized to enter into legal agreements on behalf of your company; this person will become your Retail Link Administrator	Representative authorized to enter into legal agreements on behalf of your company; this person will become your Retail Link Administrator
	DUNS Number	If you do not have a D&B / DUNS number, you can get a free one by contacting D&B at the number below *(Inform D&B you are applying to become a Walmart supplier)*: ▪ 1-866-815-2749 (within North America) For more information on D&B / DUNS, visit: http://www.dnb.com/duns-number.html	If you do not have a D&B / DUNS number, you can get a free one by contacting D&B at the number below *(Inform D&B you are applying to become a Walmart supplier)*: ▪ 1-512-794-7712 (outside North America) ▪ 86-21-2610-7405 (Mainland China) For more information on D&B / DUNS, visit: http://www.dnb.com/duns-number.html
	Corporate Address	The physical, street address of your company; PO boxes will not be accepted	The legal address as listed on the Business Registration Document accredited by a party of your local government
	Legal Entity	Describes the corporate structure of your company (Corporation, Sole Proprietorship, etc.)	Describes the corporate structure of your company (Corporation, Sole Proprietorship, etc.)
	Tax Identification Information: ▪ Tax Type ▪ Tax Number ▪ W-9 or W-8 Tax Form	**Tax Number:** Federal Taxpayer Identification Number or Social Security Number **W-9 Tax Form:** Requires the latest version of the form, which can be found at: https://www.irs.gov/uac/about-form-w9	**Tax Number:** Federal Taxpayer Identification Number or Social Security Number **W-8 Tax Form:** Requires the latest version of the form, which can be found at: https://www.irs.gov/uac/about-form-w8 **W-9 Tax Form:** Requires the latest version of the form, which can be found at: https://www.irs.gov/uac/about-form-w9
	Business Registration Certificate	Not Applicable	Business Registration Document accredited by a party of your local government; must be in English and notarized
	Remit Address	Address to remit payments if not paid by Electronic Funds Transfer	Not Applicable
	Company Contact	Provide name, email address, and phone number for the following Supplier contacts: CEO, CFO, Accounts Payable, Sales Representative, Insurance Contact , Compliance Officer	Provide name, email address, and phone number for the following Supplier contacts: CEO, CFO, Accounts Payable, Sales Representative, Insurance Contact , Compliance Officer

Walmart

March 2018 – Walmart Proprietary

Page 1 of 3

출처: https://corporate.walmart.com/suppliers/apply-to-be-a-supplier

2) 바이어가 말하는 신규 공급업체 물색과 선정 조건

① 신규 공급업체 발굴과 선정에 어려움을 겪고 있는 바이어

신규 업체가 해당 제품 바이어를 발굴하기 위해 전화나 이메일로 회사 제품을 1차 소개하고, 관심이 있을 경우 방문 미팅을 잡고 제품을 소개하기까지 많은 시간과 노력, 인내가 필요하다.

아이러니하게도 모든 바이어들은 경쟁력 있고 가격이 저렴한 제품과 납품할 수 있는 업체를 지속적으로 찾고 있지만, 실제로는 신규 공급업체들이 바이어에게 연락하여 자사 제품을 소개할 기회를 잡기란 쉽지 않다. 어렵게 바이어와 미팅하더라도 거래 계약이 바로 이뤄지는 일 역시 흔치 않다.

바이어들은 신규 업체가 좋은 조건의 품질과 가격, 납기 등을 제시하면 신규 위험을 피하기 위해 가능하면 기존 납품업체들에 공급가 인하를등을 요청한다. 그러다 기존 공급업체로 더 이상 가격 인하가 불가능하거나 납품 제품에 품질과 납기 등에 문제가 있을 경우 그때야 대안으로 신규 공급업체를 찾는 경우가 일반적이다.

미국 대기업일수록 미국 현지 물류시스템을 구축하고 현지에서 사후관리 인력을 확보한 공급업체를 선호한다. 심한 경우는 미국, 멕시코, 캐나다 지역에 현지 생산 공장을 보유하는 조건을 내세우기도 한다.

필자가 만나본 많은 바이어들은 신규 납품업체를 발굴하는 데 여러 어려움이 있다고 호소한다. 어떤 형태로든 기존 업체를 대체하기엔 부족한 면이 있어 신규 공급업체와 계약하려면 사실상 어느 정도 위험을 감수한다고 한다. 운이 좋아 신규 업체가 품질이나 납기 등 아무런 문제 없이 납품한다면 좋겠지만 문제가 발생할 경우 그 책임이 1차적으로 의사결정을 한 바이어에게 있기 때문에 그들이 보수적인 의사결정을 할 수밖에 없다는 것이다. .

한 바이어는 회사 전체에 3년 원가 절감 및 매년 원가 절감 목표가 주어지고 바이어별로 절감 목표액 또는 비율이 배분된다고 밝혔다. 목표달성 여부는 인사 고가에 반영되므로 바이어 입장에서는 구매가격 절감 목표에 많은 부담을 느낀다고 했다.

② 자동차 OEM 바이어가 알려주는 바이어 설득법

자동차 OEM 업체 바이어들은 부품 구매원가 절감 압박을 받고 있으며 바이어들은 담당하는 부품 전체 또는 품목별 단가 절감 목표가 매년 주어진다.

따라서 모든 자동차 부품 바이어들은 원가 절감 또는 연비를 향상할 수 있는 부품을 찾는 게 가장 중요한 관심사이기 때문에 자신들이 현재 당면한 문제를 해결해 줄 공급업체를 선호하는 것은 당연하다.

바이어들은 부품 구매 단가를 낮추기 위해 부품 공급업체에 납품단가 인하를 지속 요청하고 있으며 또 다른 한편으로는 경쟁력 있는 신규 부품 공급업체를 발굴하기 위해 많은 잠재 공급업체와 회의를 한다.

많은 잠재 부품 공급업체와 미팅을 하지만 바이어의 마음을 움직여 2차 또는 3차 미팅까지 이어지고 견적을 통해 실제 납품으로 이어지는 업체는 그리 많지 않은 것이 현실이다. 대다수 부적격 업체들은 OEM 바이어들이 원하는 기본 조건을 갖추고 있지 않거나 정확하게 다른 업체들에 비해 경쟁력이 있다는 확신을 심어 주지 못하기 때문이다.

바이어를 설득할 수 있는 가장 좋은 방법은 충분한 조사를 통해 현재 공급하는 부품을 자기 회사가 생산하면 어떻게 얼마만큼 원가를 절감할 수 있을지 구체적으로 숫자로 분석하여 제시하는 것이 좋다. 가격 외에도 경량화 소재를 활용하거나 제품 디자인 변경을 통한 효율성 또는 생산성 향상, 부품 원가 절감 비율 등도 제시한다면 바이어를 설득할 확률은 더욱 높아지게 된다.

또한 미국 자동차 OEM 들은 북미지역에 생산 공장을 운영하는 현지 진출 업체를 원하고 있으며 최소한 자체 물류시스템을 보유하고 있어 Ex-work로 견적 요청 시 대응할 수 있어야 한다.

미국 마케팅 경험이 많지 않은 중소기업의 경우 고객 확대를 위해 현지 전문적이고 경력 있는 유력 세일즈랩을 활용하는 것도 좋은 방법이라고 권하고 있다. 이들은 오랫동안 자동차 산업에 종사한 경험을 통해 폭넓은 네트워크와 발표 경험, 각 미국 업체의 장단점을 파악하고 있으며 바이어와 협상하는 노하우를 활용할 수 있기 때문이다.

이 책 뒷부분에서 자세히 설명하겠지만 세일즈랩 또는 세일즈컨설팅 업체를 잘 활용하는 것도 미국시장 진출에 많은 도움이 된다. 여기서 관건은 잘할 수 있는 능력을 갖추고 믿을 수 있는 세일즈랩을 찾는 것이다. 유력 세일즈랩을 찾으려고 해도 소위 잘나가는 세일즈랩의 경우 미국시장에 처음 진출하는 신규 업체가 요청하면 '바쁘다, 경쟁력이 없다, 이미 다른 유사 제품 업체를 지원하고 있다'면서 피하기 일쑤이다. 그런 만큼 시간을 가지고 지속적으로 유력 세일즈랩을 발굴하려는 노력도 필요하다.

2. 일반적인 구매 절차

글로벌 기업들의 구매 조직은 기업에 따라 구매(Purchasing) 또는 바이어(Buyer), 조달(Procurement) 등으로 여러 명칭이 혼재되어 사용되고 있다. 기업과 호칭에 따라 당연히 업무 범위도 달라지기 때문에 해당 기업에 문의해야 정확히 파악할 수 있다.

일반적으로 Purchasing은 정해진 공급업체 또는 밴더로부터 필요한 일정에 따라 제품을 구매 관리하는 업무를 지칭하며, Procurement는 Purchasing을 포함한 제품 구매를 위해 필요한 제품사양 선택과 공급업체 선별 등 전반적인 업무 내용을 가리킨다.

중소기업들의 경우 Purchasing부서가 구매에 필요한 전반적인 조달 절차인 Procurement 업무를 같이 수행하는 경우가 많으며, 규모가 큰 기업들은 서로 다른 조직을 두고 협력을 통해 제품 조달 업무를 수행하고 있다.

미국 기업들의 제품 조달 절차는 이처럼 기업 규모와 산업에 따라 차이가 있으나 일반적으로 아래와 같은 절차로 추진되고 있다.

조달 절차는 크게 3단계에 걸쳐 이루어지는데 1단계는 계획, 2단계는 입찰 공지 및 선정, 마지막 3단계는 사후 조달 단계이다.

1단계는 제품 구매를 위한 계획 단계로 필요한 구매 제품이 무엇인지 또는 구매 대상 품목이 무엇인지를 정하는 단계로 기술력이 필요한 제품을 구매하는 경우 엔지니어들도 이 단계에서 참여한다. 그러나 대형 소매 유통업체의 경우 샘플 테스트를 통해 제품이 우수하다고 판단된 제품은 1단계 절차가 생략되고 2단계에서부터 시작되기도 한다.

1단계에서 제품 구매를 위한 주요 사양과 제품, 잠재 공급업체가 파악되면 2단계에서는 준비된 입찰공지 또는 RFQ 패키지를 잠재 공급업체에 전달하여 견적을 요청하고 이를 통해 공급업체를 선정한다.

3단계에서는 선정된 밴더 또는 공급업체와 최종적으로 계약서 작성을 위한 세부적인 협상을 하게 된다. 한국 업체들 중 일부는 미국 대기업과 계약을 체결하는 경우 다양한 법적 조건과 보험 가입 등의 절차 때문에 3단계를 더 어렵고 복잡하게 생각하기도 한다.

<일반적인 구매 절차>

1단계	1. 필요한 구매 제품 및 수요 파악
	2. 유관 부서와 의사 소통을 통해 제품에 대한 세부 요건 파악
	3. 제품 구매 범위, 일정, 요구 조건 파악
	4. 잠재 밴더/공급업체 파악
	5. 구매 수요 및 사양 확정
2단계	6. 잠재 밴더/공급업체와 견적서 요청 및 의사 소통
	7. 견적에 참여한 잠재 밴더/공급업체 평가
	8. 밴더/공급업체 선정
3단계	9. 계약서 작성을 위한 최종 협상
	10. 계약서 작성 및 관리

3. 미팅 준비법

바이어가 발굴되면 첫 미팅을 추진해야 한다. 첫 미팅을 추진하는 시기는 바이어 발굴 과정이나 바이어의 관심 여부 등에 따라 바이어와 협의하여 가장 적절한 타이밍을 잡아야 한다.

바이어가 미팅에 별로 관심이 없고 아직 구매를 심각하게 고려하지 않은 단계에서 무리하게 미팅을 요청하면 오히려 바이어가 부담을 갖고 피하기 때문에 이도 고려해야 한다.

어렵게 발굴한 바이어와 첫 미팅은 회사에 대한 이미지나 신뢰 등을 결정하는 아주 중요한 자리이기 때문에 미팅 준비를 철저히 해야 한다. 미팅 전에 바이어가 원하는 것이 무엇 지를 파악하는 것이 미팅 성과를 높이는 데 무엇보다 중요하다. 미팅 성과를 극대화 하기 위해서는 철저한 사전 준비와 대비가 필요하다. 회사 및 제품 소개 자료뿐만 아니라 어떤 내용과 방법으로 발표하여 회사와 제품의 장점을 부각할지를 고민해야 한다.

사전 미팅 준비를 위해 가장 먼저 파악해야 하는 것은 미팅의 목적을 정확히 하는 것이다. 한국 기업의 미팅 목적은 제품의 판매이며 바이어의 경우 경쟁력 있는 신규 거래업체 발굴이다. 따라서 사전에 바이어가 이번 미팅을 통해 어떤 문제를 해결하길 희망하는지를 파악할 수 있다면 미팅을 준비가 매우 수월할 뿐만 아니라 미팅 성과를 단기간에 창출할 수 있다. 특히, 바이어가 현재 직면하고 있는 문제를 해결해 줄 수 있는 대안을 준비하여 제시한다면 부품업체에 대한 신뢰도는 크게 높아질 것이다.

바이어와 첫 미팅을 준비하면서 일반적으로 검토해야 할 사항을 정리하면 다음과 같다.

<바이어와 미팅 전에 검토할 사항>

1. 미팅 전에 미팅의 목적이 무엇인지 파악한다.

미팅하기 전에 미팅 목적을 반드시 확인하고 그 목적에 맞게 미팅을 준비해야 한다. 신제품 소개를 위한 첫 번째 미팅일 경우 바이어가 찾는 제품이 무엇이며 어떤 사양에 관심이 있는지 사전에 파악하여 자료와 내용을 준비한다.

기술 협의 미팅인지, 아니면 기존 납품 제품의 품질 문제로 신규 공급업체를 찾기 위한 미팅인지를 파악하면 이에 대한 대안을 제시할 수 있도록 준비해야 한다.

2. 복수의 직원이 회의에 참석할 경우 상호 협의로 역할을 미리 분담한다.

2명 이상이 미팅에 참석할 경우 사전에 발표할 내용의 역할을 분담하고 질의 응답할 수 있는 준비를 해야 한다. 미팅시 즉답할 수 없는 질문의 경우 회사 담당자에 문의하여 알려 주겠다고 한 후 반드시 팔로업을 해줘야 한다.

3. 미팅 전에 회사와 제품 발표자료를 보내 검토할 시간을 준다.

바이어에게 발표한 내용을 미리 보내 사전에 내용을 훑어보고 미팅에 참석하여 좀 더 생산적이며 효율적인 미팅이 진행되도록 유도해야 한다.

4. 사전에 직원을 정해 미팅 회의록 작성한다.

미팅에서 협의한 내용 질의 응답 등 회의록을 정리하여 추후 내부 자료로 활용할 뿐만 아니라 바이어에게 전달하여 향후 추진 일정이나 협의 내용 공유가 반드시 필요하며, 서로 잘못 이해했다면 바로잡을 기회로 활용해야 한다.

4. 자료 준비와 발표

1) 발표자료 작성

발표자료는 파워포인트를 활용하여 작성하는데, 먼저 전체적인 목차와 대제목을 선정한 후 각 장에 채워야 할 내용을 정리하고 장별 키워드, 그래프 및 이미지를 활용한 디자인을 준비한다.

자료 작성 시 가장 중요한 것은 핵심 키워드 선정과 시각화를 통해 한눈에 핵심 내용이 전달되도록 디자인하는 것이다. 너무 많은 내용을 쭉 나열하기보다는 핵심 키워드만 적고 세부 설명은 말로 하는 것이 좋다.

발표자료는 바이어 회사에 맞추어 제품과 서비스를 정보를 재작성하는 것이 좋으며 모든 미팅에 표준화된 회사 소개 자료를 활용하는 것은 바람직하지 않다.

중간에 설명하면서 듣고 있는 사람한테 질문하고 답할 수 있는 형태로 발표자료를 구성하는 것이 좋으며 상호 질의 응답을 통해 발표 내용을 이해 또는 협의를 할 수 있도록 준비하는 것이 필요하다. 또 발표는 바이어가 쉽게 이해할 수 있도록 숫자를 활용하는 것이 좋다. 예를 들자면 원가 절감, 판매 마진, 홍보 예산 등 구체적이고 명확하게 이해할 수 있도록 자료를 준비하는 것이 좋다.

미국 바이어들은 돌려서 말하는 것보다 직설적이고 핵심을 찌르는 발표자료를 원한다. 특히 많은 공급업체를 만나는 바이어 입장에서 미팅을 통해 명확하게 회사와 제품에 대한 경쟁력을 부각하지 못하면 거래로 이어질 확률은 거의 없다고 할 수 있다.

<발표자료 준비 시 유의해야 할 사항>

1. 미팅 주제와 바이어 회사에 맞게 발표자료를 준비하라.
2. 제품과 서비스를 바이어 회사에 맞게 구성하여 준비하라.
3. 간결한 키포인트로 미팅 주제에 대한 핵심을 찔러라.
4. 영상이나 이미지, 그래픽을 적극 활용하라.
5. 미팅 시 질의 응답을 할 수 있는 관심 분야를 강조하여 작성하라.

출처: Kelley Robertson

2) 자료 준비 및 목차

바이어와 미팅 시 사용할 영문 회사 발표자료의 내용은 회사 소개, 사업 현황, 제품 소개, 기술 및 설비 현황, 보유 인증 현황 순으로 준비하면 된다. 여기에 바이어와 미팅 목적과 시간에 따라 내용의 깊이와 발표자료 분량을 조정하여 작성하면 된다.

발표자료는 가능하면 파워포인트 기준으로 10장 내외, 시간으로는 15분 정도 분량으로 준비하는 것이 좋으며, 보유 설비 및 기술 관련 등 추가로 준비한 자료는 미팅 중 질문이 있을 경우 근거 자료로 활용하면 된다.

자료는 자신이 말하고 싶은 내용이 아니라 듣는 사람이 무엇을 듣고 싶고 무엇에 가장 관심 많을까에 대해 초점을 맞추어 작성해야 한다. 여기에 추가로 자신이 가장 중요하게 전달하려는 내용을 포함하는 방향으로 준비해야 한다.

회사 소개 시 바이어가 가장 관심이 있는 내용은 회사의 역량 관련 내용이다. 바이어는 부품 또는 제품을 구매하는 사람으로 부품 공급업체가 제품을 잘 만들어 경쟁력 있는 가격에 문제없이 납품해주는 업체를 찾고 있기 때문이다.

자동차나 기계 부품을 생산하는 업체의 경우 보유하고 있는 기계 설비와 기존 납품 실적도 부품 공급업체를 판단하는 중요한 요인이며 여기에 기본적인 품질 및 제품 생산 관련 인증확보 여부는 반드시 발표자료에 포함해야 한다.

바이어와 첫 미팅은 바이어가 가격 견적의뢰를 위한 RFQ(Request For Quotation)를 발송하기 전에 잠재 부품업체가 바이어가 원하는 제품을 생산할 수 있는지를 판단하는 아주 중요한 시간이다. 따라서 생산력과 기술력, 과거 납품 현황 및 거래 내역 등, 자세한 자료와 내용을 제공하는 것이 가장 중요하다.

<발표자료 작성 시 기본적인 구성 항목(기계 및 자동차 부품)>

- **회사 소개:** 설립년도, 매출액, 직원 수 등
- **사업 현황:** 생산공장 현황, 주요 거래 고객, 수출 현황, 생산 규모 및 생산 능력 현황
- **제품 소개:** 주요 생산 제품, 제품별 경쟁력, 특징, 장점
- **경쟁동향:** 경쟁자, 기능, 가격, 품질
- **가격 구조 및 마케팅 전략:** 제품 가격 구조, 마케팅 핵심 포인트
- **기술 및 설비 현황:** 주요 핵심 기술, 특허보유 현황, 공장 설비, 기계 종류
- **보유 인증:** 세부 주요 인증확보 현황, 해당 국가 필요 인증
- **마무리**

소비재 제품을 기준으로 바이어와 미팅할 때 발표하기 위한 자료 구성 및 주요 단계별 준비사항을 예를 들어 설명하면 다음과 같다.

전체적인 프레젠테이션은 이야기 식으로 구성하는 것이 좋다. 단순히 준비한 내용을 읽기 보다는 미팅에 참가하고 있는 사람에게 좋은 회사와 제품을 소개하고 설득하는 스토리 형태로 발표하는 것이 좋으며 도입부와 중간 부분, 마무리 부분으로 나누어 구성해야 한다.

<발표자료 주요 구성(소비재 제품)>

- 소개
- 이야기식 구성의 시장 상황 및 제품 특징 설명
- 제품 시연
- 주요 기능 소개
- 경쟁동향
- 주요 판매 성과 및 현황
- 마케팅 추진 전략
- 마무리

이러한 일반적인 발표자료 순서와 내용은 미국 ABC 텔레비전 채널에서 방송하는 Shark Tank 쇼를 보면 잘 알 수 있다(Shark Tank는 유튜브에서 검색하면 영상을 찾아볼 수 있으며 신규 소규모 회사들이 회사 및 제품 소개 발표를 통해 투자자를 찾는 프로그램임).

이 채널은 필자가 미국 텔레비전 프로그램 중에서 가장 좋아하는 프로그램으로 정규 방송 시간에 보지 못하면 시간이 날 때마다 유튜브에서 수시로 검색하여 보고 있다. Shark Tank 쇼에서는 스타트업 업체들이 자기 회사를 발표하는 순서와 내용을 보면 약간씩 차이가 있지만 거의 대동소이하게 이러한 순서와 내용 구성을 토대로 발표하고 있다다.

① 회사와 자기소개로 구성된 도입 부분

본격적인 발표 전에 간단히 회사 및 발표자 소개를 하여 경직된 분위기를 해소해야 한다. 무리한 농담은 자제하고 아주 일반적이고 평범하면서 간단한 문장의 소개를 준비하는 것이 좋다.

예를 들자면 "Thanks for taking the time to see me, Jessica. I know you're swamped. I really appreciate it." 정도로 소개하면 된다. 그리고 이름과 자기소개, 회사명, 회사를 대표할 만한 회사 구호나 미션스테잇먼트를 언급하면 좋다. 즉, "Good morning! I'm Kevin Kim, the Director of ABC Company, and we're making the world's first smart bone for dogs." 정도로 간단히 준비하면 된다.

간단히 소개가 끝나면 발표 주제나 토픽을 요약하여 설명할 수 있는 그림 또는 이미지, 표를 이용하여 한눈에 들어올 수 있게 하나의 슬라이드를 준비하는 것이 좋다. 그리고 전체 발표 내용이 얼마나 걸릴지도 말해줘 집중도를 높이고 듣는 사람이 전체 발표 내용의 구성을 미리 그려볼 수 있도록 해야 한다.

② 시장 상황 및 제품 특징을 이야기식 구성

이 부분이 발표자료 구성에서 가장 중요하다. 바이어들은 발표 시작 후 첫 5분 안에 관심 여부를 결정한다. 따라서 발표 시작 후 첫 5분 정도 들어보고 이 업체와 계속 협의를 할 것인지 아니면 대충 미팅을 마무리할지 결정한다고 한다. 그러므로 새로운 시장동향 및 트렌드 등을 이야기식으로 구성하여 발표자료를 준비하는 것이 듣는 사람 입장에서 좀 더 쉽고 기억에 남을 수 있다.

다음 그림은 미국 스마트 장난감 시장이 성장하고 있으며 이와 함께 시장 트렌드가 변화되고 있다는 것을 강조한 내용이다. 이러한 트렌드 변화로 인해 새로운 제품에 대한 기회가 크게 확대되고 있으며 이를 활용하기 위해서 신제품을 출시하였다고 설명하는 순서로 자료를 구성한 것이다.

<이야기식 발표 예시>

출처: HAX alum Swapbot's storytelling section(정리: Justin Hwang)

③ 제품 시연

바이어 앞에서 제품 시연을 위해서는 많은 준비와 연습이 필요하다. 먼저 미팅장소에 도착하였을 때 시연할 제품을 눈에 잘 띄는 곳에 배치한다. 제품 크기가 크지 않으면 미팅 테이블에 시연할 준비를 해 놓아야 한다.

시연할 순서가 되면 자연스럽게 제품을 들고 어떻게 작동하며 장점이 무엇인지, 주요 기능에 대해 간단하고 핵심적인 내용 위주로 설명한다.

제품 시연에서 가장 중요한 것은 미팅 전에 많은 작동 연습과 발표 연습으로 발표 당일 실수가 없어야 한다는 점이다. 발표 시간은 3분 이상 넘지 않도록 하여 간단하고 핵심적인 기능과 특징을 소개한다. 만약 제품 시연이 잘 안 될 경우에 대비하여 사전에 시연하는 것을 동영상으로 촬영하여 준비해 놓는 것도 좋은 방법이다.

또 다른 중요한 사항은 완성되지 않은 제품은 시연하지 않는 것이 좋다는 사실이다. 시연할 제품이 없는 경우 간단한 샘플이나 모형을 보여 줌으로써 바이어들의 이해를 도울 수 있다. 자동차나 기계 부품의 경우 출장을 다니는 데 무리가 없는 크기가 작은 샘플을 가지고 다니면서 필요한 경우 바이어에게 직접 보여주면서 설명할 수 있도록 준비해야 한다.

④ 주요 기능 소개

주요 기능 소개는 바이어에게 제품의 특징을 다시 한번 강조해서 설명하기 위한 것으로 이 부분은 다음에 발표할 주요 경쟁업체 제품과 비교하는 경쟁동향 슬라이드와 자연스럽게 연결할 필요가 있다.

다음 예시 그림은 제품 사진을 배경으로 제품의 핵심적인 주요 기능을 오른쪽에 배치하였고 최종 소비자 가격을 표기하였다. 일반적으로 소비자 가격을 표기하는 경우와 도매 또는 납품 가격을 표기하는 경우가 있는데, 이는 제품의 특성에 따라 결정하면 되며 발표자료에 표기 안 하고 구두로 설명할 수도 있다. 권장 소비자 가격을 발표하면 대다수 바이어가 납품할 수 있는 가격을 문의하는데 그때 발표해도 된다.

미국의 유통산업 가격 구조는 제품에 따라 다소 차이가 있지만, 일반적으로 제조업체는 원가의 약 25-30%의 마진을 붙이고 도매 또는 유통업체에 납품을 한다.

도매 또는 유통업체들은 납품 가격에 35-50% 정도의 마진을 붙여 소비자에 판매하는 구조를 가지고 있으며, 투자자를 제외하고 자기 원가는 유통업체에 정확하게 공개하지 않는 것이 좋다.

<제품 기능 소개 발표자료 예시>

출처: HAX alum JOY's product feature slide

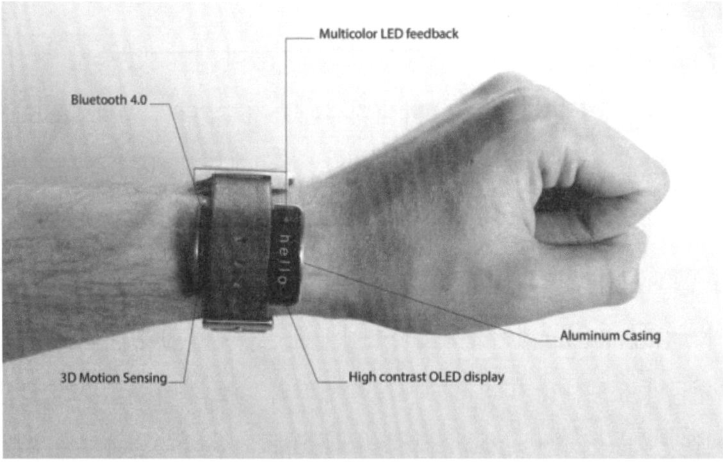

출처: Kiwi Wearables

⑤ 경쟁동향

주요 기능까지 소개하고 나면 바이어들의 가장 큰 관심은 시장에 출시되어 있는 기존 또는 다른 유사한 경쟁제품과 어떻게 다르며 경쟁력을 있는지이다.

시장조사를 통해 경쟁제품과 비교 분석한 자료를 준비해야 한다. 바이어들이은 한눈에 제품의 특징을 쉽게 파악하고 경쟁업체 제품과 다른 점을 비교 분석한 자료를 좋아한다.

경쟁동향 자료는 간단한 표로 단순하게 작성하는 것이 좋다. 다른 주요 경쟁제품들은 정하고 그 제품들의 가격, 기능 등을 동시에 비교할 수 있도록 솔직하고 객관적으로 작성해야 한다.

<경쟁제품 비교 예시>

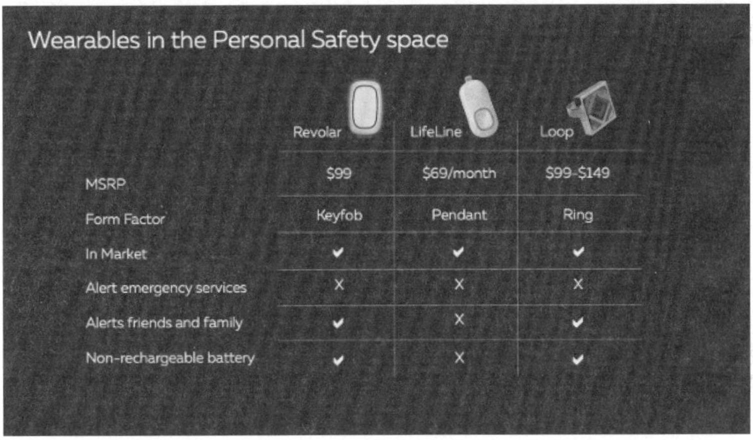
Wearables in the Personal Safety space

	Revolar	LifeLine	Loop
MSRP	$99	$69/month	$99-$149
Form Factor	Keyfob	Pendant	Ring
In Market	✔	✔	✔
Alert emergency services	X	X	X
Alerts friends and family	✔	X	✔
Non-rechargeable battery	✔	X	✔

출처: HAX alum Be Wear's competition slide

⑥ 주요 판매 성과 및 현황

이 정도 발표가 진행되면 총 발표 시간이 많이 남아 있지 않다. 따라서 이미지 파일로 핵심적인 사항만 간단히 언급하고 지나가는 형태로 발표를 준비해야 한다.

이 부분에서 회사 또는 제품을 자랑할 수 있는 시간이기 때문에 과장할 필요는 없지만 사실에 입각한 홍보 가능한 내용을 언급해야 한다.

신제품 출시 이후 판매 현황이나 소비자 피드백과 리뷰 등을 언급할 수도 있으며 주요 언론이나 잡지에서 자사 제품이 보도된 것이 있으면 이를 적극 활용하면 좋다.

<판매 현황 자료 예시>

출처: HAX alum emberlight's traction slide

<소비자 리뷰나 보도자료 예시>

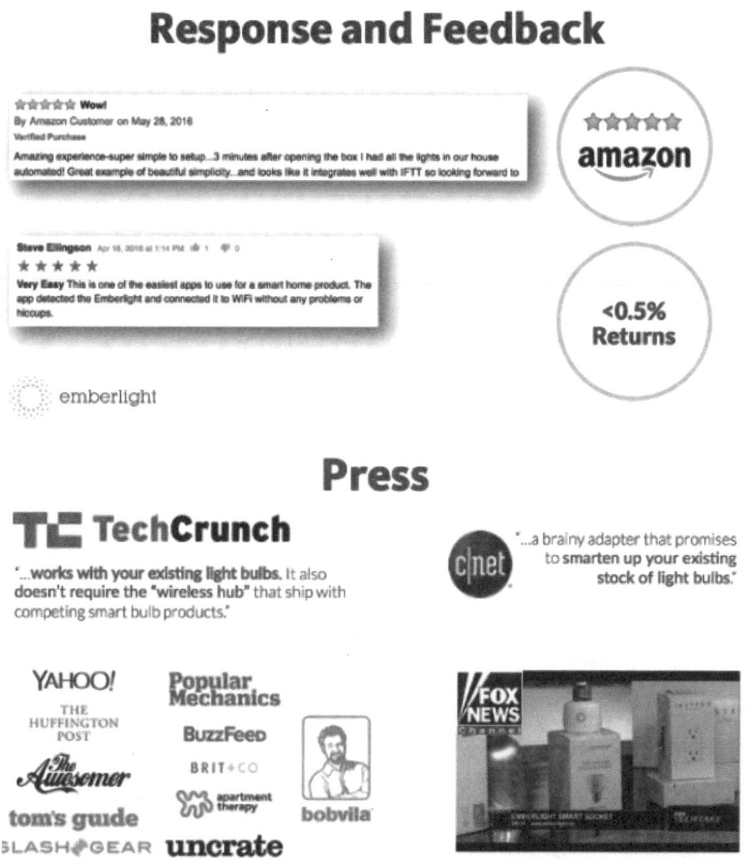

출처: HAX alum emberlight's press slide

⑦ 마케팅 추진 전략

이 부분에서는 회사가 제품을 온라인이나 오프라인 매장에서 어떻게 판매하고 판매를 확대할 계획이 있는지를 설명한다.

대다수 유통업체들은 매장에 직원 수가 많지 않고 복잡한 기술 관련 제품을 판매하는데 충분한 훈련과 지식을 갖추고 있지 않다. 따라서 제조업체가 제품에 대한 인지도를 높이고 매장으로 소비자를 끌어들이는 마케팅 역할을 주도적으로 해야 한다.

먼저 가장 중요한 마케팅 주제는 핵심 소비자 그룹에 관련된 내용을 분석하여 발표해야 한다. 자사 제품이 어떤 소비자 계층을 주 타깃으로 하고 그 타깃 소비자가 제품에 관심이 있다는 정확한 분석이 없으면 대형 유통업체와 미팅을 하지 않는 것이 좋다.

따라서 제품에 대한 간략한 타깃 고객 예시는 다음과 같이 이미지를 활용하여 핵심적인 내용으로 준비한다. 여기서 주의할 점은 바이어들은 제품의 핵심 고객에 대해 논리적으로 이해가 되지 않으면 발표가 과장된 것으로 받아들이기 때문에 명확한 근거를 제시해야 한다는 사실이다.

<핵심 타깃 고객 현황 예시>

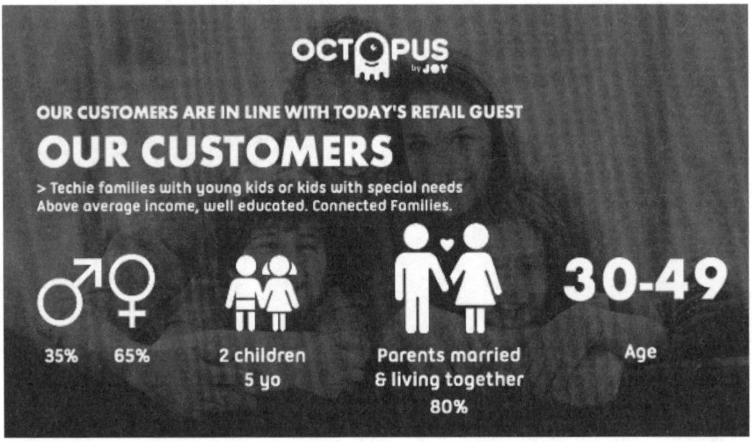

출처: HAX alum JOY's core customer slide

홍보 계획 관련 자료도 준비해야 한다. 판매 확대를 위해 1년간 마케팅 홍보 계획을 세워야 하는데 특히 제품 판매가 크게 증가하는 어버이날, 블랙 프라이데이 등 판매 주기에 따른 구체적인 홍보계획을 준비해야 한다.

만약 제품이 판매되지 않아 소매 유통업체들이 제품 가격을 할인해서 판매하면 납품업체 마진이 감소하므로 적절한 시기에 판매가 늘어날 수 있도록 홍보 활동을 한다는 사실을 강조해야 한다.

<프로모션 계획 예시>

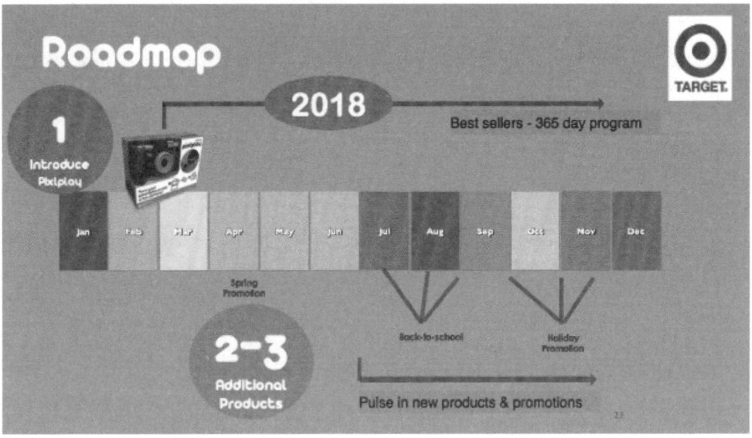

출처: HAX alum Pixl Toy's promotional timeline slide

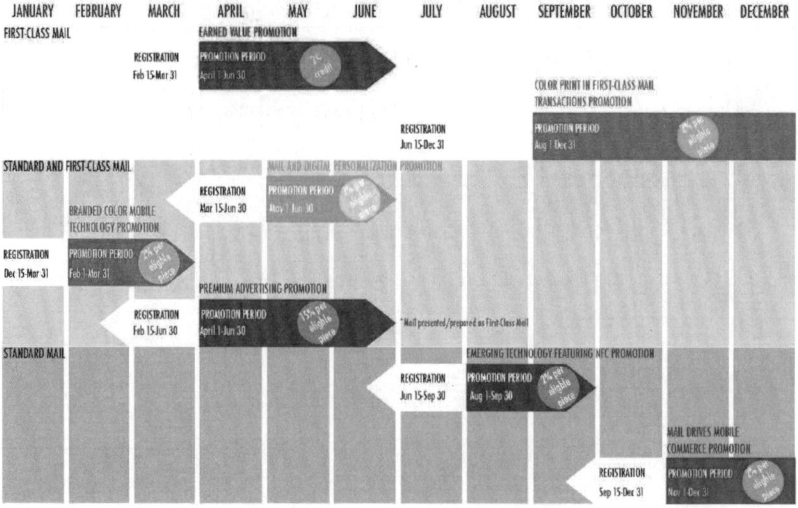

출처: https://startupnation.com/

⑧ 마무리

앞 단계까지 발표하면 대다수 바이어들은 질문을 하기 시작한다. 발표자는 준비된 발표가 끝났다고 말하고 질문이 있는지를 물어보면서 발표를 마친다.

발표자는 질문에 따라 자연스럽게 대화를 이어가면 되고, 질문이 끝나면 바이어들한테 제품 관심 여부 등을 문의하고, 추가 미팅 등에 대한 팔로업을 약속하는 것으로 미팅을 마무리한다.

5. 바이어와 미팅 준비법

처음 바이어와 미팅할 때 미팅을 주도는 할 필요는 없지만 탐색전인 만큼 충분한 준비와 질의 응답을 통해 가능한 많은 정보와 필요한 사항을 파악해야 한다.

이를 위해서는 자기 회사 소개뿐만 아니라 바이어 회사와 제품에 대한 조사가 필요하다. 그리고 링크드인을 통해 바이어의 경력과 인적사항을 조사하여 활용할 필요가 있다.

그리고 바이어와 미팅할 경우 가능하면 바이어가 원하는 사전 수요를 파악하고 이에 대한 준비를 하는 것이 미팅의 효율을 극대화하는 방법이다.

바이어와 미팅을 위해서 다음과 같은 기본적인 질문사항에 대한 답을 준비해야 하며, 아래 질문 외에도 산업에 따라 바이어들이 자주 물어볼 가능성이 있는 예상 질문 답도 준비해야 한다.

<바이어의 일반적인 질문>

1. 누가 이 제품의 타깃 고객인가?
2. 경쟁제품에 비해 가격 경쟁력이 있는가?
3. 누가 경쟁 회사 또는 품목인가?
4. 제품을 테스트하였고 인증은 있는가?
5. 제품에 대한 특허를 가지고 있는가?
6. 평균 불량률과 품질 보증은 어떻게 되는가?
7. 최소 주문 수량은 어떻게 되는가?
8. 제품 포장은 어떻게 되며, 미국시장 판매를 위해 준비가 되었 있는가?
9. 미국에 창고 또는 지사를 보유하고 있는가?
10. 미국 현지에 판매 및 사후 관리를 위한 직원이 있는가?

처음 바이어 미팅에서 거래 가능성에 대한 성패가 달려 있다고 할 수 있다. 따라서 미팅 준비뿐만 아니라 원활한 미팅 진행을 위해서는 많은 경험과 노하우가 필요하다.

먼저 미팅 내용을 준비하기 위해서는 지식, 정보, 경험, 의견, 아이디어, 자세, 기대 등을 종합적으로 활용하여 최선을 다하여 미팅을 준비해야 한다. 특히 미국 바이어와 미팅을 잡기가 쉽지 않기 때문에 대면 미팅을 했을 때 가능한 많은 핵심 자료를 전달하고 바이어가 무엇을 원하는지 정보를 파악해야 한다.

두 번째 상호 의사소통 부분이다. 바이어와의 미팅은 일방적인 정보 전달이 아닌 질의 응답을 통한 바이어의 수요를 파악해야 하며 가능한 많은 질문을 통해 바이어가 원하는 것이 무엇인지, 어떤 문제를 가지고 있는지를 파악해야 한다.

자기 회사 소개를 할 때 많은 한국 업체들은 서로 의사소통하는 자리로 인식하지 않고 자기들이 준비한 내용을 발표하기에 급급한 경우 많다. 물론 영어가 익숙하지 않아 그럴 수도 있지만 문화적 차이이거나 미팅 진행에 익숙하지 않기 때문이다.

질의 및 응답 부분에 대한 준비와 예상 질문과 예상하지 못한 질문을 받았을 경우에 대비하여 이에 대한 준비도 해야 한다.

미팅시 가장 중요한 것은 자신들이 필요한 말을 하는 것이 아니라 바이어들이 원하는 것이 무엇인지 파악하고, 그것에 대한 대답 또는 대안을 제시해 해줘야 한다. 그러기 위해서는 대화를 통해 바이어들이 무엇을 원하는지 빠르게 파악하는 것이 중요하다.

마지막으로 미팅을 통해 최적의 결과를 창출해 내기 위해 누가 참석하는 것이 좋은가를 결정해야 하는데 미팅 사안과 목적에 따라 다르다고 할 수 있다. 제품 불량 문제를 가지고 미팅을 한다면 생산 기술 관련 담당자가 미팅에 참석해야 미팅 중 다양한 생산 및 기술 관련 질의에 대응하고 협의를 할 수 있다. 필자가 수많은 바이어와의 미팅 경험을 보면, 바이어 회사에서 근무 경력이 많은 이사급 정도가 참가하는 미팅일 경우 미팅이 좀 더 효율적이고 거래에 대한 전략과 방향이 설정되었다.

효과적인 미팅을 위해서는 앞에서 설명한 내용에 따른 미팅 구성을 염두에 두고 준비해야 한다.

<바이어와의 미팅을 위한 준비사항>

1. 바이어 회사 및 품목 조사, 바이어가 원하는 것에 맞춘 미팅 사전 준비

2. 바이어 미팅 시 질의 응답을 통한 바이어의 수요 파악

3. 미팅 안건과 상황에 따라 최적의 담당자와 참석 인원 결정

6. RFQ(Request For Quotation) 대응방법

바이어들은 회사 소개서 자료를 보고 미팅을 통해 일정 수준의 기술력을 확보하고 있으며 산업에서 요구하는 인증을 보유하고 있어 잠재적으로 거래가 가능한 업체라고 판단하면 RFQ 패키지를 제공하고 가격 견적을 요청한다.

RFQ와 함께 가장 많이 사용되는 견적 관련 용어로는 RFP(Request for Proposal)가 있는데 간단한 차이점은 다음과 같다.

RFQ와 RFP의 가장 큰 차이점은 바이어가 요구하는 목적에 따라 견적 형태가 달라진다고 할 수 있다

RFQ는 제품 및 부품 구매를 위해 많이 사용되는 가장 보편적인 방법으로 주어진 조건과 도면에 따라 가격 견적을 하여 제출하는 반면, RFP는 바이어가 현재 처한 문제 또는 프로젝트에 따라 제안서를 작성하여 제출하는 것이다.

또 다른 차이 중 하나는 RFQ는 바이어가 제시하는 조건을 기본적으로 맞추어야 하지만, RFP의 조건은 상황에 따라 협상을 통해 조정이 가능하다는 점이다.

<RFQ와 RFP 차이점>

	RFQ	RFP
목적	바이어가 제시한 기준에 맞춰 견적	바이어가 당면하고 있는 문제 해결 위해 제안
공급업체	다수의 잠재 공급업체를 정해 놓고 견적 요청	제안서를 토대로 추후 공급업체 선정
조건	바이어가 제시하는 조건 준수	조건은 협상 가능

출처: Deltbid.com

많은 기업들이 RFQ 도면을 포함한 패키지를 잠재 공급업체에 보내기 전에 NDA(Non-Disclosure Agreement) 서류에 서명하길 요구하고 있는데, 서명하기 전에 특별한 문제 조항이 없는지 확인한 후 서명하여 보내면 된다.

NDA 서류는 말 그대로 견적을 위해 입수한 도면이나 사업 거래 내용을 제3자에게 공개하지 않는다는 동의서이며 이러한 서류에 서명하였을 경우 도면 유출이나 제품 개발 내역 등을 외부에 유출하지 않도록 각별히 주의해야 할 필요가 있다.

RFQ는 바이어들이 가격을 비교하기 위해 동일한 조건의 도면과 생산 기준을 제공하고 이를 토대로 잠재 부품 공급업체들이 가격을 견적하여 비교할 수 있는 가장 대표적인 거래 절차 중 하나이다.

일반적으로 바이어들은 설계 도면이 있는 부품과 견적 양식을 포함한 RFQ 패키지를 제공하고 부품에 대한 가격 견적을 요청하는데 이 RFQ에 다양한 목적과 의도가 있다.

바이어들은 어느 정도 확고한 부품 공급업체가 있으나 기존의 공급업체의 가격이 적절한지 확인하기 위해 RFQ를 타 업체에 요청하는 경우가 있다. 이 경우 아주 큰 폭의 가격 차가 아니라면 행정상 및 관리 등의 편의를 위해 기본 공급업체로부터 납품을 받기 위한 가격 확인용이라고 할 수 있다.

회사 내부 일정에 따라 신규 프로젝트가 추진되거나 부품 가격 인하 압력으로 인해 부품 공급업체를 전면적으로 검토하는 경우 RFQ 패키지가 나오는데, 이 경우 치열한 가격 경쟁이 있지만 신규 부품업체가 새롭게 부품 공급업체로 선정될 좋은 기회이다.

따라서 RFQ가 입수되면 어떤 이유에 의해 RFQ가 진행되는지 파악하는 것이 필요한데 바이어가 사실대로 말을 안 해 주는 경우가 많아 정확하게 파악하기는 쉽지 않다. 설령 바이어가 가격 비교를 위해 견적을 요청했다고 하더라도 최선을 다해 견적을 하여 다음 중요 프로젝트에 참여할 기회를 모색하고 바이어와 좋은 관계를 유지하는 것이 필요하다.

<RFQ 진행 절차>

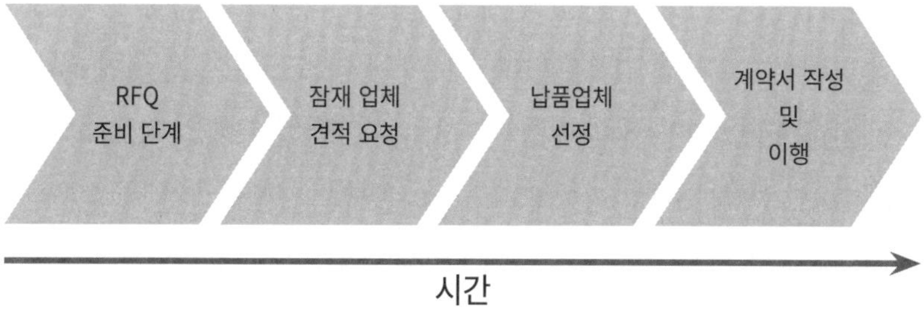

7. 가격 협상

가격은 제품을 사고파는 거래 시 의사를 결정하는 가장 중요한 요인 중 하나이다. 바이어들이 잠재 공급업체를 평가하는 데는 제품의 품질, 기술, 가격, 적기 공급 등 다양한 요인이 있지만, 이 중에서 가격은 구매를 결정하는데 가장 중요한 협상 대상이다.

일반적으로 바이어에게 처음 연락하고 자기 회사 및 제품을 소개한 시점부터 성약에 이르기까지 짧게는 1년에서 길게는 3년 정도 소요된다. 물론 정말 운이 좋은 경우 바이어에게 처음 전화를 했는데 신규 공급업체를 찾는다는 경우도 가끔 있지만, 대다수의 바이어들은 필요할 때 연락 주겠다고 응답하는 게 일반적이어서 수출 성약까지 많은 시간이 소요된다.

설령, 바이어가 가격 견적을 달라고 하여 가격 견적서를 제출하면 이때부터 다양한 형태의 반응과 질문을 하게 되는데 이에 대한 적절한 대응이 필요하다. 특히 견적서를 받은 바이어 대부분은 한국산 제품에 대해 '가격이 비싸다'라고 반응하므로 이에 대해 사전에 답변을 준비하는 것이 좋다.

바이어들이 가격에 대해 요청하는 유형별 예시를 통해 이에 대한 일반적인 대응방법을 살펴보자.

유형 1 이 가격에 맞춰라.

구매 예산이 이 정도인데, 타깃 가격을 말하고 이 가격에 맞추어 줄 수 있느냐고 말한다면, 먼저 바이어한테 어떻게 타깃 가격이 산출되었는지를 문의하고 내부적으로 타깃 가격이 어떤 방법으로 적정하게 설정되었는지를 문의한다.

이를 통해 타깃 가격이 진정 원하는 가격인지 아니면 가격을 낮추기 위해 설정된 가격인지 여부에 따라 대응을 달리해야 한다.

현실적으로 바이어의 타깃 가격 수준에 맞출 수 있는 경우에는 바이어의 타깃 가격을 합리적인 가격으로 보고 공급업체의 가격 구조를 자세히 설명하여 설득하는 방향으로 가격 협상을 진행하는 것이 좋다. 반면, 바이어의 타깃 가격이 도저히 맞출 수 없는 상식 밖의 가격인 경우, 가격 설정 근거를 문의하고 바이어의 의도를 파악해야 한다.

간혹 가격 경쟁이 심한 제품의 경우 중국산 또는 후진국에서 생산하는 제품의 경우 상식적으로 이해가 되지 않는 가격에 거래되는 경우가 있다. 필자가 한 바이어와 미팅을 했는데, 한국산 제품 가격이 중국산 제품의 2배 이상 고가여서 믿을 수 없다고 하니 바이어가 그 자리에서 컴퓨터 화면으로 PO 가격을 보여 준 경우도 있다. 이 경우는 어렵게 발굴한 바이어지만 씁쓸한 마음으로 포기할 수밖에 없었다.

유형 2 가격이 너무 비싸다.

가격이 너무 비싸다는 말은 대다수 한국 업체들이 바이어에게 가장 많이 듣는 말일 것이다. 바이어들은 가능한 저가에 제품을 구매하기 위해 항상 가격이 비싸다는 말을 먼저 한다.

이 경우 바이어한테 구매 목적이 무엇인지 기존 공급업체의 문제점이 무엇인지 등 당면하고 있는 문제를 완벽하게 이해할 수 있도록 회의 시 문의해야 한다. 그다음 기존 공급업체의 문제점을 파악하고 해결책을 제시하여 바이어의 고민거리를 해결할 수 있는 방안을 제시해야 한다.

유형 3 구매 수량을 줄이고 같은 가격에 달라.

처음 제시한 가격은 한 박스에 5개가 들어 있는 5,000박스 기준인데 우리가 필요한 제품은 한 박스에 2개가 들어 있고 초기에는 500박스만 구매할 수 있다는 말은, 구매 수량이 줄어들어도 개당 제품 구매가격을 같은 가격에 맞출 수 있는지를 묻는 의도적인 말이다.

이러한 경우 가장 보편적인 답변은 내가 가격을 개당 가격을 다시 견적해 주겠다고 다고 회신하는 것이다. 바이어가 변경한 구매 수량 조건을 반드시 받아들일 필요는 없고, 가장 효율적이며 가격 경쟁력을 가질 수 있는 수량과 가격을 제안하는 것이 필요하다. 그런 만큼 박스에 5개가 들어 있는 1,000박스를 기준 가격으로 카운터 오퍼를 할 수 있다.

유형 4 더 낮은 가격에 거래하자고 흥정

이 가격보다 더 좋은 가격을 제시할 수 있지 않으냐? 이보다 더 좋은 가격이 필요하다고 말한다면, 바이어가 구매할 의향이 있으며, 좀 더 좋은 가격 조건을 기대하는 것이다. 원하는 적정 가격이 얼마인지 물어보지 말고, '왜?'라고 근거를 물어봐라.

또 어느 것과 비교한 가격을 말하는지 정확하게 파악해야 한다. 그리고 오퍼한 가격과 제품의 가치를 비교하여 차이점을 제시하라.

유형 5 정해진 시간을 주고 언제까지 최후 가격 오퍼 보내라.

오늘 12시까지 내가 원하는 가격을 맞추지 않으면 경쟁자한테 구매하겠다는 말은 바이어가 마감 시간을 정해 가격을 낮추어 달라고 압력을 행사하는 경우이다. 시간 내 가격을 낮추어 주어야 한다고 조바심을 내지 말고 내부적으로 생각하고 검토할 시간을 달라고 요청하라.

나는 지금 다른 업체와 거래 계약 때문에 아주 바쁘다고 회신하고 내가 가능한 빨리 회신해주겠다고 먼저 응답하라. 그리고 바이어가 원하는 가격이 단순히 가격을 낮추기 위한 허풍인지 아니면 실제 경쟁자가 제시한 가격인지 파악해야 한다.

바이어가 회신을 기다리겠다고 하면 제품에 관심이 높고 비슷한 가격이면 해당 제품을 구매할 확률이 높은 상황이다. 이 경우 바이어가 원하는 가격에 맞출 순 없지만 최상의 가격으로 바이어 요청 가격보다 약간 높은 가격을 제시할 수 있다.

5장

–

판매 전문가인 세일즈랩 활용 방법

1. 세일즈랩이란

세일즈랩(Sales Representative)은 회사에 직접 고용한 판매 직원이 아닌 성공보수 지급 조건으로 고용된 판매 전문가들이다.

미국은 지리적으로 시장이 넓고 방대하여 기업들이 직접 판매조직을 구축하는 데 어려움이 있다. 그래서 외부 세일즈랩을 활용하는 판매 시스템이 잘 발달하여 대기업뿐 아니라 중소기업들도 자체 판매조직 대신 외부 세일즈랩을 활용하고 있다.

세일즈랩은 정규직으로 채용한 것이 아니고 회사 외부에서 독립적으로 판매활동을 하기 때문에 월급, 보험료 등 고정 비용을 지불할 필요가 없으며 판매 성과에 따라 인센티브를 지급하고 있어 판매 담당 직원의 직접 고용 비용을 절감할 수 있다는 장점이 있다.

세일즈랩은 똑같은 산업에서 오랫동안 판매 경험이 많은 사람들이 대다수기 때문에 세일즈랩을 통하여 시장 정보를 입수할 수 있는 채널로 활용 수도 있다. 또한 그들이 가지고 있는 판매 네트워크와 경험도 활용할 수 있어 비교적 단시일에 효율적으로 성과를 창출할 수 있다.

1) 세일즈랩의 보수

세일즈랩은 무조건 판매에 따른 커미션, 즉 성공보수만을 받고 일하는 것이 아니며, 산업의 특징과 성격에 따라 기본급 조건과 판매 성공보수를 혼합한 형태로 보수가 지급된다. 따라서 세일즈랩을 활용할 경우 세일즈랩과 사전 협의를 통해 지불 조건을 계약서에 정확하게 명시해 두어야 한다.

여기서 기본급 조건은 영어로 리테이너 피(Retainer Fee)라고 하는데 세일즈랩 및 산업에 따라 세일즈랩이 요구하는 경우도 있고 요구하지 않는 경우도 있다. 리테이너 피는 소비재 및 유통업보다는 자동차 부품 등 주로 거래 성사에 오랜 기간이 소요되는 산업에서 요구한다. 리테이너 피는 기본적인 마케팅 활동인 전화비 및 사무실 임대료 등에 대한 실제로 지출된 비용을 요구하는 것으로 제품 판매에 성공하여 성공보수를 받기 전에 세일즈랩에 지불하는 기본적인 마케팅 활동 비용이다.

세일즈랩은 계약된 회사와 마케팅 활동을 하고 있음에도 불구하고 성약이 될 때까지 아무런 금전적 보상을 받지 못하고 시간을 낭비하는 것을 방지하기 위해 리테이너 피를 요구한다. 이러한 리테이너 피는 제품 판매에 성공했을 경우 성공보수에서 기존에 지불한 리테이너 피를 제외하는 조건으로 지급하기도 한다.

리테이너 피를 요구하지 않은 세일즈랩의 경우, 성공보수 비율을 높게 요청할 수도 있기 때문에 회사 제품과 판매 가능성을 종합적으로 검토한 후 성공보수율 또는 지급 방법을 정해야 한다.

성공보수 지불율은 산업과 판매액에 따라 다르다. 소비재 제품의 경우 대형 유통망에 입점할 경우 판매 금액의 8-12% 정도를 요구하고 있고, 자동차 부품의 경우 2~5% 정도를 요구하며 기계 부품의 경우 6~7% 정도를 통상 요구한다.

미국시장 진출 초기에 세일즈랩을 활용하는 것은 영업비용을 줄이면서 효과적으로 시장에 진출할 수 있는 방법의 하나이다.

세일즈랩은 그 자체로 독립된 도매업 사업체이며 적어도 한 품목 이상에 대해서 한 개 업체 이상을 대행하여 특정 지역에서 전문적인 판매 대행활동을 벌이기 때문에 해당 제품과 지역시장에 대한 전문적인 지식을 갖추고 있다.

세일즈랩 업체들은 적게는 혼자 하는 1인 기업에서부터 많게는 50명까지 조직적인 회사 규모를 가지고 있는 업체들도 있으며 이들 업체들은 기본적인 판매활동뿐만 아니라 창고를 보유하고 물류 지원 서비스까지 제공하는 전문화된 서비스를 제공하고 있다.

세일즈랩은 제품 판매를 위한 기존에 구축한 인적 네트워크를 바탕으로 영업 활동을 하기 때문에 개인적인 역량에 따라 판매 규모와 수입도 큰 차이를 보이고 있다.

미국에서 이 같은 세일즈랩이 발달하게 된 원인은 그 시장이 넓기 때문이다. 제조업체가 미국 전역을 대상으로 직접 판매망을 구축하여 운영하는데 많은 시간과 금전적인 지출이 요구되기 때문이다. 그러나 지역별 세일즈랩을 활용하면 빠른 시간에 그 시장을 가장 잘 알고 있는 전문가들로 구성된 판매 네트워크를 단기간에 확보할 수 있고, 즉각 판매활동을 시작하여 적은 비용으로 판매 성과를 얻을 수 있다.

2. 세일즈랩 장단점과 활용 분야

1) 세일즈랩 장점

세일즈랩의 가장 큰 장점은 적은 비용으로 지역별로 판매 경험이 많은 전문가들을 구성하여 즉각적인 시장 진출을 위한 판매활동을 할 수 있다는 점이다.

세일즈랩은 또 수년간 같은 산업 및 시장에서 판매활동을 통해 경험을 축적하고 있어 시장 진출에 대한 시행착오를 줄일 수 있다. 또한 정규직원 고용보다 보험, 세금, 실직 보험 등에 상대적으로 자유로울 수 있다.

제품에 대한 수요가 많은 지역에 정통한 세일즈랩을 활용할 경우 고객과 보다 긴밀하게 접촉할 수 있으며 해당 산업 시장 동향을 잘 파악하고 있기 때문에 보다 효과적인 마케팅 전략을 구사할 수도 있다.

세일즈랩은 판매 성공에 따라 보수를 받기 때문에 제품 판매활동에 적극적으로 나서고 있어 관리 및 교육에 많은 자원을 투입할 필요가 없으며, 시장 및 사업 정보를 얻을 수 있는 정보 수집 창구로 활용할 수도 있다. 이렇게 수집된 정보는 마케팅 전략수립에 큰 도움이 된다.

일반적으로 세일즈랩은 고객과 같은 지역에서 활동하고 있어 고객관리 및 지원이 용이하고, 고객과 장기적인 사업 관계를 구축하고 있어 고객 특성을 정확히 파악하는 것도 큰 장점이다.

<세일즈랩의 장점>

1. 특정 제품 판매에 특화된 경험이 많은 판매 전문가를 활용할 수 있다.
2. 판매 전략수립을 위해 필요한 시장 현장 정보 입수가 가능하다.
3. 판매담당자들의 교육 비용 및 인건비 등 비용을 최소화할 수 있다.

사례 7 세일즈랩 활용으로 미국시장 진출한 A사

A사는 중장비 및 자동차 단조부품을 생산하는 업체로 수년간 직접 미국 수출을 위해 바이어를 발굴하고 견적서를 제출하는 지속적인 노력을 했지만 성약이 되지 않고 가격 등 다양한 이유로 주문서를 받지 못했다.

그러던 중에 한 지인이 한국에서 현지 바이어 발굴에도 한계가 있고 미팅을 위해 미국 출장 등 현지 대응도 어려움이 있으니 미국 현지 유력 세일즈랩을 활용하라고 추천하였다.

세일즈랩 발굴을 하기 위해 세일즈랩협회인 www.Manaonline.org에 가입하고 세일즈랩 리스트를 받아 전화를 하고 이메일로 세일즈랩 구인 광고를 보냈으나 선뜻 세일즈랩 해보겠다고 나서는 업체가 없었다.

답답한 마음에 이메일을 보낸 세일즈랩들에게 전화를 하여 관심이 없는 이유를 먼저 파악하였다. 주된 이유는 미국에 수출 경험이 없어 검증되지 않은 업체를 세일즈랩에서 할 수 없다는 것이었고, 현재 유사 업체 세일즈랩을 하고 있어 할 수 없다는 답변도 있었다.

이러한 어려움 속에도 A사는 지속적으로 유력 세일즈랩 발굴 노력을 하였다. 세일즈랩을 하고 싶다고 의향을 표명한 업체들은 판매 경력이 많지 않거나 리테이너 피를 요구하는 업체들이 대다수 였다. 이들 중에서 3개 업체를 선정하여 세일즈랩을 계약하는 데 약 1년 정도 시간이 소요 되었다.

계약한 세일즈랩들은 수요 발굴, 견적서 제출, 가격 협상, 기술 미팅 등에 직접 참여하여 바이어와 관계를 강화하였고 견적 가격이 높아 불리한 여건에도 불구하고 계약한 지 1년 정도 만에 성약을 창출하였다.

특히 자동차나 중장비 부품 납품의 경우 현지 대응 능력이 절대적으로 요구되고 있는데 현지 세일즈랩 활용은 이 문제를 해결하는 좋은 대안이 되었다. A사는 판매 성과가 없는 세일즈랩은 계약해지를 통해 정리하면서 신규 유력 세일즈랩을 지속 발굴하고 있다.

2) 세일즈랩 단점

세일즈랩 단점으로는 고용과 피고용 관계가 아닌 상호 대등한 파트너 형태 계약하기 때문에 상호 계약 해제가 가능하여 통제력이 약하다는 점이다. 세일즈랩과 계약을 해지했을 경우 고객을 잃을 수 있다는 단점도 있다. 또한 세일즈랩은 판매를 통한 성공보수를 받는 조건이기 때문에 제품의 경쟁력이 없다고 판단될 때 지속적인 판매 노력보다는 판매 가능한 다른 경쟁업체 제품으로 판매 제품을 쉽게 변경하기도 한다.

리테이너 피 등과 고정 마케팅비용을 요구하는 업체들도 많아 고정 비용이 증가할 수 있으며, 판매성과가 없을 경우 기업은 고정비용 지출 부담이 가중될 수 있어 계약서에 정확히 명기하고 기간을 정해 지급하는 것도 방법이다.

판매를 잘하는 세일즈랩들은 이미 경쟁제품을 판매하고 있어 많은 노력이 필요한 신규 업체 제품 판매에 적극적으로 나서지 않기 때문에 능력 있는 세일즈랩을 발굴하기는 쉽지 않다.

3) 세일즈랩이 활성화된 업종 또는 산업

세일즈랩을 활용했을 경우 효과를 볼 수 있는 업체는 영업망이 잘 갖춰지지 않은 신규 시장 진출 업체로 빠른 시간 내에 영업망 구축을 계획하고 있는 업체이다. 또한 미국시장에서 직접 내부 판매담당자를 다수 고용할 여력이 없고 미국시장 정보가 충분하지 않은 업체는 세일즈랩을 활용한 시장 진출을 고려해 볼 수 있다.

세일즈랩을 가장 많이 활용하는 산업은 자동차 및 중장비 기계부품, 전자부품산업과, 대형 유통망에 판매되고 있는 소비재 및 가정용품 등이다. 특히 판매를 위해 바이어와 유대 관계 및 네트워크 확보가 필요한 산업의 경우 더욱 세일즈랩이 많이 활용된다. 반면, 마진율이 적고 바이어가 한정되어 있는 업체 또는 산업의 경우 세일즈랩을 활용한 판매 방법이 효과적이지 않을 수 있다.

이와 같이 세일즈랩을 활용하는 것이 북미시장 진출 및 확대에 매우 유용한 방법이긴 하나 능력 있는 세일즈랩을 발굴하여 계약을 체결하기 위해선 필수적으로 다음 페이지에 나오는 사항을 고려해야 한다.

<세일즈랩 활용 시 고려사항>

미국시장은 세일즈랩을 활용한 판매활동이 활성화되어 있지만 각 기업은 세일즈랩을 활용하기 전에 크게 세 가지 사항을 고려해야 한다.

1. 먼저 해당 산업 분야에 활동하는 세일즈랩이 많은지를 파악해야 한다. 산업 또는 품목군에서 세일즈랩이 많다는 것은 그 산업과 품목에 세일즈랩 활용이 활성화되어 있다는 증거이다.
2. 세일즈랩이 전문성을 확보하고 판매 능력이 있으면서 신뢰할 수 있는가이다. 전문성과 판매 능력을 확인하려면 미팅과 인터뷰, 과거 이력을 확인하고 필요하다면 레퍼런스 체크(Reference Check: 평판조회)를 해봐야 한다.
3. 계약서 작성은 상호 계약 취소 가능한 조항을 넣어 판매 실적이 좋지 않을 때 계약을 해지할 수 있어야 하며 협의에 의해 합리적인 판매 수수료와 계약 조건을 담아야 한다. ,

세 가지를 고려하면서 가장 중요한 것은 유능하고 신뢰할 수 있는 세일즈랩을 구해야 한다는 점이다. 세일즈랩을 활용하는 가장 큰 목적은 판매 성약이기 때문에 판매 능력에 확신이 선다면 약간의 추가 비용을 지불하더라도 계약체결을 검토할 필요가 있다.

3. 세일즈랩 구하는 방법

최고 유능한 세일즈랩을 구하는 것은 어찌 보면 세일즈랩을 활용하는 성패를 결정한다고 해도 과언이 아니다.

한국 업체들 중에서 세일즈랩을 활용하였는데 효과가 없어 세일즈랩에 대해 부정적인 시각을 가진 업체가 의외로 많다는 것을 알고 처음에 놀랐다. 아마 과거에 세일즈랩을 활용해 보았는데 별 성과가 없었던 경험이 있거나 주위 사람들에게 성과가 없다는 것을 전해 들었기 때문일 것이다. 분명한 것은 어떤 세일즈랩을 어떻게 채용하여 관리하고 활용하느냐에 따라 성과도 큰 차이가 있다는 것이다.

앞에서 언급한 것처럼 미국은 세일즈랩이라는 판매 방법이 가장 활성화되어 있는 나라이다. 미국시장에서 세일즈랩이 활성화된 이유는 넓은 미국시장을 빠른 시간에 공략할 수 있는 가장 효율적인 방법이기 때문이다.

유능한 세일즈랩을 채용하는 방법은 아주 다양한 편이다. 기존에 알고 있는 사람한테 소개받을 수도 있고 각 세일즈랩협회에 등록된 세일즈랩을 연락하여 발굴할 수도 있다. 전시회에 참가하여 세일즈랩을 공개 모집하는 방법도 있고 광고를 하여 적격 업체를 찾는 방법도 있다.

1) 세일즈랩 협회 디렉터리 활용

미국에서 세일즈랩을 찾는 데는 산업별 또는 세일즈랩협회에 가입되어 있는 회원사 디렉터리를 활용하는 방법이 가장 많이 이용된다.

가장 대표적인 세일즈랩협회로는 산업을 불문하고 많은 세일즈랩 회원사를 확보하고 있는 MANA(Manufacturers Agents National Association, www.manaonline.org)를 들 수 있다.

<Manufacturers Agents National Association(MANA)>

협회 명: Manufacturers Agents National Association

웹사이트: www.manaonline.org

주소: 6321 W. Dempster St. Suite 110 Morton Grove, IL 60053

전화: 1-949-859-4040

이메일: mana@manaonline.org

회원사 수: 300

산업 분야: 자동차부품, 소비재, 기계, 전자부품 등 전 산업 분야

전기전자분야는 ERA(Electronics Representatives Association), 건강의료용품은 HIRA(Health Industry Representatives Association) 등 품목별로 특화된 세일즈랩 협회들도 따로 조직되어 운영되고 있다.

협회를 이용하여 세일즈랩을 발굴하려면, 먼저 협회에 가입한 후 회원사로

등록된 세일즈랩을 검색하여, 자기 회사 제품과 맞다고 생각하는 업체를 선별한 후 각 세일즈랩에 전화나 이메일로 회사 소개서 및 세일즈랩 의향을 문의하면 된다.

세일즈랩을 희망하는 잠재 업체가 있을 경우 회사 소개서를 보내고 세일즈랩에 소개서와 주요 고객 및 거래 실적도 요청한다. 잠재 업체가 선별되면 인터뷰를 통해 업무 추진 방향, 세일즈 경험, 성과 등과 같은 것을 파악하여 세일즈랩을 정하면 된다.

〈주요 산업별 세일즈랩협회〉

협회 명	로고	웹사이트
Association of Independent Manufacturers Representatives	AIM/R	www.cpsa.com
Electronics Representatives Association	era	www.era.org
Electronics Representatives Association Southern California Chapter	eraSoCal	www.erascal.org
Equipment Marketing & Distribution Association	EMDA	www.emda.net
Gift and Home Trade Association	G&H	www.giftandhome.org
Foodservice Sales & Marketing Association	FSMA	www.fsmaonline.com

Health Industry Representatives Association	HIRA	www.hira.org
International Housewares Representatives Association	IHR	www.ihra.org
Professional Sales Representative Organization	IPRO	www.avreps.org
National Association General Merchandise Representative	NAGMR	www.nagmr.com
Manufacturers' Agents of Cincinnati	MAC	www.maccincinnati.org
Manufacturers' Agents Association for the Food Service Industry	MAFSi	www.mafsi.org
Network of Ingredient Marketing Specialists, Inc.	NIMS	nimsgroup.com
National Electrical Manufacturers Representatives Association	NEMRA	www.nemra.org
National Marine Representatives Association	NMRA	www.nmraonline.org
Power-Motion Technology Representatives Association	PTRA	www.ptra.org
United Association Manufacturers' Representatives	UAMR	www.uamr.com

정리: Justin Hwang

2) 전시회장에서 세일즈랩 발굴

두 번째로 세일즈랩 발굴에 가장 많이 활용되는 것은 전시회에 참가하여 바이어 발굴과 동시에 세일즈랩도 발굴하는 방법이다. 산업전시회에 많은 세일즈랩도 참관하여 자기가 잘 판매할 수 있는 제품을 발굴하기 때문에 신규 세일즈랩을 발굴할 수 있는 최적의 장소 중 하나인 것이다.

일반적으로 기계 부품이나 대형 유통망을 통해 판매할 수 있는 소비재 등과 같은 제품, 건축 자재 관련 제품 전시회에 가면 많은 제조업체들이 전시회 부스에 세일즈랩 구인이라고 문구를 걸어 놓고 세일즈랩을 적극 찾는 것을 볼 수 있다.

<세일즈랩 구인 전시장 전경>

전시회를 활용한 세일즈랩 구인의 가장 큰 장점은 제조업체나 세일즈랩이 제품을 직접 보고 평가한 후 서로 의견을 나눌 수 있어 심도 있는 대화를 나눌 수 있다는 것이다.

제품과 회사에 대한 정보가 전시회에서 어느 정도 파악되면 추가 면접을 통해 판매 전략 및 성공보수 조건 등을 조율하면 된다.

3) 광고를 통해 세일즈랩을 채용하는 경우

세일즈랩 발굴의 또 다른 방법은 협회 잡지나 구인 광고 전문 웹사이트에 구인 광고(Sales Rep Wanted)를 게재하는 것이다.

세일즈랩 구인 광고는 제품과 산업 특징에 따라 핵심 내용만 포함된 간단한 구인 광고에서부터 아주 구체적으로 자격 조건과 판매 보수를 포함한 광고까지 다양하다.

만약 산업 세일즈랩협회에 광고할 경우 산업 특징을 잘 알고 있기 때문에 구인 광고가 아주 간략하고 명확한 메시지를 전달하는 데 중점을 두는 게 좋다.

① 간단한 세일즈랩 광고 예

다음에 보이는 모조 보석 광고의 경우, 대표적인 품목 사진, 제품 설명, 주요 타깃 구매 고객, 성공보수, 연락처 등 아주 간단하고 꼭 필요한 정보만을 포함한 광고를 게재한 사례이다.

이러한 간단한 세일즈랩 광고는 모조 보석시장의 경우 다른 기계 등과 같은 제품에 비해 제품이 단순하고 이해하기 쉽기 때문인 것도 있지만, 모조 장신구 세일즈랩협회에 광고를 싣기 때문에 광고 내용이 아주 간단해도 불구하고 세일즈랩을 구하는 데 문제가 없기 때문이다.

<산업 세일즈랩협회 구인 광고 예>

FASHION JEWELRY REPS WANTED - HIGH COMMISSION IMMEDIATE DELIVERY AVAILABLE

YES, we can still fill Holiday orders! DiamonZ Gems is seeking professional sales reps. Our line has over 1200 styles of made in the USA genuine Cubic Zirconia earrings. We are sold in drug, gift, card (Hallmark) women's specialty, off-price and department stores (i.e., Bed Bath & Beyond, Boscovs) and general merchandise Mom & Pops store. 10x yearly turn. Pre-loaded counter-top displays make selling easy. Prime territories available.

Contact: **ruth@diamonzgems.com.**

출처: 모조 장신구 세일즈랩협회

② 일반적인 세일즈랩 구인 광고 예

미국 제조자 세일즈랩협회에 실린 세일즈랩 광고는 다음에 나오는 것과 같이 좀 더 자세하고 세부적인 광고 내용을 포함하고 있다. 이 세일즈랩 광고는 세일즈 기회 부문, 세일즈랩 자격 조건, 기타 사항으로 크게 3개 분야로 구성되어 있다.

먼저 세일즈 기회는 회사 및 제품 소개, 타깃 시장, 제품 판매에 대한 정보로 이루어져 있으며 세일즈랩 자격 조건은 타깃 산업분야, 주요 판매 지역, 경력 조건들로 구성되어 있다.

산업의 특성에 따라 다르겠지만, 세일즈랩 광고는 이렇게 아주 세부적이고 꼭 필요한 정보로 구성되어 있는 것이 아주 일반적이다. 이런 광고는 세일즈랩에 관심 있는 분야과 자격 조건을 제시하여 불필요한 지원자를 줄이고 어느 정도 조건에 맞는 판매 인력을 확보하는 데 중점을 두고 있다.

<자세한 정보의 세일즈랩 광고 예>

Sales Opportunity:	
Product Lines:	In Business since 1912, we are a leading Manufacturer of High Volume, Precision Metal Stampings and Assemblies, and the Tooling to Produce Them. In addition to Precision Stamping we have ~65 Multi-Axis CNC Machining Centers, Laser Welding, Laser Cutting, Metal Finishing, and Pad Printing.
Target Markets:	We Sell to a wide range of manufacturer's and OEM's in the following markets: Medical (Device and Drug Delivery), Automotive, Aerospace, and Consumer Goods. We also sell to Molding Companies that do Insert Molding. We would like to Penetrate the Firearms and Electronics Markets.
Sales Opportunity:	We are looking for Manufacturers representatives in Southeast and West Coast US, Canada, and Mexico. Our company is one of the most respected tooling and metal stamping companies in the country and we are looking to partner with sales organizations that can help us grow and diversify. Being a contract manufacturer we are capable of producing precision parts, on time for any industry. Our engineering and die design departments have the experience and skill to handle the most complex projects from prototype through production.

Rep Requirements:	
Industry Categories:	Agriculture: Equipment Computers & IT: Hardware Construction: Tools - Hand / Power Electronics: Consumer Products Electronics: Telecommunications Equipment & Services Health & Medical: Medical Devices Health & Medical: Personal Care Health & Medical: Pharmaceuticals Industrial: Stampings Plastics: Mold / Tool / Die Products by Material: Metal Fabricated Products Recreation: Marine Products Transportation: Automobile Transportation: Motorcycles
Territories Available:	Arizona, California, Colorado, Delaware, Florida, Georgia, Illinois, Indiana, Kentucky, Maryland, Maine, Minnesota, Missouri, Mississippi, North Carolina, Nevada, New Hampshire, New Jersey, New Mexico, New York, Oregon, Pennsylvania, Puerto Rico, South Carolina, Tennessee, Texas, Utah, Virginia, Washington, Wisconsin, West Virginia, British Columbia, Ontario, Quebec, Mexico
Education:	Some College
Experience:	2-5 Yrs.

Additional Information:	
Company Located:	Durham, Connecticut
Annual Sales:	10,000,000 +
Marketing Assistance:	Yes
Training Provided:	Yes
Exclusive Territories:	Yes

출처: 미국 제조자 세일즈랩협회(정리: Justin Hwang)

③ 구인 광고 사이트에 세일즈랩 구인 광고 예

최근 들어 링크드인과 같은 전문 구인 사이트에 구인 광고를 게재하는 경우가 크게 활성화되고 있다.

광고를 위해 필요한 내용은 위에서 언급한 광고와 비슷한 구성을 가지고 있다. 회사 소개 및 업무 내용, 지원 자격 등과 같은 구인 광고에 필요한 자세한 정보가 필요하다.

세일즈랩을 구하는 광고는 정보가 자세하고 구체적이며 정확할수록 원하는 세일즈랩을 채용하는 데 도움이 된다. 따라서 세일즈랩 광고 문구를 작성할 다른 업체들의 세일즈랩 광고를 참고하여 최적의 문구와 용어를 사용하는 것이 바람직하다.

<링크드인 세일즈랩 광고 예>

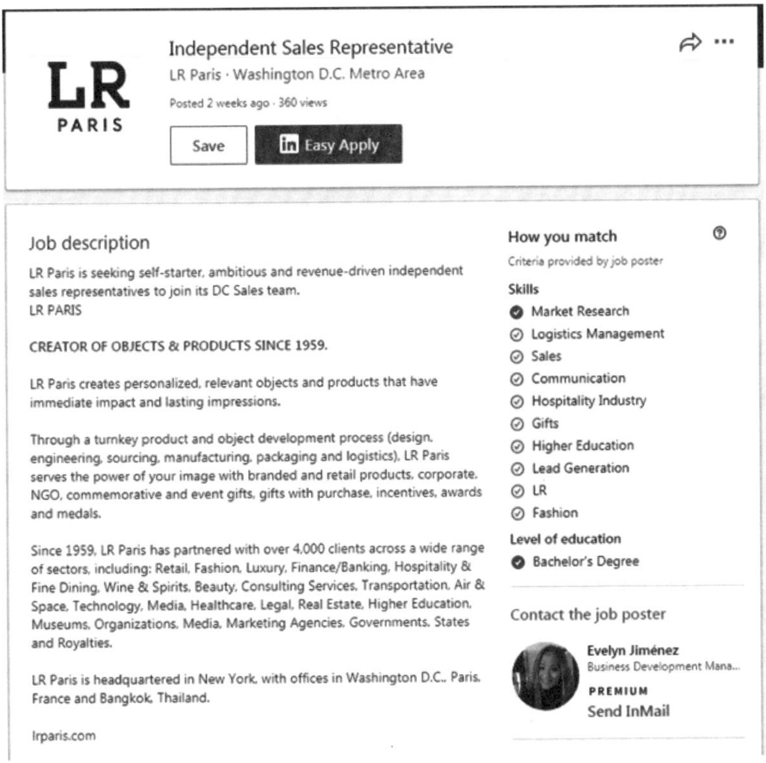

Sales Development
- Leverage your existing network of contacts, find networking opportunities and conduct market research in order to gain new clients within the territory (Mid Atlantic Region)
- Identify, lead and pitch sales opportunities via in-person meetings
- Lead your entire sales cycle from lead generation to order delivery and payment.

Account Management
- Act as the account leader and key business liaison between LR Paris and the portfolio of clients
- Develop and nurture strong relationships with client's various executives, marketing and creative teams/leaders
- Ensure that communication flows effectively internally and with clients. Ability to resolve and/or escalate issues in a timely fashion and understand how to communicate difficult/sensitive information tactfully.

SKILLS & REQUIREMENTS
- 5 year+ in sales or business development in Creative/Marketing Services or Media with
- This role requires excellent interpersonal and project management skills, an entrepreneurial spirit and a rigorous and detail oriented mindset
- Effective relationship with internal cross-functional peers and partners
- Manage some administrative and project work such as reports (sales, CRM, forecasts), estimates, presentations
- Compliance w/LR Paris' ethics, principles, workflows and systems - High touch, polished and diplomatic attitude is a must
established industry relationships and experience working with executive level business and
marketing leaders
LR PARIS OFFERS
- Independent contractor status
- Commission based opportunity with strong financial incentives and unlimited earning
- Three-month trial with in-depth training
- Mentorship
- Sales & Marketing support

Job Details

Seniority Level
Associate

Industry
Design, Marketing and Advertising, Luxury Goods & Jewelry

Employment Type
Contract

Job Functions
Sales, Business Development, Production

자료원: 링크드인(www.linkedin.com)

6장

–

해외 전시회 참가와 수출 계약서 작성법

1. 전시회 참가 목적

1) 전시회 참가의 가장 큰 목적은 신규 거래선 발굴

기업들이 전시회를 참가하는 목적은 바이어 발굴, 제품홍보, 정보 수집 등 다양한 목적이 있으나 이 중 가장 중요한 목적은 해외수출을 위한 잠재 바이어 발굴이다. 또한, 전시회는 신제품과 산업 동향을 파악할 수 있는 장소로도 활용된다.

전시회는 이처럼 새로운 잠재 바이어의 발굴뿐만 아니라 기존 고객과의 만남을 통해 관계를 구축하고 관리할 수 있는 장이기 때문에 많은 업체들이 전시회에 참가하고 있다. 특히 선진국의 경우, 대다수의 기업들이 전시회를 통해 바이어를 발굴하거나 정보를 공유하고 신기술을 발표하는 종합 마케팅 장소로 활용하기 때문에 전시회 참가는 해외시장 개척의 첫걸음이 될 수 있다.

전시회에 참가한 업체들은 경쟁업체의 신규 제품 출시 현황, 산업의 신규 트렌드를 한눈에 파악하면서 기업 또는 브랜드 인지도를 높일 수 계기를 마련할 수 있다. 그리고 바이어들은 전시회 참가로 경쟁력 있는 신규 제품 발굴과 신제품 출시 동향을 파악하고 미래 사업 파트너를 발굴하려 노력하고 있다.

<일반적인 전시회 참가 목적>

1. 신규 거래선 및 바이어 발굴
2. 시장 정보 입수를 통한 고객의 수요 파악 및 세미나 참석
3. 경쟁업체 동향 파악
4. 기존 거래선 관리 및 네트워크 강화
5. 신제품 및 브랜드 홍보

① 전시회는 바이어를 직접 대면 상담할 수 있는 최적의 장소

전시회를 활용한 마케팅의 가장 큰 장점은 바이어와 판매자가 전시 현장에서 제품 샘플을 보면서 직접 미팅을 하고 서로 유대 관계를 쌓을 수 있는 최적의 장소라는 점이다.

<일반적인 바이어 발굴 절차>

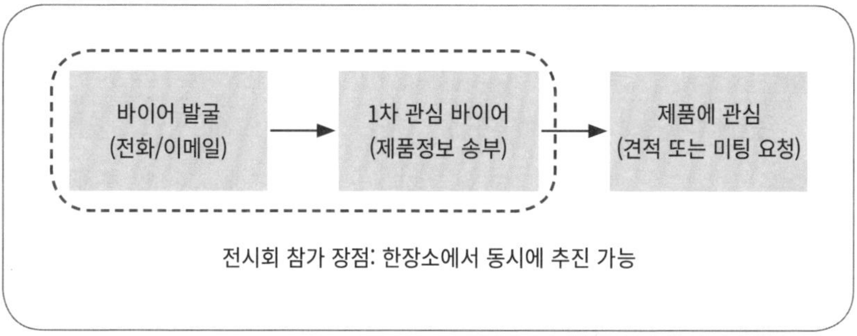

일반적으로 바이어 발굴은 전화나 이메일을 통해 먼저 접촉하고 관심이 있으면 제품 카탈로그와 웹사이트 링크를 보낸다. 그다음 바이어가

검토할 시간을 기다렸다 다시 연락하여 관심 여부를 파악한 후 관심이 있다고 하면 방문 미팅을 요청하거나 견적 제출을 요청하는 절차로 진행된다.

이런 절차로 진행할 경우 적정 관심 바이어 발굴에 많은 시간이 소요되며 서로 만난 적이 없기 때문에 신뢰도를 쌓기도 쉽지 않아 업무 진행이 매우 느리다는 단점이 있다. 이러한 전통적인 방법은 바이어를 발굴하는데 많은 한계와 어려움이 있기 때문에 선진 시장의 경우 전시회를 통해 공급업체를 찾고 바이어를 발굴하는 전시회가 발달해 있다. 전시회에 참석할 경우 앞의 그림에 나온 세 번의 단계 중 앞의 두 단계를 거치지 않고 바로 제품을 보고 현장에서 상담이 진행되기 때문에 관심 있는 바이어를 빠르게 발굴할 수 있다.

② 현장에서 상담 및 계약을 체결할 수 있는 전시회 마케팅

전시회에 참가하는 또 다른 장점은 현장에서 바로 거래 성약을 이룰 수 있다는 점이다. 대부분의 전시회는 특정 산업 또는 시장의 특성에 맞추어 개최되고 있어 전시 업체와 바이어들이 만나 그곳에서 직접 구매계약을 하는 경우도 많다. 바이어의 경우 사전에 어느 정도 시장조사를 한 후 전시회에 참가한다. 바이어는 기초 시장조사를 바탕으로 업체와 미팅하여 제품을 확인한 다음 최종적으로 제품 구매 계약을 체결하기도 하는데 주로 기계 및 완제품인 경우가 많다.

전시회 참가는 비용 측면에서도 가장 효율적인 제품홍보 및 광고와 네트워킹을 할 수 있는 최고의 마케팅 방법이다. 또한, 전시회는 중소기업에서부터 대기업까지 같은 장소에서 경쟁하면서 잠재 바이어를 발굴하고 홍보할 수 있는 기회가 동등하게 주어지는 무한 경쟁의 장소이기도

하다. 선진국 시장의 경우 전시회가 모든 마케팅의 시작이라고 해도 과언이 아닐 만큼 전시회에 맞춰 신제품이 출시되고 사전 마케팅과 홍보 등의 이루어 지고 있다. 따라서 전시회는 신제품에 대한 반응에 따라 제품이 시장에서 성공할지 실패할지 가늠할 수 있는 테스트 마켓 장소로 활용되고 있다.

2. 전시회 참가 준비

1) 참가 유망 전시회 조사 및 선정

① 협회나 기관에서 한국관을 구성하여 참가하는 전시회 우선 검토

해외 전시회에 참가하기 위해서는 세계 각국에서 개최되는 수많은 전시회 중 자사에 맞는 유망 전시회를 선별하여 정해야 하는데 이는 쉽지 않은 일이다.

세계 모든 유관 전시회를 참가하면 좋겠지만, 중소기업 입장에서 예산 제약으로 세계 유력 전시회를 모두 참가할 수 없기 때문에 자사 제품과 시장 진출 전략에 맞는 전시회를 발굴하여 참가해야 한다. 세계 최대 전시회라고 해서 꼭 참가해야 하는 것도 아니며 무조건 최고의 전시회라고 할 수도 없다. 그러므로 자사의 제품의 특징과 유통구조에 맞는 전시회에 참가하는 것을 고려해야 한다. 어떤 업체의 경우 대규모 국제 전시회보다 중소 도시에서 개최되는 지역 특화된 전시회에 참가하는 것이 더 적합할 수 있기 때문이다.

어떤 전시회가 최고의 전시회 인지는 전시 규모가 아니라 자사 제품 특징과 관련 바이어가 많이 참가하는 전시회에 따라 달라진다고 할 수 있다. 관련 전시회를 찾는 방법은 구글에서 전시회를 검색하면 찾을 수 있고, 해당 국가의 산업협회를 방문하면 관련 전시회 정보를 얻을 수 있다.

먼저 세계 각국에서 개최되는 전시회 정보를 검색 조사하여 확보한 다음에는 전략적으로 어디에서 개최되는 전시회에 참가해야 할지 결정을 해야 한다. 이런 결정을 하기 위해서는 해당 국가의 시장과 각 전시회의 특성, 개최규모, 참관객 수, 참가 비용 등을 종합적으로 조사하고 이를 바탕으로 최적의 전시회를 선정해야 한다.

참고로 KOTRA가 운영하는 전시 포털 사이트인 www.gep.or.kr를 방문하면 해외 전시회뿐만 아니라 국내 전시회 정보를 찾을 수 있다.

② KOTRA 해외 전시회 국가관 운영 전시회 리스트 활용

참가 유망 해외 전시회를 찾는 가장 쉬운 방법은 KOTRA나 관련 협회 및 관계기관에서 한국관을 구성하여 참가하는 전시회 리스트를 찾아보는 것이다.

2018년 기준 정부 기관 및 협회에서 선정하여 국가관으로 참가하는 전시회 수는 미국 라스베이거스에서 개최되는 소비재전자 전시회인 (Consumer Electronics Show)를 포함한 약 119개 전시회가 있다.

전시회에 따라 국가관을 모집하는 주관기관이 다르기 때문에 자사와 맞는 전시회가 있을 경우 수행 기관에 문의하여 국가관 참가를 문의하면 된다. 보통 해외 전시회의 경우 최소 6개월 전에 전시회 참가 업체를 마감하므로 반드시 사전에 일정을 문의하여 참가 계획을 수립하는 것이 좋다.

<2018년 주요 한국관 참가 해외 전시회>

연번	개최국가	품목	전시회명	개최기간	공동수행기관
1	미국	건축자재	미국 올란도 NAHB 건축전시회	0109~0111	글로벌비즈 익시비션이벤트
2	독일	섬유패션	독일 프랑크푸르트 실내장식용 직물전시회	0109~0112	한국패션소재협회
3	미국	전기전자	라스베이거스 소비재전자 전시회	0109~0112	한국전자정보통신 산업진흥회
4	영국	고부가 서비스	런던 교육장비전시회	0124~0127	한국과학기기 공업협동조합
5	영국	생활소비재	버밍엄 춘계 소비재 전시회	0204~0208	KOTRA
6	이탈리아	섬유패션	밀라노 춘계 유니카섬유전시회	0206~0208	한국섬유 수출입조합
7	UAE	첨단융합	UAE 두바이 치과기자재전시회	0206~0208	한국치과기재 산업협회
8	네덜란드	정보통신	암스테르담 상업용 통합시스템전시회	0206~0209	한국전자정보통신 산업진흥회
9	프랑스	섬유패션	프랑스 파리 춘계 텍스월드	0211~0214	한국섬유산업 연합회
10	일본	첨단융합	도쿄 나노기술종합전시회	0214~0216	나노융합산업 연구조합

추처: www.gep.or.kr

2) 예산 및 참가 규모 확정

참가할 전시회가 결정되면 전시회 참가를 위해 참가 규모 및 장치비, 출장비, 샘플 운송비 등 등 전반적인 예산 내역을 추정하여 참가 계획을 세워야 한다.

전시회 참가 규모는 회사의 예산 사정을 고려하여 결정하는데 세부적인 주요 지출 항목을 추정하고 전체 지출 예산 규모를 파악해야 한다. 전시회 참가에 지출해야 하는 기본적인 비용은 다음과 같다.

<세부 전시회 참가 비용>

1. 부스 임차료
2. 부스 서비스 비용: 전기, 전화, 인터넷 등 부스 운영에 필요한 부대 비용
3. 부스 장치비: 부스 디자인 및 설계, 설치비
4. 전시 제품 운송 및 보관비: 운송료, 보관료, 통관 수수료, 전시장 내 이동비용
5. 인건비: 통역원, 상담보조 등
6. 출장경비: 항공료, 호텔비, 출장비, 바이어 접대비
7. 광고 홍보비: 전시회 참가 홍보 및 광고 비용
8. 기타: 예비비

전시회의 가장 기본적인 비용은 부스 임차료와 부스 장치비용이다. 부스 임차료는 부스 크기 또는 위치에 따라 가격이 결정되며 전시회별로 큰 차이

를 보이기 때문에 반드시 전시회 주관 당국에 문의한 후 책정해야 한다.

부스 장치비의 경우 임차한 부스 크기를 가지고 장치 전문업체에 문의하면 디자인과 견적을 받을 수 있다. 복수의 장치 업체에 문의하여 최적의 디자인을 선정하여 가격 견적을 받는 것도 좋다.

전시 물품이 큰 기계류 관련 제품의 경우 제품 크기가 크고 전시장에 도착하여 전시부스까지 이동해 주는 비용을 포함한 제품 운송 및 보관 관련 비용이 매우 높다.

따라서 사전에 제품 크기에 따른 전체 운송비용을 항목별로 추정하여 예산을 편성해야 하며, 정확한 금액 파악이 어려운 경우가 많으나 항목별 비용을 조사하여 예상 예산을 편성해야 한다.

다음으로 전시회 참가 비용 중 가장 높은 비용을 차지하는 것은 통역원 및 현지 채용 인건비와 출장 경비이다. 중소기업 직원 중 영어를 구사하는 직원 비율이 높아짐에 따라 현지 통역을 채용하는 비용이 줄어들는 있으나, 직원의 출장 경비는 절감하기 어려운 만큼 이도 무시할 수 없는 비용이다.

3) 국가관 공동 참가 또는 독립 부스 참가

참가를 희망하는 전시회가 한국 관계기관 또는 협회, KOTRA, 지방자치단체에서 국가관을 구성하여 참가하는지 여부를 반드시 확인해야 할 필요가 있다. 만약에 참가 희망 전시회가 한국 국가관을 구성하여 여기에 선정되어 참가할 경우 전시 장치비 및 전시 샘플 운송비 등 지원하니 이를 활용하면 좋으며 재정적, 행정적 도움을 받을 수 있다.

국가관이 없어 단독으로 전시회에 참가할 경우 전시 공간 임차, 부스 디자인 등을 자체적으로 해결해야 하기 때문에 높은 참가 비용과 행정 비용이 소요된다. 물론 어느 정도 기업 규모가 되고 전시회 참가 경험이 많은 업체들은 해당 국가 전시회에 국가관이 있다고 해도 홍보 효과를 높이기 위해 독자 부스를 가지고 전시회에 참가하는 경우도 많다.

① 협회 및 관계기관 지원 전시회 활용하기

KOTRA에서는 해외에서 개최되는 전시회에 유관 단체와 공동으로 한국관을 구성하여 중소기업들의 해외 전시회 참가를 지원하는, 해외 전시 사업을 수행하고 있다. 해외 전시회 지원사업으로 추진되는 국가관에 참여할 경우 다양한 형태의 금전적 행정적 지원을 얻을 수 있다.

<주요 지원사항>

- 직접소요 경비(임차료, 장치비, 운송비 등)의 50% 이내 국고에서 지원
- 단, 출장자 항공료, 숙식비, 통역비 등은 참가업체 개별 부담
- 한국관 면적 임차, 장치 디자인 시공, 전시품 운송/통관, 통역섭외, 바이어 유치, 상담 후 사후관리 등 기타 행정 서비스 제공

국가 전시관에 참가하기 위해서는 참가 업체 모집 시 인터넷에서 참가 신청서를 작성하여 제출하면 시장성 평가를 거친 후 참가 업체로 선정

된다. 해외 전시회 관련 자세한 사항은 www.kotra.or.kr이나 전시회 포털 사이트인 www.gep.or.kr를 방문하면 된다.

② 개별 기업 해외 전시회 참가 비용 정부 지원받기

정부 기관이나 협회에서 한국관을 구성하여 참가하지 않는데 전시회 참가를 희망하는 기업이라면 단독으로 전시회 부스를 신청하여 참가하는 방법도 있다. 국가관에 참석하는 것보다 많은 시간과 노력, 비용이 소요되나 자사의 품목과 가장 적합한 전시회의 경우 단독으로 참가하는 것도 좋은 방법이다.

단독으로 특정 전시회에 참가하는 경우에도 정부에서 일정 비용을 지원받을 수 있는데, KOTRA는 개별참가 지원프로그램을 통해 연간 약 1,800개 사의 해외 전시회 참가를 지원하고 있다. 이 프로그램의 목적은 해외 전시회 참가 직접경비 및 마케팅비용 지원을 통한 중소·중견기업의 해외 전시회 참가 촉진과 이를 통한 수출 증대이다. 신청 후 심사를 통해 지원 업체를 선정하며 선정된 업체는 참가사당 연간 최대 2회 바우처를 지원받을 수 있고, 바우처당 500만원 한도에서 전시참가 직접경비 및 전시회 관련 마케팅서비스 비용, 전시품 편도 운송비의 100% 실비지원한다.

신청 방법 및 자세한 정보는 www.exportvoucher.com 수출 바우처 사업 웹사이트에 방문하여 해외 전시회 개별참가 지원사업을 클릭하면 알 수 있으며, KOTRA 해외 전시팀(전화 02-3460-7256)으로 문의해도 된다.

<개별 기업 해외 전시회 참가지원>

주무부처
산업통상자원부

선정기업수
1,800개사

지원한도(국고 보조율)
500만원/회
(연간 최대 2회, 정액보조)

<사업 참가 신청 철자>

01 수출바우처 사이트 회원가입 (www.exportvoucher.com)
02 수출바우처 내 해외전시회 개별참가 지원사업 신청, 서류 제출
03 서류 심사
04 바우처 선정기업 확정 및 발표
05 사업 선정기업 대상 협약서 체결 및 바우처 발급
06 전시회 참가
07 결과보고서 및 사후정산 자료 제출 (www.exportvoucher.com)
08 결과보고서 및 제출 자료 확인, 정산/ 지원금 교부

출처: www.exportvoucher.com

3. 전시장 운영

충분한 사전 준비를 했음에도 불구하고 전시회가 시작되면 예상하지 못한 다양한 일이 발생한다. 이에 대응하기 위해서는 전시회에 참가한 직원들이 사전에 서로 역할 분담을 해 놓아야 한다.

예를 들자면 초기 방문자 대응 담당자, 심도 있는 추가 상담 대응 담당자 등으로 구분하고 상황에 따라 유연하게 대응해야 하며, 가장 중요한 것은 제품 정보를 충분히 숙지하고 있어야 한다는 점이다.

특히 제품이 경쟁사 제품과 차별화될 수 있는 요인, 즉 특징, 특허 및 인증 등의 지식을 파악하여 바이어가 부스에 방문했을 때 이를 적극적으로 홍보할 수 있어야 한다.

사람이 왕래가 많은 전시장에서 하루 종일 근무하는 것은 상당한 체력과 제품 지식이 요구되는 어려운 일 중 하나이지만, 새로운 손님을 맞이한다는 자세로 밝은 표정과 목소리를 유지해야 한다. 전시장에서 하루 종일 서 있을 수는 없더라도 바이어가 부스 쪽으로 걸어오면 의자에 앉아 있다가도 웃으면서 일어나 맞이하는 게 좋다. 따라서 시선을 항상 입구 쪽이나 앞쪽을 주시해야 한다.

직원들끼리 대화를 하고 있더라도 바이어가 방문하면 즉시 중단하고 바이어가 가까이 접근하기 전에 맞이할 준비를 해야 한다. 부스 내에서 책을 읽거나 전화 통화도 가급적 자제하는 게 좋다.

간단한 음료는 괜찮겠지만 음식을 먹는 것도 피하는 게 좋다. 부스에서 음식을 먹고 있으면 지나가던 바이어들이 부스에 들러 문의하기를 주저하기 때문이다. 중소기업의 경우, 혼자 전시회에 참가하는 경우가 많기 때문에 식사를 할 경우나 자리를 비울 경우, 한국관으로 참가하고 있으면 한국관을 지원하는 직원들에게 잠시 자리를 봐달라고 부탁하는 것도 필요하다.

도와줄 사람이 아무도 없는 경우 편리하고 빨리 먹을 수 있는 샌드위치와 음료수를 미리 준비하거나 전시장에서 구매하여 간단히 해결해야 한다.

4. 전시장에서 바이어 발굴

전시회에 참가하는 기업들과 방문객들은 다양한 목적을 가지고 참가하고 있으나 크게 두 가지로 구분할 수 있다.

제품을 판매하려는 업체와 물건을 구매하려는 바이어들이다. 이 외에 기술 동향 파악, 경쟁업체 동향 파악, 가격조사 등 다양한 시장조사 목적을 가지고 참가하는 업체들이 있다.

대다수 전시회는 세미나 등 다양한 부대 행사가 열리며 기업들은 주요 고객을 초청하여 리셉션과 제품 설명회를 개최하여 신규 제품을 소개하고 기존 거래선을 관리하는 기간으로도 활용된다. 따라서 전시회는 단순히 구매자와 판매자가 만나는 곳이 아닌 어찌 보면 비즈니스와 정보 획득을 위한 격전지라고 할 수 있다.

전시회가 종료되면 주요 고객과 식사 및 술자리 접대 등이 이루어지는데, 이는 오락적인 측면도 있지만 고객과 유대를 강화하여 사업 확대를 이루려는 마케팅 수단이다.

부스를 방문하는 바이어들은 단순히 제품을 구매하기 위해 부스를 방문하는 것이 아니라 다양한 목적을 가지고 방문하기 때문에 진성 바이어를 찾아내는 노하우가 필요하다. 사실 전시장에는 많은 방문객이 있지만 진성 바이어를 찾아내기란 몹시 어려운 일이며 많은 경험과 노하우, 시간이 필요하다. 이를 위해 해외 전시회 담당 또는 해외 마케팅 직원 부스를 방문한 방문객들을 유형별로 분류하고 이에 맞는 대응을 통해 경험을 축적해 나가야 한다.

1) 바이어 유형별 대응법

방문자의 유형별 분류는 같은 전시회에 3년 정도 참가하면 가능한데, 그 정도면 대응할 수 있는 경험과 노하우가 쌓인 만큼 경쟁업체인지, 향후 거래 가능 업체인지를 분별하고 산업 전체 시장 동향도 가늠할 수 있다.

필자는 소비재에서부터 전자제품, 기계산업 관련 등 다양한 전시회에서 한국관 부스와 개별 기업 부스 임차부터 부스 디자인 장치업체 선정, 전시회 운영 및 개별 기업 부스 운영 지원까지, 여러 업무를 수년간 경험하였다. 이 중에서 가장 힘들고 경험과 노하우가 필요한 것은 전시회에 방문한 바이어 대응이었다.

몇 년간 전시회 부스를 가지고 전시회에 참가하다 보면 다양한 유형의 방문자를 만날 수 있다. 방문자별로 개인적인 특성에 따라 다양한 형태로 부스를 방문한다. 단순히 정보 입수를 목적으로 방문하는 바이어가 있는가 하면 구매를 위해 신규 제품을 발굴하려고 의욕적으로 방문하는 바이어들도 있다. 따라서 바이어들의 부스 방문 목적을 빨리 파악하고 이에 적절히 대응하는 것이 전시회 부스를 운영하는 데 가장 중요한 노하우이다.

부스에 방문하는 바이어들의 유형은 크게 4가지로 분류할 수 있으며 그 유형별 대응방법도 다르다.

업체들이 선호하는 유명 대기업 바이어라 할지라도 부스 방문 목적이 다양하기 때문에 적절히 단계별 또는 특징별로 대응하는 것이 필요하다. 한국 중소규모 업체에 너무 적극적으로 관심을 보이는 미국 대기업 바이어도 사실 의심을 해봐야 한다. 일반적으로 미국 대기업과 거래를 하기 위해서는 다양하고 복잡한 부품 공급업체 조건이 따르며 어떤 경우에는 요구하는 조건에 중소기업으로서는 맞출 수 없는 경우도 많기 때문이다.

이들이 요구하는 가장 기본적인 사항은 미국 현지 창고 보유, 미국 현지 마케팅 및 사후 지원 인력을 확보이다. 이러한 조건은 수출 성약이 불확실한 상황에서 수출 경험이 많지 않은 중소기업에 사전에 많은 투자가 필요한 만큼 높은 사업적 위험이 따른다.

바이어 유형별 대응은 다음과 같다.

유형1 멀리서 한참 둘러보다 아무 말 없이 비치된 카탈로그만 들고 가는 바이어

특징: 단순히 제품에 관심이 있으나 구체적이지 않고, 경쟁업체일 경우도 있고 대형 업체 바이어일 수도 있음. 그리고 제품과 시장에 대해 잘 알고 있는 바이어일 경우가 많음.

대응방법: 자기 노출을 꺼리는 유형으로 카탈로그를 가지러 부스 내부로 올 때 간단한 인사와 명함을 요청하여 회사를 파악. 이 경우 보통 긴 대화가 이어지지 않으므로 질문이 있느냐고 문의하여 대화를 유도함. 이런 대형 업체 바이어의 경우 처음에 부스 접근할 때 조심스럽게 자기가 누구인지 밝히지 않고 제품 정보를 수집하고, 다음 연도에 전시회에 다시 찾아와 지속적으로 사업을 하는지를 확인하는 경우도 많이 있음.

유형 2 지나가면서 간단히 Hi 또는 Hello 정도 인사하고 카탈로그만 달라고 해서 가는 사람

특징: 이 유형은 이미 사전에 부스에 전시된 제품을 파악한 상태로 자기와 관련된 제품이어서 관심은 있으나 정보 수집 차원에서 카탈로그 요청, 또는 경쟁업체일 가능성이 있음.

대응방법: 간단한 인사와 함께 명함을 요청하여 회사를 파악해 놓아야 함. 이 경우 보통 긴 대화가 이어지지 않는 경우가 많고 질문이 있느냐고 문의하여 대화를 유도하여 의도를 파악하려고 해도 질문이 없다고 응답하는 경우가 대다수임. 명함을 받아 두는 정도 대응하면 됨.

유형 3 제품에 대해 상세히 문의하는 사람

특징: 이 유형은 제품이 자기와 밀접한 연관을 가지고 있는 사람으로 바이어일 수도 있고 최종 사용자 일 수도 있음.

대응방법: 명함을 요청하여 잠재 고객으로 분류하고 대화를 통해 관심 부분과 근무하는 회사 정보를 파악하는 등 가능한 다양한 정보 입수가 필요.

유형 4 관심 많다며 상담하는 사람

특징: 경쟁사로 가격과 기술 정보를 입수 목적일 수도 있고 진성 바이어일 수도 있음.

대응방법: 명함과 상담으로 진성 바이어 의도 파악, 의심이 들 경우 가격 및 기술정보 유출 조심해야 하며, 진성 바이어일 경우 주요 관심 품목 및 현재 거래선과 문제점 등 세부적인 상황을 문의하여 추후 방문 미팅 가능성을 협의함.

2) 전시회를 정보 입수의 장으로 활용하기

① 전시회 참가의 가장 큰 목적 중 하나는 정보 입수

일단 기초조사가 완료되었다고 해서 조사가 끝난 것이 아니다. 전시회 참가와 바이어 미팅 등 다양한 마케팅 활동을 통하여 조사의 생활화가 이루어져야 한다. 즉, 전시회 참가 및 바이어 미팅 등과 같은 해외 마케팅을 추진하면서 지속적으로 질문하고, 그 답변을 통해 자사 제품의 경쟁력, 경쟁동향, 개선 방향, 새로운 마케팅 전략을 수립해야 하는 것이다.

또 바이어 미팅은 회사를 소개하고 제품을 소개하는 자리로 그쳐서는 안 된다. 바이어 앞에서 질문과 답변이 병행될 수 있도록 발표자료를 준비해야 한다. 질문을 통해 바이어가 원하는 것이 무엇이고 어떤 문제를 가지고 있어 그 문제를 해결해 주길 원하는지 파악해야 한다.

해외 전시회 참가는 시장조사 하기에 가장 좋은 방법인 만큼 자사 제품 홍보뿐만 아니라 경쟁사 제품의 장단점, 마케팅 전략 등도 파악할 수 있다. 이뿐만 아니라 새로운 트렌드 등 시장 동향을 파악할 수도 있다.

② 경쟁업체 동향 파악

전시회는 세계 유수의 글로벌 기업에서 중소기업까지 한 장소에 모여 있어 시장조사에 최적이다.

전시장의 시장조사 중 가장 중요한 것은 경쟁업체 동향과 제품을 파악하고 제품의 트렌드뿐만 아니라 색상, 기능, 디자인의 변화를 파악하는 것이다.

필자가 잘 아는 한 중소기업은 매년 전시회에 참가하면서 신규 바이어 발굴 외에 전시회에 참가한 직원들이 서로 돌아가면서 전시장 전체를 돌아보고 신규 시장 트렌드를 파악하여 보고서를 제출하도록 하고 있다. 그 보고서에는 경쟁업체 신제품 동향, 장단점, 성공 가능성 등 아주 구체적인 사항을 본인의 판단에 따라 정리 작성하도록 요구한다. 그리고 보고서는 회사 차원에서 공유되고 필요한 경우 전시회 출장 마무리 회의에 자유롭게 토론하기도 한다.

이렇게 함으로써 전시장 경험이 없는 직원이라고 해도 이를 통해 시장을 볼 수 있는 안목과 능력을 키우고, 자사 제품 개발할 때 마케팅 직원이지만 적극적으로 의견을 제안할 수 있는 역량도 갖출 수 있다.

5. 수출 계약서 작성의 기본 서류

해외수출 마케팅을 통해 거래에 관심 있는 바이어를 발굴하면 견적서 등 무역 거래에 필요한 다양한 서류들을 준비해야 한다.

앞에서 언급한 해외수출 마케팅 단계에서 세 번째 단계인 계약체결에 이르려면 견적서 제출 검토, 계약서 검토, 결제 조건, 물류, 보험, 관세, 통관, 선적, 신용 조사 등까지 다양한 서류를 작성과 검토가 필요하다.

이 단계는 바이어 발굴 못지않게 아주 중요한 단계로 잘못하면 큰 금전적 손실을 입을 수도 있기 때문에 신중한 작성과 검토가 필요하다.

이 책 집필 목적이 해외 바이어 발굴 등 수출 마케팅이 중심이므로, 다른 책과 인터넷에 많이 나온 계약서 작성과 결제 조건 등은 자세히 다루지 않고, 꼭 실무에서 필요한 부분만 언급할 예정이다.

<NDA(Non-Disclosure Agreement) 예시>

Non-Disclosure Agreement - Bilateral

This AGREEMENT is made by and between   through its   component, and its affiliates and ____________ (each of whom shall be hereinafter referred to as "Disclosing Party" or "Receiving Party", as appropriate) effective as of the later date signed below.

Whereas, the Receiving Party desires access to Disclosing Party's Confidential Information, including but not limited to drawings, specifications, and other technical information regarding Disclosing Party's product lines, in order to evaluate the feasibility of engaging in commercial activities.

THEREFORE, the parties hereto agree as follows:

1. <u>**Confidential Information**</u>

(a) "Confidential Information" shall mean any nonpublic information that Disclosing Party specifically marks and designates as confidential, or with an equivalent legend, at the time of disclosure. Where the Confidential Information has not been or cannot be reduced to written form at the time of disclosure and such disclosure is made orally, such orally disclosed Confidential Information shall only be protected in accordance with this Agreement if the Disclosing Party submits a summary of the information that it deems Confidential Information within thirty (30) days of the original disclosure. "Confidential Information" includes, but is not limited to, price lists, current or planned product specifications, marketing strategy, source code or object code, sales and customer information, Disclosing Party's business policies or practices, information received from others that Disclosing Party is obligated to treat as confidential, other materials and information of a confidential nature, and compilations or derivative works that incorporate previously disclosed Confidential Information.

(b) "Confidential Information" shall not include any materials or information which the Receiving Party shows: (i) is at the time of disclosure generally known by or available to the public or which becomes so known or available thereafter through no fault of the Receiving Party; or (ii) is legally known to the Receiving Party at the time of disclosure; or (iii) is furnished to the Receiving Party by a third party who legally obtained said information and the right to disclose it; or (iv) is developed independently by the Receiving Party without access to Confidential Information and where the Receiving Party can document such independent development, or (v) is approved in writing by the Disclosing Party for disclosure by Receiving Party.

<견적 송장(Proforma Invoice) 견본>

[Company Name]

[Contact info]
[Contact info]
[Email/website/etc]

PROFORMA INVOICE

Invoice Nr.	[CBA-456]
Customer ID	[123]

CUSTOMER
[Company Name]
[Name]
[Street Address]
[City, ST ZIP]
[Phone]

DELIVERY TO
[Company Name]
[Name]
[Street Address]
[City, ST ZIP]
[Phone]

DELIVERY DETAILS

Freight Type	[Air or Ocean freig
Est Ship Date	[Date]
Est Gross Weight	[weight] [units]
Est Cubic Weight	[weight] [units]
Total Packages	[Qty]

PART NUMBER	UNIT OF MEASUR	DESCRIPTION	QTY	UNIT PRICE	TAX	TOTAL AMOUNT
CustomerB	kilogram	Goods	2	152,23	-	304,46
						-
						-
						-
						-
						-
						-
						-
						-
						-
						-
						-
						-
						-
						-

TERMS OF SALE AND OTHER COMMENTS
[General Terms, Terms of sale or Terms of Delivery, etc]
[Payment terms such as Letter of Credit, Open Account or other terms.]
[Quality or Inspection standards]

Subtotal	304,46
Taxable	304,46
Tax rate	21,00%
Tax	63,94
Freight	-
Insurance	-
Legal/Consular	-
Inspection/Cert.	-
Other (specify)	-
Other (specify)	-
TOTAL	**€ 368,40**
Currency	**EUR**

ADDITIONAL DETAILS

Country of Origin	[Country]
Port of Embarkation	[Name]
Port of Discharge	[Name]
Reason for Export:	

[Legal Representative Name] Date
[Company Name]

출처: www.vertex42.com

<견적서 양식 예시>

[Company Name]

QUOTE

[Stress Address]
[City, ST ZIP]
Phone: [000-000-0000]
Fax: [000-000-0000]
Prepared by: [salesperson name]

DATE:	12/15/2010
QUOTE #	[123456]
Customer ID	[123]
Valid Until:	1/14/2011

Customer
[Name]
[Company Name]
[Stress Address]
[City, ST ZIP]
[Phone]

DESCRIPTION	TAXED	AMOUNT
[Service Fee]		230.00
[Labor: 5 hours at $75/hr]		375.00
[Parts]	X	345.00
New client discount		-50.00

Subtotal	$	900.00
Taxable	$	345.00
Tax rate		6.250%
Tax due	$	21.56
Other	$	-
TOTAL Due	**$**	**921.56**

TERMS AND CONDITIONS
1. Customer will be billed after indicating acceptance of this quote
2. Payment will be due prior to delivery of service and goods
3. Please fax or mail the signed price quote to the address above

Customer Acceptance (sign below):

x ______________________________
Print Name:

If you have any questions about this price quote, please contact
[Name, Phone #, E-mail]

Thank You For Your Business!

출처: http://coffeebeancafe.us

1) NDA(Non-Disclosure Agreement)

보통 RFQ(Return for Quotation)를 바이어로부터 입수하기 전에 견적을 위해 기술 관련 도면이 필요한 경우 대다수 바이어들이 영업 기밀 비공개 서약서인 NDA에 서명할 것을 요구한다.

기업에 따라 양식이 약간씩 다르지만 NDA 서류 내용은 대동소이하다. 일반적으로 NDA 서류 도입 부분에 회사명을 기재하면 되며 어떤 경우에는 주소까지 작성을 요구하는 업체들도 있다. 기본적인 내용은 비밀 정보에 대한 범위 및 규정, 권리 및 비밀 유지 못 했을 경우 대처 방법, 기타 의무 조항 관련 내용을 포함하고 있다.

외국 기업으로부터 NDA 서류를 받으면 대다수 NDA가 특별한 독소 조항 등 문제는 없지만, 반드시 전문 변호사에게 특별한 독소 조항이 있는지 검토받기를 추천한다.

2) 견적서 작성

거래에 관심이 있는 바이어가 발굴되면 바이어는 견적 또는 가격표를 요청한다. 소매판매용 완제품의 경우 납품 가격표를 작성, 제출해야 하는데, 보통 최소 주문량과 수량에 따른 차별 가격을 적용한다.

자동차나 기계 부품의 경우 설계 도면과 생산 개수에 따른 견적을 요청하는 경우가 많은데 바이어가 설계 도면과 견적 양식 및 결제와 배송 조건을 제시하면 이에 맞추어 견적하여 제출하면 된다.

일반적으로 소비제품의 경우 바이어와 가격과 수량, 결제 방법 등이 어느 정도 협의된 이후 바이어에게 견적송장(Proforma Invoice)을 작성하여 송부한다. 견적송장은 견적한 제품에 대해 상세히 기록한 것으로 회사명, 주소, 운송방법, 지불 조건, 품목설명, 수량 등 아주 세부적으로 작성을 요구한다.

회사에 따라 약간 다른 양식을 사용할 수 있으나 다음에 나오는 견본을 참고하면 된다.

3) RFQ(Return for Quotation) 제출 양식

일반적으로 자동차나 기계부품 납품 시 RFQ에 대한 견적서를 제출하는 양식은 보통 바이어가 제공한 양식을 활용하여 작성하면 된다. 만약 제공된 양식이 없다면 업체에서 사용하고 있는 기본 견적 양식을 활용하면 된다.

제품의 가격 견적은 가급적 자세하게 항목별로 구분하여 견적하는 것이 좋다. 예를 들자면 단조 제품을 견적하는 경우 원자재, 가공, 열처리, 이익 등을 세분하여 견적서를 작성할 것을 추천한다. 업체에 따라 온라인으로 견적서 제출을 요청하는 경우도 있으며, 요구 사항을 잘 숙지하고 명확하지 않은 사항이 있으면 반드시 바이어에게 문의하거나 재확인하여 작성하는 것이 좋다.

4) 주문서 입수 후 수출을 위해 준비해야 하는 서류들

고대하던 주문서인 P.O.(Purchasing Order)를 받으면 수출을 위한 생산뿐만 아니라 많은 수출 관련 서류를 준비해야 한다.

바이어와 작성하는 구매 계약서의 경우 보통 바이어가 준비하는 제품 납품을 위한 공급 계약서를 체결하며, 바이어 회사의 규모가 작을 경우 간단히 주문서인 P.O.로 대신하는 경우가 있다.

바이어의 P.O에는 구매 제품설명, 수량, 단가, 가격, 납품 기한 등뿐만 아니라 대금 결제 방법, 운송 조건 등과 같은 기본적인 거래 사항을 포함하고 있다.

한국 기업은 수출자이므로 제품 수출을 위해서는 기본적으로 상업 송장인 Invoice, 수출 허가 관련 서류 및 보충 서류인 원산지 증명서와 수출 사전 신고서 등의 작성이 필요하다.

운송 및 선적을 위해서 운송 적하목록을 작성해야 하며, 바이어에게 전달할 서류인 선하증권(Bill of lading), 상업송장(invoice), 포장 명세서(Packing List), 화물인도 지시서(Delivery Order) 등의 서류도 준비해야 한다.

이외에도 제품과 품목, 수출 국가별로 요구하는 다양한 서류가 있으니 관련 서류를 잘 준비해야 해당 국가 통관이 수월하고 예정된 시간에 제품이 바이어에게 배송될 수 있다.

<수출을 위한 주요 서류>

구분	주요 내용	주체
수출 계약	계약서, 상업송장(Invoice)	수출자
수출 허가 관련	원산지 증명서 수출 사전 신고서	수출자
운송 관련	적하목록	운송인
물품신고	선하증권(Bill of Lading) 포장명세서(Packing List) 화물인도 지시서(Delivery Order)	수입자

출처: 통합무역정보서비스

한국 업체인 수출자의 서류 준비가 미비하여 통관이 지연되거나 한국으로 다시 반송되는 경우도 많이 있다. 특히 닭고기, 돼지고기, 소고기 등 동물성 식자재 또는 식자재가 포함되어 있는 식품 관련 제품의 경우 모든 국가들이 통관 및 검역을 까다롭게 진행하므로 사전에 해당 국가에서 요구하는 서류를 준비하고 필요한 경우 해당 기관에 등록해야 한다.

예를 들자면, 미국의 경우 수입자가 외국 고기류가 함유된 가공제품을 수입하기 위해서는 농무성(Department of Agriculture) 산하 Food safety and inspection Service(FSIS)에 허가를 받는 절차 등이다.

또 한국 농산물을 미국에 수출하기 위해서는 사전에 수입 허용 품목인지를 확인하는 것이 필요하다. 허용 품목이라고 하더라도 감염되었거나 병충해가 없는 제품을 선별, 수출해야 통관될 수 있다.

7장

–

투자를 통한 해외진출과 검토사항

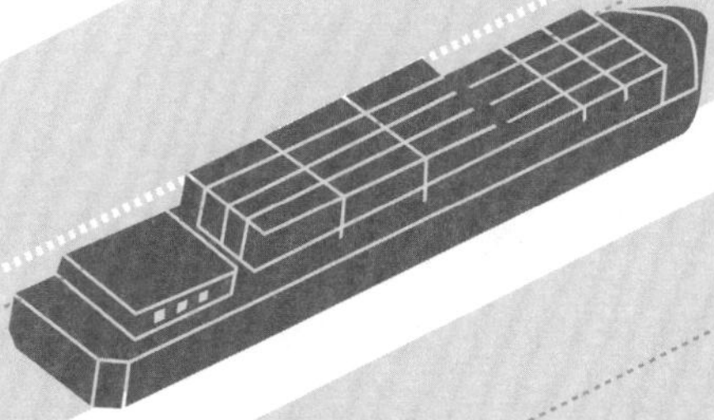

1. 현지 투자진출 필요성과 방법

1) 투자진출 필요성

한국 중소기업들도 수출이 확대되고 시장이 다변화하면서 단순히 해외에 수출하는 것에서 벗어나 현지 진출전략을 추진하는 기업이 많이 늘어나고 있다. 현지 진출전략은 국가 간 무역분쟁을 피하고 현지의 기업들과 안정적인 사업 파트너 관계를 구축하기 위해 해당 국가에 직접 생산 공장이나 현지 법인을 운영하는 방식이다.

현지에 직접 진출하는 가장 큰 원인은 현지의 낮은 인건비를 활용한 제품 생산 목적인 경우가 있으며, 물류비 또는 통상 압력에 따른 관세 부과 등과 같은 위험을 피하기 위해서이다.

해외 투자진출은 기업이 해당 국가에 생산 공장을 세우고 제품을 생산하여 해당 국가나 인근 지역 시장에 판매하는 적극적인 시장 진출전략으로 투자비용이 많이 드는 시장 공략법이다. 현지 시장 진출전략은 기업이 어느 정도 성장하고 수출 물량이 크게 늘어나면 해당 시장을 확대하고 안정적으로 관리하기 위해서 반드시 검토가 필요한 전략이다.

현지 시장 진출을 위해서는 많은 금전적 투자가 요구되기 때문에 사전에 면밀한 사전 조사와 치밀한 계획을 수립한 후 추진해야 한다.

2) 투자진출 방법

해외 투자진출에는 크게 두 가지 방법이 있다. 하나는 직접 신규 생산 공장을 건설하여 제품을 생산하는 방법이며, 또 다른 방법은 기존에 있는 기업을 인수·합병(M&A)한 후 해당 기업이 확보하고 있는 생산 설비와 마케팅 네트워크를 활용하여 빠른 시간에 시장 진출을 이루는 방법이다.

해외 기업 인수·합병의 경우 동종 업종이나 제품을 생산하는 기업을 인수하여 사업 규모를 크게 확대하는 전략이 있으며, 또 다른 방법으로는 시너지 효과를 거두기 위해 유사 또는 사업 확장성이 좋은 업종의 기업을 인수하기도 한다. 그러므로 기업의 해외시장 진출전략에 따라 그 전략과 방법이 정해져야 한다.

예를 들자면, 한국 자동차부품업체로서 자동차용 화스너를 생산하는 업체가 미국 OEM 자동차 업체에 납품하고 있는 화스너 업체를 인수·합병하여 미국 OEM 거래처를 확보하고, 이를 바탕으로 한국 생산 제품을 추가 납품하는 발판으로 삼는 전략이 있다. 두 번째는 한국의 금속 화스너 부품업체가 미국의 화스너 업체를 인수하는 것이 아니라 사업 다각화를 하고 확대하기 위해서 엔진 부품 전문 단조 회사를 인수하는 사례이다.

2. KOTRA 해외 기업 인수·합병 지원사업

KOTRA는 중소 또는 중견기업의 해외 진출 지원을 위해 다양한 서비스와 프로그램을 제공하고 있다.

현지 해외 무역관과 자문사를 활용하여 기업이 희망하는 타깃 산업 분야의 해외 매물을 발굴 지원하는 서비스부터 초기 조사와 실사 지원 서비스를 제공하고 있다.

또 국내외 인수 및 M&A 전문기관 연계 및 알선 업무를 통하여 국내 정책금융기관들과 협력하여 인수금융 조달을 지원하고, 국내 M&A 전문기관들과 연계하여 M&A 과정에 필요한 각종 지원을 제공하고 있다.

이 지원사업은 크게 세 가지이다.

① 해외 매물 발굴 지원

해외 M&A 목표가 명확한 국내 중소·중견기업 지원을 위해 타깃 지역의 무역관과 현지 자문사를 활용하여 매물 발굴을 지원

② 사전작업 및 프로젝트 진행 관리

해외 M&A 경험 부족으로 이를 주저하고 있는 국내 중소·중견기업을 위해 타깃 분야 기업의 정보조사, 자문사를 활용한 매물 발굴, 초기 단

계 기업가치 평가, 실사 가이드라인 제시 등 M&A 지원팀 전문가들이 M&A 과정 전반을 밀착 지원

③ 국내외 인수금융 및 M&A 전문기관 연계 및 알선

국내 정책금융기관들과 협업하여 인수금융 조달을 지원하고 국내외 M&A 전문기관들과 연계하여 M&A 과정에서 필요한 각종 지원을 제공

문의는 KOTRA M&A 지원팀(전화: 02-3497-1110)으로 하면 된다.

3. 투자진출 추진과 공장 설립 시 고려사항

1) 기업의 비전과 역량에 따라 진출 목적과 국가 결정

현지 진출 추진이 결정되면 가장 중요하게 검토해야 할 사항은 기업의 진출 역량과 목적에 따라 공장 위치를 선정하는 것이다. 공장 위치 선정은 해당 지역의 인건비, 인력수급 현황, 교통 물류 여건, 세제 혜택 등과 같은 인센티브, 고객 및 시장 접근성 등을 종합적으로 고려해 결정해야 한다.

한국 중소기업의 해외 진출 목적은 크게 3가지로 분류되고 있다. 첫 번째는 인건비가 저렴한 국가에 진출, 생산 거점을 목표로 하는 경우로 베트남, 방글라데시 등의 국가들이 주를 이루고 있다.

두 번째로는 해당 시장을 보고 진출하는 경우이다. 이경우는 관세 장벽 회피, 거래업체의 전략적인 현지 생산 요구, 물류비 절감 등의 이유로 현지에 진출하는 것으로 대표적으로 미국시장 진출이 좋은 예이다. 많은 한국 자동차 부품 기업이 미국 현지 생산을 위해 진출하였으며 지속적으로 증가하고 있다. 자동차부품업체의 경우 현대 기아차의 미국 현지 생산 진출로 인해 동반 진출 형태로 추진되었으며 추가로 미국 자동차 OEM에 납품을 통해 시장을 확대하고 있다.

세 번째로는 저렴한 인건비를 활용하여 제품을 현지에서 생산하고 그 생산된 제품을 현지 시장에서 판매하고 해외로 수출하는 진출전략이다. 과거 중국은 인건비 절감을 위해 진출했지만, 장기적으로 시장 접근성 때문에 진출한 경우가 더 많다고 할 수 있다.

2) 계획적이고 면밀한 시장조사 필요

해외 공장 설립을 위한 해외 투자는 기업에 많은 금전적 투자가 필요하므로 전략 추진 시 예측할 수 없는 제도적 또는 사업 환경적 위험 요인에 직면하게 된다.

해외 투자 지역에 대한 충분한 사전 조사를 위해서는 해당 시장 특성, 사업 환경, 관련 규제, 입지조건, 인력수급 및 인건비 등 사전에 체크리스트를 작성한 다음 조사항목을 정하고 조사를 실시하여 전체적인 사업성을 판단해야 한다.

해당 국가와 거래 및 사업 경험, 충분한 사전 조사를 했다고 해도 많은 시행착오와 장벽이 발생하기 때문에 사전에 면밀한 조사와 예상하지 못한 일이 발생하였을 때 대응할 수 있는 능력이 필수적으로 요구된다.

성공적인 해외 투자진출을 위해서는 가장 중요한 것은 장기적인 사업 계획과 사업성이 있느냐를 분석하는 것이다. 이와 같은 전략적 분석을 통해 해외 투자진출이 기업의 장기적인 성장 전략에 부합하고 사업성이 있는 경우에 한해 진출해야 한다. 물론 당장은 사업성이 미약하더라도 전략적으로 반드시 진출이 필요한 경우 위험을 감수하고 추진하는 경우도 있다. 이때는 경영진과 해외진출 실무자들과 충분한 협의를 위해 프로젝트 추진에 대한 신뢰관계를 구축하는 것이 필요하다.

사례 8 위험을 감수한 현지 진출에서 성공한 A사

A사의 경우 자동차부품을 미국에 수출하고 있는 업체로 수출 물량이 미국 현지에서 생산할 정도는 아니었다. 그러나 거래업체에서 미국에 물류시스템을 갖추고 현지에서 생산해줄 것을 요청하였다.

처음에는 현지 물류업체를 섭외하여 물류시스템을 구축하는 방안으로 추진하였으나, 물류비 절감 및 현지 고객 대응, 추가 물량과 고객 확보 가능성 등 현지 생산의 장점을 보고 위험을 감수하면서 현지 생산을 추진하여 수출의 한계를 극복하였다.

처음에는 간단한 부품을 한국에서 들여와 단순 조립과 품질관리 등만 현지 공장에서 추진하였으나, 주문 물량이 증가하고 물류비가 상승함에 따라 추가로 현지 부품 생산을 확대하여 현재는 대다수 부품을 미국 기업에 공급하고 있다

대다수 자동차 OEM 기업과 1차 공급업체들은 현지에서 기술 및 고객 지원이 가능한 업체와 거래하고 있으며, 거래 규모가 커지면 현지 생산을 통해 전략적 유대 관계를 강화해줄 것을 요청한다.

3) 현지 진출 성공 조건

성공적으로 해외 투자진출을 위해서는 해외 투자 절차를 이해하고 현지 시장의 규제 등과 같은 세부 사항을 잘 검토하여 꼼꼼하게 추진해야 하며, 필요한 경우 해당 전문가를 적절히 활용해야 비용이 들더라도 전체 프로젝트 추진 시간과 추가 비용을 줄일 수 있다.

<성공적인 해외 진출 방법>

성공적인 해외사업 진출을 위해

- 사업계획과 사업성 분석을 충실히!
- 해외투자 프로세스를 이해하자!
- 투자조사 항목과 방법을 이해하자!

출처: KOTRA 홈페이지

해외 투자를 이행하기 위해서는 크게 한국에서 해외 투자를 위한 신고 및 준비사항과 해외 진출 대상 국가의 시장, 지역, 노무, 규정 등과 같은 조사 준비가 필요하다.

한국 내에서 해외 투자진출을 위한 신고 절차와 준비는 사업별, 업종별로 약간의 차이가 있는데, 해외 건설업 진출이라면 해외 건설협회에 해외 진출 신고를 해야 한다. 일반적으로 해외 투자진출의 경우 외국환은행에 신고를 요구하고 있으며, 해외 직접투자 신고서, 사업계획서, 투자자 확인 서류 등을 제출해야 한다.

마지막으로 해외 투자를 위해서는 무엇을 조사하고 검토해야 할지 조사항목을 준비해야 한다. 조사하기 전에 조사항목을 정하는 것은 투자의사를 결정하는데 아주 중요한 자료가 되므로 사전에 충분한 내부적인 검토를 거쳐야 한다.

4. 해외 투자진출을 위한 조사항목

1) 4 가지 필수 조사 항목

해외 투자를 위한 조사항목은 크게 해당 국가의 일반환경, 투자환경, 산업환경, 판매환경 4개 부분으로 구성되어 있다.

판매환경의 경우 해외 직접투자가 제품을 생산하여 해당 국가에 판매할 목적이 아니고 제3국 수출이라면 조사 목록에 포함할 필요가 없다.

반면 미국시장 투자진출처럼 해외 직접투자진출 목적이 해당 진출 국가 시장에 판매하기 위해서라면 반드시 해당 국가의 마케팅 전략, 고객 확보 가능성 등을 검토해야 한다.

투자환경은 외국 기업의 직접투자진출 가능성과 사업 여건조사가 필요하다. 여기에 투자유치 정책 및 인센티브 지원, 투자 절차, 한국 및 다른 국가 기업의 진출 현황 등을 조사해 투자 결정 시 아주 중요한 자료로 활용할 수 있도록 해야 한다.

사업 환경의 경우 입지조건, 인건비, 조세, 회계, 투자법 등을 꼼꼼히 조사 파악해야 한다. 특히 인건비 및 노무 관련 사항은 기업의 생산 시설 운영에 절대적으로 높은 비용을 차지하므로 사전에 충분한 조사와 검토가 필요하다.

일반환경의 경우 해당 국가의 경제현황, 상관습 등 비즈니스 문화에 대해 기본적인 조사가 필요하며 여기에 정치적 안정성도 중요한 검토 항목이 될 수 있다. 아무리 인건비가 저렴하고 양질의 노동력을 확보하고 있다고 해도 정치적으로 불안한 국가는 언제든지 외국 투자 기업에 대한 정책이 바뀔 수 있기 때문이다.

<조사항목의 기본 골격>

투자 환경	→	▪ 경제전망, 투자정책, 투자절차, 진출사업 세부정보 등
생산 부문	→	▪ 입지, 노무, 조세, 회계, 투자법, 제조, 물류, 부품, 금융 등
판매 부문	→	▪ 4P(제품, 가격, 유통, 판촉)
일반 환경	→	▪ 국가개요, 문화, 한국 진출기업, 상관습, 비자취득 등

출처 : KOTRA 홈페이지

2) 현지 진출을 위한 조사 방법-정부 자료 및 현지 인터뷰 병행

조사 내용에 따라 다양한 자료원과 조사 방법이 활용되고 있다. 예를 들자면 미국 지역별 인건비 조사를 위해서는 미국 노동부 산하 노동 통계국

(Bureau of Labor Statistics: https://www.bls.gov/bls/blswage.htm) 웹사이트를 방문하면 된다. 이 사이트는 주별 또는 지역별 직종별 임금 정보를 얻을 수 있어 직접 지역별 임금을 비교할 수 있도록 각종 통계자료를 제공하고 있다.

해외 투자 관련 안내자료 및 해외 투자진출 관련 자료는 코트라 홈페이지에서 해외 투자 정보를 방문하면 다양한 자료를 찾을 수 있다. 그리고 몇 개 특정 잠재 지역이 정해지면 해당 국가나 해당 지역의 투자유치지원기관을 접촉하면 토지와 인건비 등 기초 비용 정보를 얻을 수 있다. 지역별 투자유치지원기관에 인건비나 임대료 등 지역별 각종 통계자료를 요구 또는 조사 요청할 수 있으며, 각 기관은 관련 규정 및 법규 등에 대한 정보도 제공하고 있어 조사 시 반드시 접촉해야 할 기관이다.

이러한 1차 조사는 조사항목에 따라 다양한 공개 자료를 활용할 수 있으며, 자료들이 충분하지 않을 경우 직접 개별 인터뷰 또는 현장 조사 등을 통해 필요한 세부 조사를 할 수도 있다. 특히 이미 현지에 직접투자로 진출한 업체에 문의하면 현지에서 필요한 노무, 세제, 현지 규정, 직원 관리 노하우 등과 같은 다양한 정보를 얻을 수 있다.

다양한 조사와 인터뷰 등을 통해 1차 조사를 하였다 할지라도 현지를 직접 방문하여 실사하는 것은 반드시 필요하다. 자체적으로 조사가 어려울 경우, 전문 기관에 의뢰할 수 있다. 특히 해외의 경우 폭넓은 해외 네트워크를 가지고 있는 KOTRA 조사를 요청하는 것도 하나의 좋은 방법이다.

해외 직접투자를 할 때 가장 중요한 사항은 법규나 규정, 인사 관리 등에 대해 한국과 동일하게 생각해서는 안 된다는 점이다. 문제가 발생했을 경우 한국에서든 되는데 왜 여기서는 안 되는지 의문을 먼저 품기보다는 현지 시장과 규제, 절차를 먼저 이해하고 이를 바탕으로 해결책을 모색하려는 노력이 필요하다.

5. 투자진출 유형

1) 시장기반형 현지 투자진출

시장기반형 현지 투자진출은 미국 현지 진출이 대표적인 사례이다. 미국의 관세 장벽과 운송비용 절감하고 해당 시장을 직접 공략하기 위한 미국에 공장을 건설하여 제품을 판매하는 방법이다. 과거 미국의 통상 압력을 극복하기 위해 많은 자동차 및 기계업체와 관련 부품업체 등 많은 일본기업이 미국 투자진출 방법을 택하였다.

한국 업체의 경우 현대 기아차의 현지 투자진출 확대에 따라 부품 협력업체들이 동반 진출한 사례가 많았다. 최근에는 미국 통상 압력 확대에 따라 한국 백색 가전 업체인 삼성과 LG전자가 미국에 생산 공장을 설립하였으며 관련 부품 업체들의 동반 진출도 증가하고 있다.

성공적인 대기업 동반 진출을 위해서는 초기에는 부품을 생산, 대기업 납품에 치중하다가 지속적인 마케팅을 통해 점차 다른 현지 기업들로 거래 범위를 확대해 장기적으로 자생할 수 있는 현지 시장 기반을 확보해야 한다.

대기업 동반 진출 외에도 수출 확대에 따른 고객사의 요구로 현지 투자진출을 하는 사례도 많다. 이 경우 고객사에 인접한 현지에서 부품을 생산하기 때문에 주문 후 1주일 내로 납품이 가능하다는 장점과 재고 물량을 창고에 많이 쌓아둘 필요가 없어 효율적인 생산과 운영이 가능하다는 장점이 있다.

미국 업체는 처음 거래부터 미국 물류창고 보유를 요구하거나 거래 물량이 증가하면 요구하기도 한다. 나아가 거래선 확대로 거래 물량이 더 많으면 장기적으로 미국 현지에서 생산을 요청한다.

<시장 기반 형 현지 투자진출 단계>

단순수출거래 → 현지물류센터 → 현지투자진출

사례 9 Y사의 성공적인 미국 투자진출

중장비 부품업체인 Y사는 단순 수출 거래에서 시작하여 수출 시작 10년 만에 규모는 작지만 현지 조립을 위한 생산 공장 설립을 위한 투자를 하였다. 미국 내 현지 생산을 통해 Y사는 단순 수출에 머무르지 않고 즉각적으로 수요에 대응할 수 있는 능력을 갖춘 기업으로 성장하였다.

미국 바이어들은 외국에서 생산되더라도 가급적으로 미국에 물류시스템을 가지고 있는 업체를 선호하고, 미국에 생산 공장을 가지고 있는 업체를 가장 선호한다. 어떤 OEM 업체는 미국을 포함한 북미에 공장을 가지고 있는 업체만을 신규 공급업체 기본 조건으로 하기도 한다.

Y사는 미국 수출 물량이 확대됨에 따라 바이어는 부품 배송 위험과 재고 부담을 줄이기 위해 미국 내 물류창고를 운영하는 것을 요청하였다. 그리고 품질 수준과 납기 준

수에서 높은 평가를 받아 납품 물량이 지속 증가하자 현지 생산하는 설비 투자를 통해 장기적인 핵심 부품 공급업체 관계를 희망하여 현지 진출 투자를 단행하였다.

고객사의 요청과 지속적인 물량 증가에 따라 Y사는 자연스럽게 현지 생산 공장에 투자하였으며 미국시장 매출을 크게 확대하는 발판이 되었다.

2) 생산거점형 투자진출

생산거점형 현지 투자진출은 일반적으로 인건비가 저렴한 국가를 대상으로 이루어지며 섬유산업과 같은 노동 집약적인 산업이 주종을 이루고 있다. 봉제업체가 인도네시아, 태국 등 동남아시아 지역이나 과테말라, 니카라과 등 중남미 지역에 진출하는 것이다.

저임금에 기초한 해외 투자진출은 시간이 지남에 따라 현지 인건비 상승으로 진출 유망지역이 변화하기도 한다. 1990년대에는 중국 진출이 대다수를 차지하였으나 중국 인건비가 빠르게 상승함에 따라 봉제업체들의 해외 진출은 베트남, 인도네시아, 방글라데시, 과테말라 순으로 직접 투자진출 지역이 변경되었다.

초기에 저임금을 이점으로 생산거점형 투자진출을 하였으나 해당 국가의 경제 규모가 커짐에 따라 시장 기반 진출로 전환하는 사례들도 있다. 이에 따라 과거의 낮은 인건비 중심의 진출전략에서 최근에는 소싱 다각화를 위한 원자재 수급과 운송비 등 다양한 분야를 종합 검토한 전략적 투자진출이 증가하는 추세를 보이고 있다.

3) 시장기반과 생산거점 확대를 위한 융복합형 투자진출

일정 수준의 경제 규모가 되거나 성장 가능성이 높은 국가에 진출하는 경우는 시장 기반과 생산거점을 염두에 둔 진출이라고 할 수 있다.

중국 시장의 경우 초기에 저임금을 기반으로 한 투자진출에서 지금은 대규모 시장과 생산거점의 복합적인 투자진출로 변경되었다. 최근 급성장하거나 성장 가능성이 높은 베트남을 위시한 동남아 국가들이 주로 이런 융복합형 투자진출에 해당한다고 할 수 있다.

<주요 국가별 직접투자 형태>

국가명	투자진출 유형
미국	시장진출형
베트남	시장진출 및 생산거점 융복합형
중국	시장진출 및 생산거점 융복합형
방글라데시	생산거점
과테말라	생산거점
멕시코	시장진출 및 생산거점 융복합형
인도	시장진출 및 생산거점 융복합형
폴란드	시장진출 및 생산거점 융 복합형

4) M&A를 통한 해외 진출

지난 20여 년간 한국 기업들의 규모가 커지고 글로벌 시장 진출이 확대됨에 따라 다양한 해외 투자진출이 이뤄지고 있다. 특히 선진국을 중심으로 해외 유망기업의 인수·합병(M&A)을 통한 해당 시장 진출이 활발해 지고 있다.

외국 기업 M&A는 해당 시장 진출의 교두보나 기술, 영업망을 확보할 수 있고, 같은 업종이 아닐 경우 연관 분야까지 시장을 확대할 기회로 활용되고 있다. 이는 또 해당 국가에 직접투자진출하는 것에 비해 시장을 빠르게 접근할 수 있는 장점이 있어서 자금력을 확보하고 있는 기업들이 적극적으로 해외 기업 M&A에 나서고 있다.

M&A를 통한 해외시장 진출은 많은 장점이 있음에도 한국 기업과 다른 M&A 한 기업의 경영방식이나 문화 차이 때문에 실패한 사례도 종종 발생하고 있다. 그러므로 M&A는 기업의 기술과 사업성 외에도 다양한 측면에서 검토가 필요하다.

사례 10 M&A 진출로 성공한 D사

D사는 중장비 하부 관련 부품을 생산하는 업체로 2001년 미국 전역에 8개 지점을 보유하고 있는 중장비 애프터마켓 부품 전문 대형 디스트리뷰터를 인수하였다. 이를 통해 D사는 과거 OEM 납품 위주에서 애프터마켓 부품까지 사업분야를 확대하였다.

D사는 이 M&A 전에 건설중장비 납품 위주로 사업을 하였으나 시장 확대를 꾀하고자 M&A를 통한 애프터마켓 시장에 진출하였다.

건설중장비 애프터마켓은 중장비를 판매하는 딜러를 통한 유통과 전문 부품 디스트리뷰터를 통해 판매되는 구조이다. 이 중 D사는 부품 전문 디스트리뷰터를 타깃을 삼아 마케팅을 하였다.

몇 년간 노력으로 D사는 디스트리뷰터에 납품하기 시작하였으며 꾸준히 판매 확대를 하며 애프터마켓 판매 비중이 높아졌다. D사는 거래하고 있는 디스트리뷰터 중에서 가장 많은 부품을 납품하고 있던 디스트리뷰터의 사장이 은퇴가 임박해지자 회사 매각을 희망한다는 정보를 입수하였다.

D사는 그 디스트리뷰터가 미국 전역에 판매망을 잘 구축하고 있고 오랫동안 영업을 해와 각 지점의 판매담당자들이 확보하고 있는 네트워크가 큰 자산이라는 판단으로 인수를 추진하였다. 또한 디스트리뷰터를 인수하면 자사 제품 마케팅을 좀 더 공격적으로 추진할 수 있고 사업 다각화와 시장 다변화를 통해 안정적인 기업 운영이 가능하다는 장점도 있었다.

6. 투자진출시 주요 검토 사항

1) 공장입지 선정

해외 진출 국가가 결정되면, 가장 신중하게 결정해야 할 사항이 공장입지 선정이다.

입지 선정을 위해서는 잠재 지역별 전기, 가스 등 에너지 비용을 포함한 인프라, 시장 접근성, 고객 접근성, 세제 혜택 및 인센티브, 인건비 및 인력수급 현황 등을 종합적으로 비교 검토하여 정해야 한다.

조사항목별 조사를 통해 최적의 입지조건을 선정하기 위해서는 동일한 기준의 통계자료를 사용해야 직접적인 비교가 가능하다. 즉, 생산직 초임 노동자의 시간당 인건비를 조사할 경우 미국 노동부의 직종별 코드를 활용해 지역별 같은 직종의 인건비 통계를 조사 비교해야 한다.

<직종별 코드 예시>

SOC*	직종
13-2011	Accounting Manager
51-9199	Production Worker
51-9041	Extruding, Forming, Pressing, and Machine Setters
51-9195	Molders, Shapers, and Casters
11-2021	Marketing Manager
11-3051	Production Manager

*standard occupational classification
출처: Department of Labor

만약 잠재 진출 지역이 같은 주 내에 여러 지역이라면 도시별 통계를 정부 기관에 요청하기보다는 주 정부의 투자유치 지원기관에 문의하는 게 좋다. 잠재 여러 지역에 대해 비교할 수 있는 통계자료와 지역별 장단점 정보를 얻을 수 있기 때문이다. 물론 각 도시의 투자유치 지원기관은 자기 도시에 기업을 유치하기 위해 가능한 자기 지역에 유리한 자료와 장점만 부각된 자료를 제공하기도 하므로 이를 유의해서 살펴보아야 한다.

또 하나 알아야 할 것은 공장부지나 전기료, 인건비가 무조건 낮은 지역에 진출할 필요가 없다는 점이다. 잠재 진출 지역이 너무 소규모 도시이거나 도시에서 너무 멀리 떨어진 곳에 위치한다면 인력 채용에 많은 어려움이 있을 수 있으므로 인건비를 비교할 때는 반드시 인력수급 현황도 같이 검토해야 한다.

그 외 다른 한국 기업이나 외국 기업의 투자 현황 및 업종, 투자 이유가 무엇인지도 조사하여 참고 자료로 활용하는 것도 좋다.

<공장입지 선정을 위한 기본적인 조사항목>

조사항목	조사 내용 및 기준
법인세	법인세율
인건비	직종별 구체적인 SOC(standard occupational classification) 제시 최저 임금 보험료(의료, 고용보험)
노동법	직원 채용과 해고 규정
전기료	월간 사용 전력 자료
가스 비	월간 가스 사용량 자료
부지 비용(구매)	필요 공장 부지 면적
부지 임대 비용	필요 공장 부지 면적
공장 건설 비용	공장 규모에 따른 단위 면적당 건설 비용
용수/하수 비용	사용 용수량 및 하수량
인센티브	법인세 유보 인센티브 현금 인센티브 고용 직원 훈련 비용 지원 공장 부지 제공 인센티브

미국의 경우 직접투자진출 시 추가로 고려해야 할 사항 중 하나는 시장 접근성 분석이다. 미국은 지역이 넓기 때문에 미국 내에서도 제품을 운송하기 위해서는 상대적으로 높은 물류비용이 발생하므로 고객뿐만 아니라 주력 시장 등을 고려하여 전략적인 입지 선정이 필요하다.

2) 노무

직접투자진출에서 또 다른 중요한 사항은 해당 국가의 노동법을 반드시 숙지하여 불필요한 노사 분쟁 위험을 피해야 한다는 점이다. 한국에서는 괜찮은데 현지 국가에서도 괜찮겠지 하는 막연한 기대는 하지 말아야 한다.

나라별로 노동 시간 및 노동 관행, 법규가 다르기 때문에 반드시 현지 노동법에 대한 이해와 숙지가 필요하며, 현지 노동법을 어겨 불필요한 소송에 휘말리지 말아야 한다. 현지 인력을 잘 활용하고 관리해야 생산성을 향상하고 성공적인 현지 진출의 원동력이 되므로 이를 위한 현지 시스템과 관행을 파악하는 노력과 관리도 필요하다.

또한 인력수급을 위해 적절한 채용 절차와 방법을 마련해야 하며 장기적인 인력수급과 필요한 경우 인력 양성을 위한 별도의 프로그램을 직접 또는 현지 직업 학교와 연계하여 운영할 필요도 있다.

노무관리에서 가장 중요한 것 중 하나는 인건비와 적절한 직종별 임금 수준을 관리하고, 각종 의료보험과 사회보장보험 관련 법규와 규정을 준수하는 것이다. 특히 같은 지역의 업체 수준이나 관행을 파악하여 적절한 지원프로그램을 확보, 운영하는 것도 중요하다.

7. 현지 인력 운영과 채용

1) 현지 인력 채용

해외 진출에서 가장 어려운 문제 중 하나가 적절한 직원을 채용하고 관리하는 일이다. 직원 채용은 현지 진출 목적별로 적합한 직원을 선발해야 진출 효과를 극대화하고 안정적인 기업 운영이 가능해진다.

일반적으로 기업들은 진출 초기에 보통 현지 법인을 설립하고 한국 본사에서 1명의 직원을 파견하여 기존 거래선을 관리하는 데 초점을 맞춘다. 그리고 신규 거래선을 발굴하고 현지 영업 확대 및 관리를 위해 현지에서 마케팅 경험 있는 직원을 채용한다.

여기서 한가지 결정해야 할 사항 중 하나는 한국어를 못하는 현지인을 채용할 것인지, 한국어와 현지어를 구사할 수 있는 교포 한인을 채용할 것인지이다. 한국어를 못하는 현지인을 채용할 경우 현지 시장과 마케팅 경험이 있어 신규 고객을 발굴하고 대응하는 업무에 적합하다. 한국어를 할 수 있는 한인 동포의 경우는 한국 본사와의 의사소통, 한국 기업 문화 이해 등에 유리한 면이 있고, 여기에 현지 마케팅 경험이 풍부하다면 다양한 직무 수행이 가능하다는 장점이 있다.

그러나 이러한 조건에 맞는 직원을 채용하기란 쉽지 않다. 특히 해외 진출한 중소기업은 언제든지 철수할 수 있다는 위험이 존재하므로 유능한 인력이 지원을 회피하고, 한국의 기업 문화에 익숙하지 않아 현지 채용 직원들이 적응하는 데 어려움이 있기 때문이다.

특정 국가나 지역에 따라 한인이 거주하지 않은 경우 현지인을 채용하는 경우가 많으며, 특히 생산 공장을 운영할 경우 현지인 채용은 생산직 부문에서 주로 이루어지기도 한다.

사례 11 한인 동포 채용을 통한 현지화 성공

R사는 기계를 생산 판매하는 업체로 미국 진출 초기에 판매 담당을 한인 동포로 채용하였다. 그 직원은 한국 본사의 전폭적인 지원과 신뢰를 바탕으로 수출 성과를 창출하였고 근무를 시작한 지 15년이 된 현재는 미국 지사 총 책임자로 근무하고 있다.

이러한 성공 사례의 가장 큰 원천은 상호 신뢰관계 구축과 노력, 한국 본사의 미국시장 진출에 대한 의지와 장기적인 지원이다. 또 진출 초기 3년간 별 성과 없이 판매 부진으로 미국 지사 운영이 적자를 기록하고 있음에도 경영진이 세계 최대인 미국시장을 포기하지 않고 매출 증진과 시장 다변화 전략을 추진한 것도 성공의 또 다른 요인으로 작용했다.

R사는 한국과 미국의 기업 문화 차이를 이해하고 시장 현황을 파악하고 있는 한인 동포를 채용, 활용함으로써 기업 문화 차이에서 벌어지는 의사소통 문제를 해결할 수 있었다. 그 직원은 현지 거주 한인이어서 R사는 직원을 한국에서 파견할 경우 지원해야 하는 주택 지원비 등을 절감할 수 있었고, 일정 시간이 지나면 한국 본사 복귀로 인해 업무 공백이나 단절을 최소화할 수 있었다.

이 외에도 한인 동포 채용은 현지 법규 및 규정에 익숙하여 세일즈 인력 관리나 의사소통 등에서 한국 본사에서 파견된 직원보다 원활하게 관리한다는 장점도 있었다.

2) 현지 직원 채용 방법

현지 인력 채용은 주로 주변 소개와 추천, 구인 광고를 통해 이루러진다.

① 인력 채용 광고와 인터뷰

인력 채용 공고는 구인 광고를 게재할 수 있는 전문 구인 사이트 활용이 일반적이다. 미국의 경우 최근에는 www.linkedin.com이라는 사이트에 일정 비용을 지불하고 구인 광고를 하고 있다. 구인 사이트가 아니라면 현지 신문 또는 잡지에 구인 광고를 게재할 수도 있으며 한인 교포 채용을 희망할 경우 현지 한인 신문이나 잡지에 구인 광고를 내면 된다.

전문 세일즈랩을 구할 경우에는 세일랩 협회(www.manaonline.org) 웹사이트에 광고를 낼 수 있으며 세일즈랩 회원 사를 대상으로 직접 이메일 또는 전화를 통해 적격 업체를 발굴할 수 있다.

그 외 방법은 소개, 인터넷 등의 활용, 대학마다 있는 직장 알선 사무소(job placement office) 의뢰, 전문적으로 직장 알선을 하는 업체(employment agency, recruiter, head hunter) 활용 등이다. 직업 알선

업체를 이용할 경우 나이, 성별 등 의뢰인이 요구하는 자격 요건을 갖춘 후보자들을 선별하여 보내주는 장점이 있지만, 수수료가 보통 연봉의 10~15% 정도이며 핵심 직원을 뽑는다면 연봉의 30%까지 요구하기도 한다.

인력 채용 광고 시 주의할 것은 성별, 사진, 인종 등 채용에 편견이나 차별적 문구가 들어가지 않아야 하므로 해당 광고의 고용차별 금지법을 위반 여부를 점검해야 한다. '한국계 미국인 우대'와 같은 문구는 명백한 차별 행위이므로 주의해야 하고, 지원자 개인 신상에 관련된 업무 자격 요건을 설명하는 것은 차별 행위가 아니라는 사실도 알아야 한다.

한 가지 더 주의해야 할 점은 이러한 차별 금지 원칙을 헤드헌터나 리크루터와 상담을 할 때도 지켜야 한다는 사실이다. 한국 모 대기업의 미국 법인에서는 리크루터에게 "흑인을 보내지 말아달라"고 요구했다가 리크루터에게 고소당하여 벌금을 낸 사례도 있다(http://www.withustax.com/comm/bbs/board.php?bo_table=sub4_2&wr_id=23).

또 채용 공고를 낼 때는 Job title, Responsibilities, Qualifications, Supervisor 등 Job description도 명확히 해야 한다.

캘리포니아 주 정부는 미국에서 직원을 채용하기 전 인터뷰에서도 질문해도 되는 것과 안 되는 내용을 상세하게 제공하고 있으며, 다른 주들도 이와 유사한 가이드라인을 제공 하고 있다.

<채용 인터뷰 시 주의사항>

1. 이름: 여성의 결혼 전 이름 (Maiden name)은 질문 불가

2. 주소: 자기 집인지 렌트인지 질문 불가, 주소는 질문 가능

3. 연령: 나이, 생일, 졸업일, 입학일, 40세 이상을 알아내려는 질문 모두 불가. 그러나 취업할 수 있는 나이인지는 질문 가능

4. 출생지: 구직자나 구직자 부모, 배우자, 친척의 출생지는 질문 불가

5. 출신국가: 출신국가, 조상, 국적, 부모나 배우자의 국적은 질문 불가

6. 영어 외의 언어가 업무수행에 관련이 있다면 구직자가 읽고, 쓰고 말할 수 있는 언어에 대해서는 질문 가능

7. 종교: 구직자의 종교나 그 종교에서 지켜야 하는 휴일에 대한 질문 불가

8. 결혼: 구직자의 성별, 결혼 여부, 자녀의 수나 나이, 구직자의 임신 여부, 출산, 피임에 대해 질문 불가, 성인 구직자의 친척·배우자·자녀의 이름이나 주소도 질문 불가. 단 구직자가 미성년자이면 부모의 이름·주소는 질문 가능

9. 인종: 구직자의 인종, 얼굴색, 성적 취향, 머리나 눈 색깔에 대한 질문 불가

10. 신체적 특징: 구직자의 신장이나 체중에 대한 질문 불가. 한국식으로 채용신청서에 사진을 붙인 제출 요청 불가. 고용 전이지만 채용 인터뷰 후에도 사진 제출 요청 불가

11. 신체적·정신적 장애: 업무수행에 관련된 일을 할 수 있는지를 알기 위해서가 아니라면 구직자의 일반적 건강, 신체조건, 정신적·육체적 장애에 대해 질문 불가. 채용 전에 심리·신체검사를 받도록 강요할 수 없음.

12. 체포·범죄기록: 업무수행과 관련 기소되었는지는 물어볼 수 있어도 체포 기록에 대한 일반적 질문은 불가

13. 병역: 미군에 복무했을 당시 습득한 업무 관련 기술에 대해서는 물어볼 수 있지만 군복무 기간이나 제대·퇴역 유형에 대한 질문은 금지. 외국 군대 복무에 대한 질문도 불가

14. 클럽·조직 활동: 구직자가 소속된 조직, 클럽 같은 취미활동에 대한 일반적인 질문도 불가

15. 추천: 구직자의 연령이나 인종에 대한 정보를 추측할 수 있는 구직자의 이전 고용주나 지인들에 대한 질문 불가

15. 비상시 연락처: 비상시나 사고 시 연락할 사람의 이름과 주소는 물어볼 수 있어도 그 사람과의 관계에 대해선 물어볼 수 없음.

출처: 미주판 중앙일보[김해원/변호사(Law Offices of Elliott Kim)]

② 현지 학교나 직업훈련소와 연계

생산직 및 사무직 인력 채용의 경우 진출 지역별로 현지 대학 또는 정부기관이 지원, 운영하는 직업훈련소와 연계하여 인력 채용 프로그램을 활용하는 것도 필요하다.

진출 지역의 투자유치 기관이나 해당 정부는 일자리 창출이 1차 목표이기 때문에 인력 채용 관련 지원 및 서비스를 가장 우선해서 지원하며 신규 채용 직원 교육에 필요한 재원을 지원해 주기도 한다.

제조업체가 현지 생산 공장을 건설 운영할 경우 필요한 생산직 인력수급 지원을 위해 현지 정부의 투자유치 프로그램을 활용하면 직원 교육비 등을 지원받을 수도 있다.

켄터키 주의 경우 제조업체 인력 채용 및 직원 교육을 위해 정부에서 크게 Grant-in-Aid(GIA) 프로그램과 Skilled Training Investment Credit(STIC)와 같은 2가지의 인센티브를 제공하고 있다. GIA의 경우 직원 교육에 드는 비용을 현금으로 보조해 주는 프로그램으로 연간 약 430만 달러 정도 책정되어 있고 업체별로 최저 6,000달러에서 최대 75,000달러까지 지원받을 수 있다. STIC 프로그램의 경우 연간 250만 달러 예산이 책정되어 있으며 GIA와 같이 최저 6,000달러에서 최대 75,000달러까지 받을 수 있지만, 다른 점은 현금 지원이 아니라 세금 공제 혜택이라는 점이다.

켄터키주 외에도 많은 주들이 제조업체나 기술 산업 유치를 위해 유사한 형태의 인센티브를 제공하고 있으므로 투자 지역을 선정할 때는 반드시 해당 지역의 투자 인센티브를 조사, 비교할 필요가 있다.

8. 수출인큐베이터 입주를 활용한 현지 진출

현지 진출 비용을 절감하고 각종 법률 및 현지 기업 운영 자문이 필요한 중소기업이라면 KOTRA와 중소기업진흥공단에서 운영하는 수출인큐베이터 입주를 추천한다. 특히 현재 어느 정도 수출이 이루어지고 있으나 현지 진출을 통해 수출 확대를 희망하는 업체가 이를 활용한다면 현지 관련 정보를 공유하고 지원받을 수 있어 아주 효율적이다.

1) 수출인큐베이터 사업이란?

수출인큐베이터 사업은 중소기업이 효율적으로 수출판로를 개척하고 해외시장으로 진출할 수 있도록 지원하는 사업이다.

이를 위해 미국, 유럽, 중국 등 해외 주요 교역 중심지에 수출인큐베이터를 설치하고, 현지 마케팅전문가와 법률·회계 자문, 사무공간 및 공동 회의실을 제공함으로써 중소기업이 해외진출 비용을 줄이고 조기에에 정착할 수 있도록 지원하는 프로그램이다.

신청대상 기업은 제조업전업률 30% 이상인 제조업 또는 도매 및 서비스업을 영위하는 중소기업이다.

수출인큐베이터 설치 지역은 수요가 많은 시장을 중심으로 미국, 중국을 포함한 14개국 22개소에 개소되어 운영되고 있다.

2) 입주 부담금

수출인큐베이터 입주업체로 선정되면, 입주 보증금 500만원을 내고 월 임대료를 부담하면 된다. 월 임대료는 사용 면적과 설치 도시의 물가 수준에 따라 차이가 있다.

일반적인 월 사무실 임대료는 1년 차 입주업체를 기준으로 적게는 알마티 수출인큐베이터 10만원부터 높게는 싱가포르 수출인큐베이터 41만원까지 다양하다. 월 사무실 임대료는 입주 첫해에 원래 임차비의 20% 정도를 입주업체가 부담하는 것으로 산정되었으며, 2년 차에는 50%, 3, 4년 차에는 100% 식으로 입주 연차에 따라 입주업체 부담 금액이 높아진다. 임대료 외 추가적인 전화, 인터넷, 전기 사용 및 관리비 등도 입주업체가 부담해야 한다.

3) 주요 세부 지원사항

수출인큐베이터에 입주하면 업체별 약 3~4평 개별 사무 공간과 책상 의자, 전화, 인터넷이 제공되고, 회의실과 소형창고 등도 공동으로 사용할 수 있다.

해외수출 마케팅을 위해 전문 컨설팅 서비스, 현지 마케팅 전문 직원을 통해 시장 정보 수집과 분석 서비스도 제공되며 필요에 따라 법률 및 회계 고문의 자문 서비스도 받을 수 있다.

또 KOTRA 해외 마케팅 사업을 활용한 바이어 발굴, 유망 전시회 참가 등과 같은 서비스도 받을 수 있다.

<주요 지원사항>

서비스	내용
사무공간 제공	· 개별 사무공간(3~4평)과 공동회의실 창고 등 · 사무용 집기, 전화, 인터넷 등
전문컨설팅 지원	· 마케팅전문가에 의한 시장정보 수집, 분석제공 · 법률 및 회계 고문의 자문 · KOTRA 해외마케팅사업 활용을 통한 수출 마케팅 지원(현지 시장조사, 바이어 발굴, 유망전시회와 상담회 참가, 공동물류 센터 이용 등)
중소기업 수출사랑방 지원	· 단기 출장 중소기업 지원-1회 최대 14일, 연간 30일 범위 내 사무공간, 서비스 및 행정지원

출처: KOTRA 홈페이지

4) 신청 방법

선정 절차는 먼저 온라인에서 신청서를 작성 접수하면 된다. 신청서는 경영 평가, 제품의 시장성 및 수출 실적, 파견 예정자의 능력 등 현지 진출 지원 인프라 구축 현황, 수출인큐베이터 활용 효과, 유망중소기업 지정 등 가점 지표를 종합적으로 검토 평가한다.

그다음 신청 현지 수출인큐베이터의 시장성 평가를 통해 의견을 수렴하고 이를 종합적으로 평가한 후 선정하는 절차를 거치게 된다.

신청은 중소기업진흥공단 홈페이지에서 할 수 있으며 웹사이트와 문의처는 다음과 같다.

http://hp.sbc.or.kr/websquare/websquare.jsp?w2xPath=/SBC/renew/comm/intro/intro_incu_online.xml

- 문의처
  * KOTRA 유망기업팀 / 02-3460-7430
  * 중소기업진흥공단 해외사업팀 / 055-751-9682
  * 참고: 입주신청과 접수 문의는 중소기업진흥공단으로 연락

<입주업체 신청 및 선정 절차>

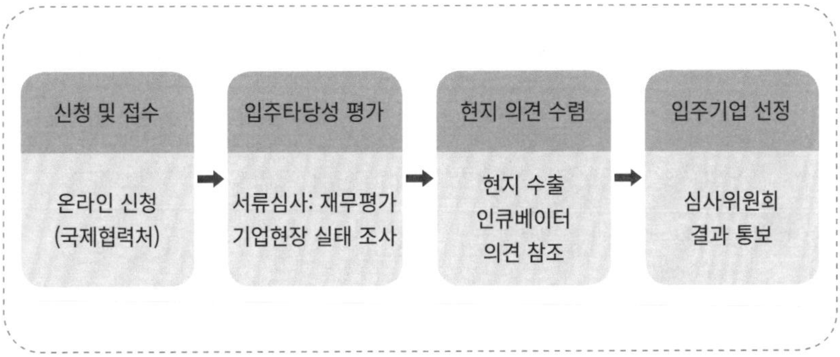

출처: 중소기업진흥공단 홈페이지

5) 수출인큐베이터의 이점

앞서 언급한 것처럼 수출인큐베이터는 현지 진출 초기에 적은 비용으로 현지 사무실 운영비용을 줄일 수 있는 최적의 방법이라고 할 수 있다.

실질적으로 수출인큐베이터를 활용한 많은 기업들이 입주 전에 비해 해외 수출 마케팅에서 큰 효과를 거두는 것으로 나타났다. 중소기업진흥공단에서 발표한 자료에 따르면, 수출인큐베이터 입주한 업체들은 입주 전보다 평균 약 50% 매출 증가율을 기록하였고 99%의 수출 증가율을 기록한 곳도 있었다. 신규 바이어 발굴 건수도 약 190% 증가하였고, 신규 바이어 발굴 기간은 약 2.6개월 정도 단축된 것으로 집계되었다.

조사 결과에서 보듯이 대다수 수출인큐베이터 입주업체들은 입주 후 수출이 확대되고 현지 국가 진출을 통해 바이어 발굴 건수를 늘리는 것은 물론 바이어 발굴 기간이 크게 줄어들었다. 이렇듯 입주기업들은 수출인큐베이터의 가장 큰 이점으로 저렴한 현지 해외 사무소 운영비용, 현지에서 바이어 발굴과 고객관리의 수월성을 꼽았다. 이러한 이점을 활용, 입주업체들은 수출이 크게 증가하는 효과를 거두었다.

또한 수출 인큐베이터 입주는 이런 혜택 이점 외에도 현지 마케팅 지원 컨설팅과 현지 법률 상담 등도 받을 수 있어 거래에 필요한 계약서 작성과 검토에도 큰 도움이 되고 있다.

사례 12 수출 인큐베이터 활용으로 성공한 P사

P사는 측정장비를 생산하는 업체로 제품 특성상 단기간이 아니라 최소 3년 정도 현지 제품 홍보와 마케팅이 따라야 거래가 성사되는 업체였다.

비용 문제 등으로 머나먼 미국시장으로 자주 출장 나올 수 없는 P사는 장기간 지속적으로 미국시장을 공략하기 위해 비용을 절감할 수 있는 수출인큐베이터 입주를 통한 현지 진출전략을 수립하였다.

인큐베이터로 미국 현지에 나온 P사는 잠재 바이어가 발굴되면 즉시 미팅을 잡고 본사에서 지원 출장을 갔으며, 거래에 문제가 발생하면 현지에서 즉각적으로 대응하면서 높은 신뢰관계가 구축됐다.

P사는 또 지속적인 마케팅을 통해 브랜드 인지도를 높이고, 전시회 참가를 통한 홍보, 신규 바이어 발굴, 사후 관리를 통해 성약으로 이어지도록 적극적으로 현지에서 대응하였다.

미국 업체들은 해외 기업과 거래하기를 주저한다. 특히 미국 현지에 마케팅 및 현지 대응 직원이 없을 경우 거래를 이루기에 더욱더 큰 장애 요인이 된다.

P사는 입주하여 3년 동안 현지 시장 공략을 위해 노력한 결과, 금액이 크지는 않지만 성약이라는 성과를 창출하였고, 납품을 위한 계약서나 다른 마케팅 자문도 받을 수 있어 인큐베이터 입주가 큰 도움이 되었다.

P사는 현지 마케팅을 추진하면서도 어려움이나 문제가 있을 경우 수출인큐베이터 상주 직원들의 직접적인 도움과 전문가 소개로 시행착오 없이 최상의 해결책을 마련하고 대응할 수 있었다.

9. 현지 컨설팅업체 활용법

현지 진출은 다양하고 방대한 조사가 요구되고 있으며 현지 사정에 어둡고 현지 시장과 각종 규제와 법규에 대한 이해가 부족한 상황에서 추진하다 보면 많은 시행착오와 시간, 비용이 발생하는 경우가 많다.

이러한 시행착오를 줄이기 위해 서는 현지 사정을 잘 알고 있으며 그 동안의 사업 경험을 통해 축적된 노하우를 가지고 있는 컨설팅업체를 고용하여 활용하는 경우가 많이 있다.

사실 현지를 잘 아는 컨설팅 능력을 가지고 있는 사람의 도움을 받으면 수월하게 현지 진출을 추진할 수 있다는 것은 모든 기업들이 잘 알고 있다.

문제는 실력 있고 유능하면서 비용이 저렴한 컨설팅업체 또는 인력을 채용하는 것이 어렵다는 것이다.

필자는 과거 많은 중소기업이 컨설팅업체 또는 컨설팅 업무를 하는 사람을 잘못 고용하여 사업이 별 진전도 없이 금전적 피해를 보았다고 불평하는 중소기업들은 많이 만나 봤다.

불평하는 업체들의 공통점은 경험이 없는 회사를 채용한 것도 문제 이지만, 자신들이 어느 정도 현지 사정을 파악하고 같이 계획을 수립하여 명확한 지원 항목을 정하지 않고 알아서 해주기를 기대한 경우가 많이 있었다.

따라서 컨설팅업체 또는 인력을 활용할 경우 명확한 세부 업무 분야 및 필요 사항을 요청하고 관련 업무나 내용을 지원 받는 방향으로 추진해야 한다.

즉 현지진출에 필요한 정보를 정리하고 자체 조사할 수 있는 분야와 컨설팅이 필요한 분야를 세부적으로 분류하여 꼭 필요한 부분에 대한 것만 컨설팅업체에 지원 받는 것이다.

이렇게 하면 컨설팅 비용도 절감하고 현지 진출 업무에 대한 주도권을 가지고 일정에 맞춰 추진할 수 있기 때문이다.

컨설팅업체는 잠재 진출 지역과 산업 , 한국 업체를 이해하면서 현지를 잘 알고 전문적으로 능력을 갖춘 회사를 선임 해야 한다. 잘못된 정보를 바탕으로 의사결정을 하고 해외 진출이 잘못된 방향으로 추진되면 추후에 변경하고 수정하데 많은 시간과 비용이 들기 때문이다.

사례 13 컨설팅 인력 활용으로 현지 진출 어려움을 극복한 위한 L사

중소기업인 는 자동차 및 기계, 중장비 금속가공 부품을 생산 수출하는 업체로 현지 진출을 위해 현지 컨설팅업체와 컨설턴트를 활용하여 어려움을 해소하였다.

수출 중소기업이 수출액이 증가하여 글로벌 기업 또는 1차 공급업체와 거래를 하게 되면 현지 수요 및 기술 영업과 사후관리 대응을 위해 바이어들은 현지 사무소 설립을 요구한다. 그러나 인력과 자금력이 충분하지 않은 중소기업 입장에서 초기부터 한국에서 직원을 파견하고 사무실을 임대하기에는 어려운 점이 있다. L사도 이러한 난관에 부닥쳤다.

L사는 초기 진출 추진 시 초기, 중기, 장기로 나눠 단계별 계획을 세워 대응하였다.

초기단계는 1-3년, 중기단계는 3-6, 장기단계는 6년에서 10년으로 나누어 현지 진출을 완성하고 현지 생산 공장을 건설하여 제품을 생산하는 단계를 계획하였다.

계획에 따라 L사는 진출 초기 단계에서 현지 세일즈와 기술 지원을 하고 문제 발생 시 현지 대응할 수 있는 현지 인력을 채용하였다. 현지 채용 인력은 경험이 많고 비용 부담이 덜한 은퇴 인력을 채용하였다. 은퇴 인력의 경우 파트타임으로 고용하면서도 경험 많은 현지 영업 노하우를 습득할 수 있었고, 인건비는 그 정도 경력자의 절반 정도에 불과하였다. 은퇴 인력은 또 현지 진출을 위해 필요한 법인 설립 및 다양한 준비를 지원하거나 필요한 사항에 대해서도 자문해 주었다.

이 단계에서 L사는 KOTRA에서 운영하는 비즈니스 인큐베이터에 입주하여 사무실 임대 비용도 크게 절감하였다.

L사는 중기단계에서 수출 확대에 따라 한국 본사에서 현지에 직원을 파견하여 본격적으로 수출 마케팅 업무를 지원하고 보조할 3년 업무 경력 직원을 채용하여 현지 수요에 대응하는 전략을 추진하였다.

L사는 이렇게 단계별 현지 인력 및 사무실 운영 계획을 수립하고 최소의 비용으로 최적의 효과를 내는 방법을 통해 비교적 순조롭게 현지 진출에 성공하였다.

L사와 달리 구체적인 계획과 전략 없이 적극적으로 시장을 공략한다는 목표 하나만으로 한국 본사에서 현지에 인력을 파견하였다가 비용 대비 성과가 저조하여 다시 철수하는 기업도 많다.

8장

–

해외시장 진출전략

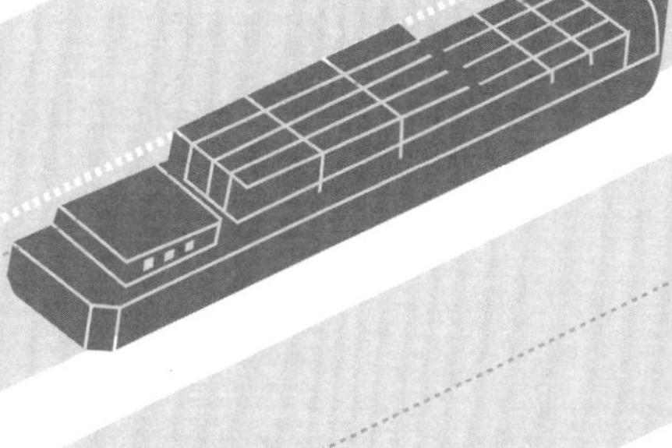

1. 전략수립 절차

마케팅 전략을 수립하기 위해서는 다양한 사항과 변수를 검토하고 수많은 시장 및 기업 분석 도구를 활용하여야 한다.

전략수립에 들어가면 어떻게 간단하고 이해하기 쉬우면서도 효율적으로 시장과 제품, 경쟁자를 분석하고 전략을 수립할지 고민이 커질 수밖에 없다. 이러한 고민을 통해 효과적인 시장 진출전략을 수립하려면 계획이 중요하다. 단순하고 꼭 필요한 것부터 우선순위를 두고 전략수립을 하는 계획과 준비가 필요한 것이다.

다음 그림을 보면, 마케팅 전략 수립에는 아주 다양한 변수를 검토 분석해야 하며 여러 요인들이 복잡하게 연결되어 있는 것을 알 수 있다.

특히 전략수립 경험이 많지 않은 사람이라면 무엇을 먼저 어떻게 시작해야 할지 어렵게만 보인다. 여기서는 누구나 쉽게 이해하고 덜 중요한 검토 항목을 과감히 배제하는 방법으로 꼭 필요한 항목과 핵심적인 절차를 제시하고자 한다.

<전략수립을 위해 고려해야 할 다양한 변수들>

기본적인 마케팅 프로세스 및 전략수립은 3C, SWOT, STP, 4P 등 4단계로 이루어진다. 환경 분석(다음 그림 〈마케팅 전략수립을 위한 절차〉 점선 박스)을 위해 3C, SWOT 분석을 하고 마케팅 전략수립을 위해 STP를 분석한다. 마지막으로 실행계획 수립을 위해 4P를 활용하는 것으로 이해하면 된다.

마케팅 전략수립을 위한 순서는 가장 먼저 환경 분석이다. 환경 분석은 Company(회사), Competitor(경쟁자), Customer(소비자)로 구성된 3C 분석이 주로 사용된다. Company는 회사의 목표와 역량을 검토 분석해야 하며, Competitor은 현재와 향후 미래에 나타날 경쟁자를 분석하고, Customer는 수요를 파악하여 시장의 존재 또는 가능성을 분석해야 한다.

또 다른 환경 분석 도구로 가장 많이 사용되는 SWOT 분석을 통해서는 기업 내부와 외부 환경을 분석할 수 있다. 환경 분석이 완료되면 이를 토대로 STP 전략수립을 해야 한다. STP 전략수립은 Segmentation, Targeting,

Positioning으로 구성되어 있다.

Segmentation은 시장 또는 고객을 세분 시장으로 나누고, 나누어진 세분 시장을 분석하여 타깃 시장을 선정하는 Targeting, 타깃 시장별 브랜드 위치 등을 정하는 Positioning을 토대로 전략수립을 해야 한다.

환경 분석을 통해 수립된 전략을 실행하기 위한 구체적인 마케팅 실행계획은 Product, Price, Promotion, Place인 4P를 기준으로 세우면 된다.

<마케팅 전략수립을 위한 절차>

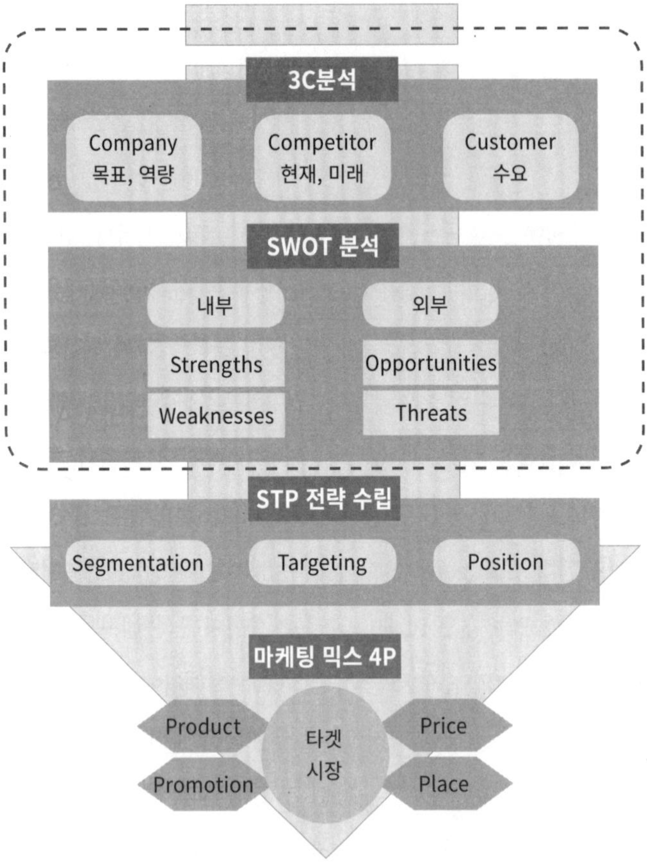

2. 진출전략 수립 방법

해외수출 또는 진출을 위해서는 전략이 필요하다. 이 책 앞에서 언급한 조사 내용들은 어떻게 보면 추후에 진출전략 수립을 위해 조사 분석한 것이다.

효율적인 전략수립을 위해서는 제품과 시장, 회사 역량에 따라 필요한 조사항목 및 분석 도구를 사용하여 전략을 수립하면 된다. 그러나 SWOT 분석이나 마케팅 믹스 4P는 전략수립 시 가장 기본적인 시장과 제품 분석 도구이므로 반드시 활용하는 것이 좋다.

1) 3C 분석 활용

3C 분석은 전략적 분석을 위해 가장 기초이자 시작 단계라고 할 수 있으며 이 분석이 잘되어야 구체적이고 성공 가능성이 큰 마케팅 전략을 수립할 수 있으므로 항목별 자세한 분석이 필요하다.

3C는 Company(회사), Competitors(경쟁자), Customers(고객)로 구성되어

있으며 마케팅 전략을 수립하기 위해 세 부분이 만나는 공통 부분을 찾는 과정이라고 할 수 있다. 따라서 3C는 시장의 가장 일반적인 기본 구성 요소라 할 수 있으며 항목별로 자세히 알아보면 다음 그림과 같다.

<3C 구성 항목>

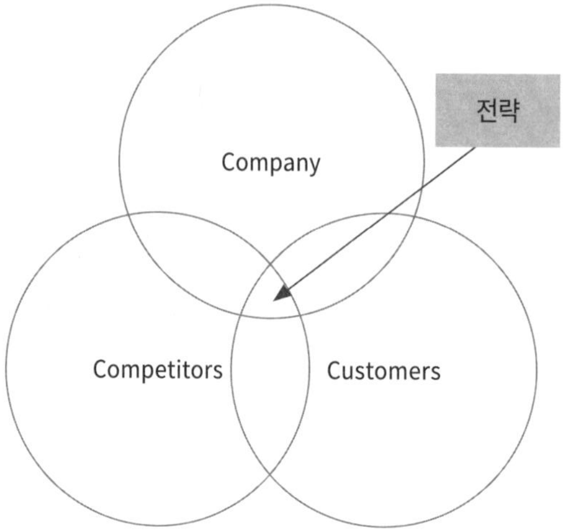

① Company: 수출전략 수립을 위한 내부 검토사항

시장조사와 분석이 이루어졌으면 희망 타깃 시장이 정해지고 시장 진출전략을 준비해야 한다. 사실 진출전략은 거창한 것이 아니라 조사와 분석된 내용을 바탕으로 어떻게 하면 수출을 할 수 있는가에 대한 추진 방안으로 생각하면 된다.

해외 진출전략 수립에 검토해야 할 사항은 내부적으로 회사 현황, 제품 분석, 지출 가능 예산, 인력 등에 대한 회사 역량 분석이다.

첫 번째는 회사 상황은 경영층의 해외수출 의지, 기업의 경영전략 방향, 현재 수출 현황 등을 종합적으로 파악하여 전략수립에 활용해야 한다. 아무리 좋은 전략이라고 하더라도 회사 경영전략과 맞지 않아 사업 추진에 어려움이 있다면 성과 창출도 힘들 수 있다.

두 번째는 제품이 현재 해외시장에서 잘 판매될 만한 제품인가? 그리고 인증이 확보되어 해당 시장 진출에 문제가 없는가? 수출이 되면 생산 및 공급에 문제가 없는가? 등을 검토해야 한다.

세 번째는 예산 관련 문제이다. 해외수출 마케팅을 위해서는 주요 전시회 참가, 다수의 해외 출장 관련 예산이 필요하다. 이 중에서 해외 전시회 참가는 큰 비용이 소요되기 때문에 사전에 전시회 참가를 위한 예산 확보 가능 여부를 확인해야 한다.

마지막으로 수출전략 추진을 위해 인력을 확보하고 있는지이다. 아무리 좋은 전략이 수립되었다고 해도 이를 지속 추진할 만한 인력이 확보되지 않으면 노하우가 축적되지 않고 성과 창출도 어렵기 때문이다.

〈수출전략 수립을 위한 내부 검토사항〉

1. 회사: 경영층 의지, 경영 전략
2. 제품: 경쟁력 있는 제품, 인증, 생산 및 수급
3. 예산: 전시회 참가 및 출장 관련 예산
4. 인력: 마케팅 전문인력 확보

② Competitors: 경쟁자 분석은 사업의 현재와 미래

고객은 항상 우리 회사 제품을 구매할 것인지 아니면 경쟁업체 제품을 구매할 것인지 선택권을 가지고 있다. 따라서 기업들은 경쟁자들에 비해 자기만의 독특한 가치를 확보하고 있어야 한다.

따라서 경쟁자 분석을 위해 다음과 같은 질문에 대한 대답과 분석이 필요하다.

- 누가 우리의 경쟁자인가?
- 고객은 우리 제품도 구매하면서 경쟁업체 제품도 구매하는가?
- 경쟁자는 우리가 제공하지 못하는 어떤 차별화된 가치를 제공하는가?
- 우리 제품이 경쟁사 제품에 비해 강점은 무엇이고 약점은 무엇인가?
- 경쟁자의 목표는 무엇인가?

경쟁자 분석을 위해서는 경쟁자 정보를 수집한 후 스스로의 경쟁력 위치를 결정해야 한다. 경쟁자 정보는 웹사이트, 연간보고서, 판매현황보고서, 고객 인터뷰 등을 통해 입수할 수 있다. 검색 엔진 검색과 분석을 통한 경쟁 브랜드 및 경쟁 회사 파악과 경쟁업체 웹사이트 비교를 통한 제품과 서비스 직접 비교는 가장 유용한 방법이다.

사실 경쟁업체는 아주 많거나 폭넓다. 따라서 조사를 통해 직접적인 영향을 주는 경쟁자들은 선별할 필요가 있다. 예를 들자면 햄버거 가게의 경우 경쟁업체는 다른 패스트푸드 가게뿐만 아니라 일반 식당, 슈퍼마켓까지 경쟁업체가 될 수 있을 정도로 광범위하다.

이 경우 직접 사업에 영향을 주는 경쟁자의 우선순위를 정하고 가장 직접적인 경쟁을 하는 경쟁자를 선별해야 한다.

③ Customer: 고객 성향 파악 중요성 확대

고객은 사업에 있어 가장 중요한 부분 중 하나이다. 만약 우리 회사가 많은 충성 고객을 확보하고 있다면 경쟁자들은 우리 시장을 공략하는 데 어려움이 있을 것이며 반대로 충성고객이 없다면 우리가 시장 진입에 많은 어려움이 있을 것이다.

고객 분석을 위해서 일반적으로 다음과 같은 질문을 할 수 있다.

- 누가 우리의 고객인가? 연령대? 남성 또는 여성? 소득수준?
- 왜 고객이 우리 제품을 구매하는가? 가치? 저가? 명성?
- 현재와 미래에 얼마나 많은 고객을 가지고 있는가?
- 고객이 만족하고 있는가? 아니면 개선하길 원하고 있는가?
- 고객의 의사결정 프로세스는 어떻게 되는가?
- 같은 시장 안에서 다른 세분된 시장이 있는가?

고객 분석을 위해서는 인터뷰와 설문 조사를 통해 데이터를 수집하고 수집된 자료를 바탕으로 다양한 도표를 활용하여 분석 보고서를 작성한 다음 가장 적절한 타깃 고객을 찾아야 한다. 특히 성별, 연령, 소득수준 등 인구 통계와 관련된 자료는 타깃 고객을 찾아 분석하는데 가장 유용하다.

설문 조사를 통해서는 고객들이 생각하는 구매 결정요인과 소비 패턴, 선호도 등을 알 수 있다. 또 인터넷 검색을 통해서는 특정 제품에 대해 고객이 원하는 것이 무엇인지를 파악할 수 있다. 예를 들자면 음식을 보관하는 플라스틱 용기 제품에 대한 제품 평가나 고객들이 원하는 기능 또는 성능 등을 파악하는 것이다.

2) SWOT(Strength, Weakness, Opportunity, Threats) 분석 활용

앞에서 언급한 대로 SWOT 분석은 회사의 내부적인 강점과 단점, 외부적으로는 기회와 위협 요인을 분석함으로써 기업 또는 제품의 현재 상황을 파악하는데 크게 도움이 된다.

따라서 기업의 내외 상황을 분석하여 향후 어떻게 하면 판매를 늘릴 수 있는지 전략과 계획을 수립할 수 있으며, 회사의 역량에 따라 마케팅 믹스인 4Ps를 활용할 때 연결하여 사용할 수 있다.

내부적으로 약점을 줄이고 강점을 창출하거나 강화하는 것이 필요하며, 외부적으로는 기회를 확대하고 위협 방지나 회피를 통해 기업 가치를 향상시키는 노력이 필요하다.

<SWOP를 활용한 전략적 분석>

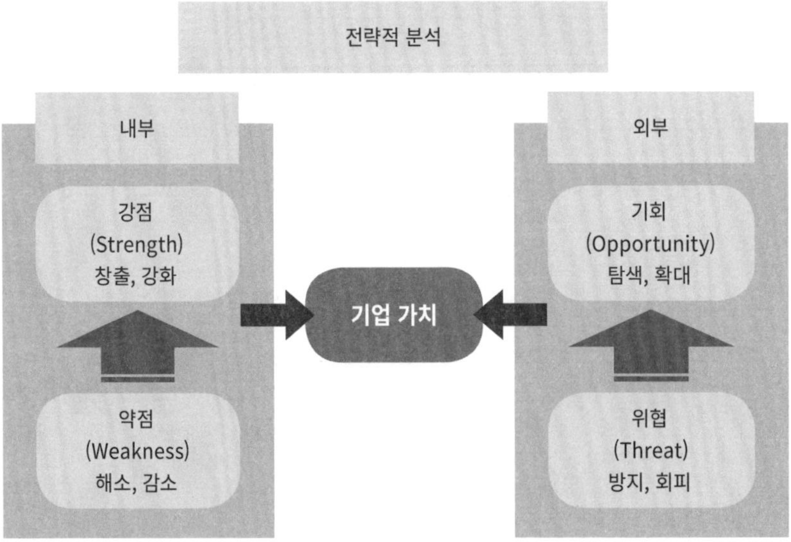

3) STP 전략수립 활용

STP 전략수립은 구체적인 마케팅 믹스 4P 전략을 수립하기 전에 전략적인 타깃 시장을 정하고 이를 통해 제품 위치를 정하기 위해 가장 많이 사용되고 있다.

① 시장 세분(Segmentation)

가장 먼저 STP 전략을 통해 자기에 맞는 적정 시장을 찾기 위해서는 시장을 세분화(Segmentation)하는 작업이 필요하다. 시장 세분화는 같은 제품이라고 하더라도 제품의 특징, 기업의 목적에 따라 다양하게 할 수 있다.

시장을 세분화하는 목적은 자사 제품에 맞는 타깃 시장을 찾기 위한 것이며, 시장 세분화를 통해 해당 시장에 맞는 제품을 개발하고 판매하는 전략을 수립할 때 유용하기 때문이다.

간단히 말해 시장 세분화는 다양한 방법으로 할 수 있으며 일반적으로는 지역별, 연령별, 성별, 인종별, 소득별, 기능별, 라이프 스타일별, 가격별, 시장 규모별, 행동 분석 등에 따라 세분화하는 방법이다.

② 타겟팅(Targeting)

타겟팅은 목표시장을 선정한 후 제품과 마케팅 역량을 집중해 최고의 성과를 거두는 데 목적이 있다. 특히 역량이 제한적인 중소기업이라면 시장 세분화를 통해 자사에 맞는 시장을 선정하고 보유하고 있는 리소스를 특정 시장에 집중할 필요가 있다.

사실 타겟팅은 어느 시장을 대상으로 하느냐도 중요하지만 무엇을 어떻게 세부적으로 추진할지 결정하는 전략수립이 더 중요하다.

마케팅 교과서에서는 타겟팅을 위해 3가지 대표 전략을 소개하고 있다.

첫 번째는 비차별화 마케팅(Undifferentiated Marketing)으로 시장 구별 없이 제품 전체 시장을 공략하는 전략으로, 소비자들의 차이보다는 공통점에 맞추어 대량 유통 방식이 주로 활용된다.

두 번째로는 차별화 마케팅(Differentiated Marketing)으로 여러 타깃 시장을 선정하고 각 시장에 적합한 마케팅 전략을 추진할 때 활용할 수 있으며, 타깃 시장별 제품 개발, 유통, 광고 등을 차별화하기 때문에 비용과 인력이 많이 소요 된다. 그러나 제품별 차별화된 마케팅을 통해 각 세분된 시장 안에서 높은 시장 인지도와 점유율을 가져올 수 있다.

세 번째, 집중 마케팅(Concentrated Marketing)은 제한된 리소스를 가지고 있는 기업의 경우 시장 전체를 공략하기보다는 자사 제품에 맞는 특정 시장을 공략하여 높은 시장 점유율을 확보하는 전략이다.

③ 포지셔닝(Positioning)

포지셔닝의 가장 큰 목적은 다른 기업들보다 경쟁 우위를 달성하기 위해 경쟁 기업과 차별화하여 자기만의 기업 이미지와 가치를 창출인데, 시장 여건에 따라 다양한 방법으로 포지셔닝할 수 있다.

포지셔닝 형태는 제품군에 따른 포지셔닝, 틈새시장 포지셔닝, 제품속성에 따른 포지셔닝, 사용처에 따른 포지셔닝, 경쟁제품 차별화를 위한 포지셔닝 등 다양하다.

포지셔닝은 타깃 마켓에서 구체적인 마케팅 믹스 4P를 통해 더 구체적인 포지셔닝을 할 수 있으며 자세한 설명을 마케팅 믹스 4P에서 하겠다.

<STP 전략수립과 4P 활용>

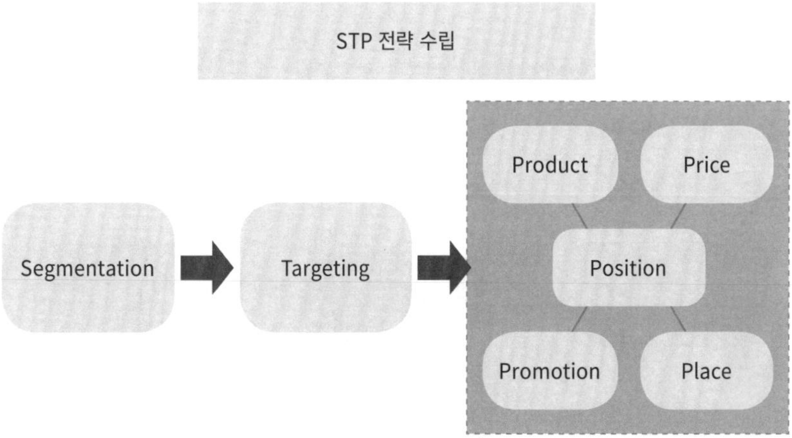

4) 마케팅 믹스 4P(Product, Price, Place, Promotion) 활용

마케팅 믹스 4P 분석은 기업이 어떤 제품을 어떤 가격에 어디에 판매할지 아주 구체적인 전략을 수립하는 것이다. 여기에 제품 홍보는 어떻게 할 것인지를 더하면 마케팅의 가장 기본적인 구성 요소를 다 갖춘 것이라 할 수 있다.

사실 마케팅 믹스 4P는 STP 전략수립 중 포지셔닝(Positioning)과 직접적인 관련이 있다. 진출전략을 추진하기 위한 마케팅 믹스 4P의 항목별 조사 방법과 고려해야 할 사항은 다음과 같다.

<마케팅 믹스 4P 활용도>

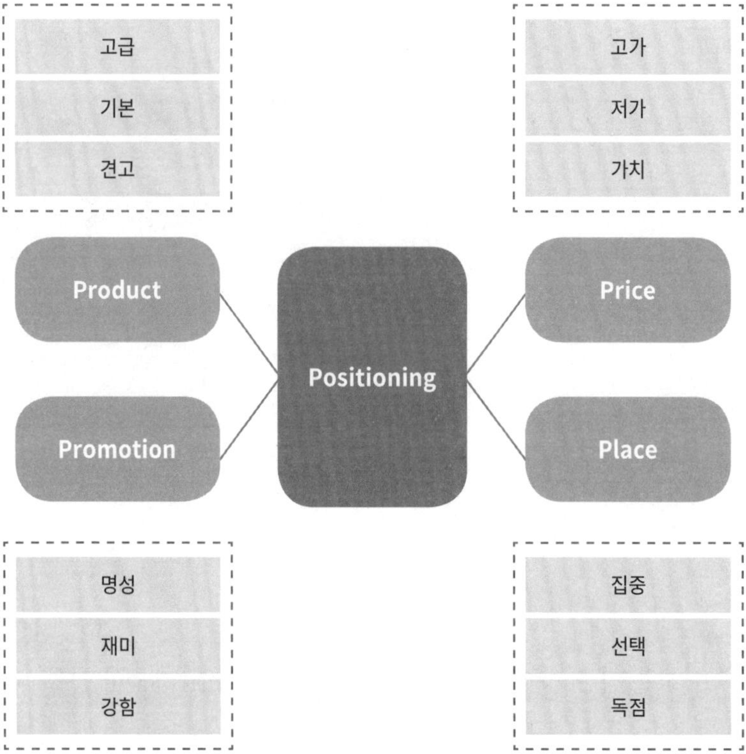

자료원: University of Southern California

① 제품: 시장 수요에 반영한 제품

시장조사에서는 가장 먼저 제품에 대한 조사가 선행되어야 한다. 한국에서 판매하고 있는 제품을 그대로 판매할 것인지 아니면 해당 시장에서 요구하는 사양이나 원재료로 변경하여 시장에 맞는 제품을 준비할지를 결정해야 한다. 따라서 제품(Product)을 조사할 때는 세부적으로 무엇을 조사해야 하며 조사 목적이 무엇인지를 사전에 정해 놓아야 한다.

제품을 조사할 때는 시장 여건을 조사하고 어떤 제품이 잘 팔리는지 등의 경쟁사 제품을 조사해야 한다. 경쟁사 제품 조사를 통해 타깃 시장에서 자사의 어떤 제품이 어떤 경쟁력을 가지고 판매될 수 있을지를 분석할 수 있어야 한다.

고객이 원하는 제품 개발을 위해 신기술을 개발하거나 기존의 제품을 개선해야 하며, 고객이 원하는 형식으로 디자인한 제품을 생산해야 한다. 필요에 따라서는 브랜드 개발을 통해 자사만이 가질 수 있는 브랜드 파워를 확보할 전략도 수립해야 한다.

이렇게 제품의 품질, 기능, 디자인, 포장, 서비스 등에 이르기까지 제품의 차별화를 이룩하고, 시장에서 경쟁력을 가질 수 있어야 한다. 이러한 제품을 개발 또는 출시하기 위해서는 시장에서 자사 제품의 전략적인 위치를 파악하고 고급 제품, 아주 기본적인 제품, 견고한 제품 등 어떤 제품을 생산할지 전략적인 의사결정을 해야 한다.

② 가격(Price): 경쟁력 있는 최적의 가격

제품 가격조사는 가격을 어느 수준으로 할지 전략을 수립하기 위해 하는 것으로 외부조사와 내부조사를 통해 가격 전략을 수립해야 한다.

외부 가격조사는 경쟁사 제품에 대한 가격조사와 시장 전체 가격대 조사를 포함한다. 내부 가격조사는 제품을 생산하기 위한 원가 구조에 따른 가격 구조를 파악하여 전략적으로 책정할 수 있는 가격을 결정하기 위한 것이다.

그러므로 가격전략은 한국에서 판매되는 가격을 기준으로 책정하는 것이 아니라 타깃 시장에 맞는 가격으로 수립해야 한다. 즉, 경쟁제품 가격, 소비자 선호 가격 등의 조사를 통해 해당 시장에 대응할 수 있는 가격 전략이 필요한 것이다.

제품과 시장 특성에 따라 해당 국가 시장에서 일반적으로 시행되는 가격 할인 프로모션을 위한 가격 정책도 검토해야 한다. 예를 들어 소비재 제품이 대형 유통 매장을 통해 판매될 경우 처음 입점했을 때 가격과 판매 촉진을 위해 할인판매 할 때 가격 등, 체계화된 가격 책정 계획이 준비되어야 한다.

미국 대형 유통업체들의 가격 구조는 업체별 또는 제품별 약간씩 차이가 있으나 기본적으로 가격은 고가, 저가로 구분하여 기능과 품질 대비 가치에 중점을 두는 단계별 추진 전략이 필요하다.

③판매 촉진(Promotion): 판매 확대를 위한 판매 전략

제품 판매 촉진을 위해서는 다양한 형태의 노력이 필요하다. 판매 촉진 활동을 위해서는 주요 타깃 고객, 주요 매체, 판매 촉진 활동 효과 등에 대한 면밀한 조사가 이루어져야 한다. 이러한 조사를 통해 자사의 예산이나 역량에 맞고 효과가 가장 큰 판촉 전략을 세우는 것은 마케팅 성패를 가늠하는 중요한 요인이다.

특히 소비재의 경우 판매 촉진 활동은 단계별 추진 전략이 필요하다. 바로 처음에 제품을 소개하는 단계의 판촉 전략, 제품을 구매하게 하는 판촉 전략, 그리고 재구매로 이어질 수 있게 하는 판촉 전략이다.

자동차부품 등과 같은 경우 특별한 판매 촉진을 위한 광고전략은 필요하지 않으나 바이어에 자사 제품을 소개하거나 전시회 참가를 통한 판매 촉진 활동은 필요하다.

최근 들어 페이스북이나 유튜브 등 인플루언스를 활용한 마케팅 홍보가 크게 증가하는 추세이다. 그런 만큼 제품을 구매한 사람들이 SNS 등

을 활용하여 제품을 추천하고 신규 구매로 이어질 수 있게 하는 단계별 판촉 전략도 필요하며, 특히 전략적으로 제품의 명성, 재미, 강한 이미지를 주면서 판매할지도 선택해야 한다.

④ 유통(Place): 최적의 경쟁력을 갖춘 유통전략

최적의 유통 채널을 확보하는 것은 시장 확대 성패를 좌우하는 큰 요인이다. 제품에 맞는 최적의 유망 채널 선정을 위해서는 판매 국가 또는 지역, 유통 방법 등에 대한 조사가 필수적이다.

미국에 제품을 수출할 때 어떤 업체와 협력하여 제품을 공급하는 것이 가장 효율적인지를 파악하기 위해서는 경쟁업체의 유통 경로를 파악하고 보완하여 최적화된 유통전략을 수립해야 한다. 특히 후발 주자의 경우 선도 업체들의 유통 채널 등을 파악하여 활용할 수 있는 부분을 벤치마킹 하고 좀 더 효율적인 유통전략을 수립하여 경쟁업체 경쟁에서 우위를 점하는 노력이 필요하다. 또 전략적으로 어느 특정 유통 채널을 집중적, 선택적, 독점적으로 활용할지에 대한 선택도 필요하다.

Tips <마케팅 업무에서 항상 잊지 말아야 할 질문사항>

앞서 가장 기본적인 4Ps 조사를 통해 자사 제품의 시장 위치를 파악하고 시장 진출전략을 수립할 수 있어야 한다고 했다. 그러나 이 조사만으로 조사가 끝난 것은 아니다. 지속적으로 추가적인 질문 나오고 그 질문의 해답을 찾아가는 과정에서 조사와 분석, 전략을 수정하고 개선 시키는 것이 필요하다. 다음은 이에 필요한 끊임없이 되뇌어야 할 질문이다.

1. 누가 내 고객이며 내 고객은 어디에 있나?

정확한 타깃 고객을 파악하고 그 고객의 선호, 구매 패턴, 가격조사를 통해 판매 전략을 수립해야 한다. 고객은 제품과 시장에 따라 핵심 고객이 다르기 때문에 내 고객이 누구인지를 정확히 파악하는 것이 마케팅의 첫걸음이라고 할 수 있다.

2. 내 제품에 대한 수요가 있나?

아무리 좋은 제품이라고 해도 시장에서 수요가 없으면 판매할 수 없고 실패한 제품이 되고 만다. 따라서 제품 개발은 시장의 수요에 기반을 두어야 하며, 한국에서 잘 팔린다고 해서 해외시장에서 잘 팔리는 것은 아니다. 해당 시장의 수요가 있는지 또는 수요를 발생시키기 위해 어떻게 제품을 변경해야 하는지도 검토해야 한다.

3. 누가 내 경쟁 상대인가?

해외시장에 진출할 때 시장 파악을 위해 가장 중요한 것 중 하나가 경쟁동향 파악이다. 누가 나의 주 경쟁자이며 어떤 경쟁력을 가지고 있는지 분석이 필요하다. 경쟁은 단순히 제품 가격뿐만 아니라 성능, 기능, 디자인, 유통채널 등 다각적인 검토가 필요하다.

4. 가격을 어떻게 정하고 조정할 것인가?

가격 전략은 새로운 시장 진출과 기업의 수익성 재고를 위해 반드시 면밀한 검토와 조사가 필요하다. 시장 진출을 위해서는 경쟁제품의 가격과 가격 구조를 파악하고 이에 맞는 가격 전략을 수립해야 한다. 가격 전략은 경쟁사 제품과 비교하거나 시장 규모, 시장 진입 장벽, 생산 원가, 시장 진출 의지 등과 같은 다양한 변수를 고려해 정해야 한다.

5. 내 제품 서비스를 어떻게 홍보해야 하나?

제품 홍보 전략은 인터넷 활용이 확대되면서 다양하고 복잡해지고 있다. 홍보 전략은 제품 특성과 타깃 고객, 경쟁 현황, 회사 홍보 예산을 고려하여 결정해야 한다. 특히 해외시장 수출을 위해 전시회 참가를 통한 홍보는 가장 기본적이고 필요한 홍보 전략 중 하나이다.

9장

–

정부, 기관의 수출지원사업과 활용

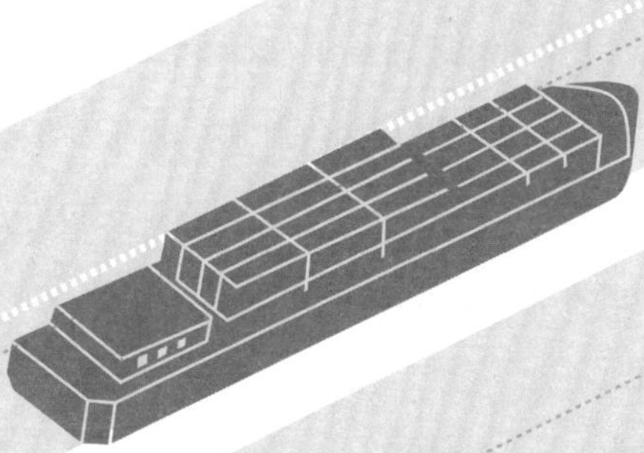

1. 수출지원기관과 지원프로그램

정부는 해외수출 지원을 위해 정부산하기관에서 다양한 수출지원프로그램을 운영하고 있다. 각 기관의 수출지원프로그램을 파악하여 필요한 서비스를 적절히 이용할 필요가 있다.

대표적인 수출지원기관으로는 대한무역투자진흥공사(KOTRA), 중소기업진흥공단이 있으며 민간단체인 사단법인 형태로 운영되는 무역협회가 있다. KOTRA의 경우 52개 사업 관계기관 115개 수출지원사업 등 약 167개의 수출지원사업이 있어 KOTRA 수출지원사업만 잘 활용해도 중소기업은 해외수출에 많은 도움을 받을 수 있다.

기관별 특성과 지원프로그램을 잘 활용하면 다양한 정보 획득과 바이어 미팅 등의 지원을 받을 수 있어 좀 더 수월하고 비용을 절감하면서 수출 성약을 이룰 수 있다. 또 기업의 해당 지역 소재 지방자치단체들도 관내 기업 수출지원을 위해 보조금 지원사업과 같은 다양한 프로그램을 운영, 지원하고 있다. 각 주요 산업별 협회들도 해외 전시회 국가관 참여, 기술 지원 등 다양한 프로그램을 통해 지원하고 있다.

지원프로그램 종류는 해외 무역사절단 파견사업, 카탈로그 제작지원사업, 해외 전시회 참가사업, 지사화 지원서비스, 강소 중견기업 육성사업, 해외 규격 인증 획득 지원사업 등 다양하다.

이러한 다양한 수출지원프로그램 활용도 중요하지만 최종 목표인 수출 성약을 위해 가장 중요한 것은 각 중소기업의 수출 성약에 대한 의지와 투자임을 알아야 한다.

1) 수출지원기관 활용과 기업의 전략과 의지

앞서 언급한 것처럼 KOTRA, 중소기업진흥공단, 무역협회 등은 중소기업을 위한 다양한 수출지원프로그램과 서비스를 제공하고 있다.

지원프로그램을 활용하기 위해서는 가장 먼저 각 지원기관에서 지원하는 프로그램을 정확히 파악하고, 자사에 필요한 서비스를 적극 활용하는 것이 필요하다. 바이어 발굴 서비스를 활용할 것인지, 지사화 서비스사업을 이용할 것인지, 아니면 전시회 지원사업에 참여할 것인지 등, 자기 회사의 마케팅 계획과 예산, 능력에 따라 적정한 방법을 선택해야 한다.

해당 지원프로그램을 활용한다고 해서 전적으로 해당 기관에 의존해서는 성과를 기대할 수 없다. 해외시장을 개척하려는 의지가 가장 중요하다. 아무리 좋은 수출지원프로그램과 지원이 있다고 하더라도, 수출 의지가 없고, 정부가 다해주기를 기다리는 업체는 해외시장을 개척할 수 없다.

해외 지사화 서비스사업을 활용한다고 했을 때, 바이어 발굴을 전적으로 해외무역관에 의존만 해서는 안 된다. 바이어 발굴이 어려우면 왜 어려운지, 바이어의 반응은 어떤지, 또는 타깃 바이어와 유통구조 파악이 잘 되었는지 등, 상호 의견 교환이 중요하다. 이러한 협업을 통해 시장조사와 바이어 발굴, 새로운 진출전략들을 수립해야 한다.

해외 전시회 참가를 통한 마케팅도 마찬가지이다. 특정 전시회에 한국 국가관에 참가할 경우 전시회 장치나 샘플 통관 등은 해당 기관에서 지원을 받아 수월하게 진행할 수 있다. 그러나 전시회에 필요한 마케팅 자료 준비, 적절한 샘플 준비, 해외 마케팅 직원의 교육 등이 이루어지지 않으면 성과를 기대하기 힘들다.

2) 정부나 협회 등이 제공하는 해외시장 정보 활용

인터넷 검색을 통해서는 다양하고 깊이 있는 조사에 한계가 있다. 자세한 시장 정보도 없고, 있다고 해도 거의 유료로 판매하는 자료들이 대다수이기 때문이다. 유료 자료들은 또 아주 고가라서 중소기업 사정상 선뜻 보고서를 구매할 수도 없다.

온라인에서 무료로 다양한 품목과 산업, 국가에 대한 시장정보를 제공하는 사이트가 있다.

공기업인 KOTRA와 무역협회에서 제공하는 해외시장 자료가 제일 많고 내용도 충실한 세계 각국의 사장 및 품목 정보를 제공하고 있어 검색을 통해 상품 정보와 국가별 시장 정보를 찾아볼 수 있다. 국가별 시장정보도 수시로 업데이트되므로 최신 동향 파악에 많은 도움이 된다.

<대한무역투자진흥공사>

출처: 대한무역투자진흥공사 홈페이지

<한국무역협회>

출처: 한국무역협회 홈페이지

먼저 이 두 웹사이트에서 제공하는 상품 및 시장정보를 정리해 보는 것이 중요하다. 기본적으로 시장정보는 시장 규모와 현황, 경쟁동향, 유통구조 등의 형태로 구성되어 있어 시장을 이해하는 데 활용할 수 있다. 이를 통해 자사에 맞는 시장 진출전략을 수립할 수 있더라도 이것으로는 충분하지 않으니 고가로 판매되는 구체적인 시장 전략 보고서가 필요한 경우도 있다.

3) KOTRA와 KITA의 다른 점

많은 사람들이 KOTRA(대한무역투자진흥공사)와 KITA(한국무역협회)를 혼동하거나 같은 기관으로 알고 있는데 두 기관의 차이를 알아보자.

	KOTRA	KITA
정식 명	한국무역투자진흥공사	한국무역협회
영문 명	Korea Trade Investment Promotion Agency	Korea International Trader's Association
설립연도	1962년	1946년
해외 사무소	약 120개소	약 10개소
설립 주체	100% 정부투자기관	무역업체 모임으로 사단법인
주요 기능	해외시장개척/투자유치	회원 권익 옹호/시장개척
주요 업무	시장조사/시장개척/전시회/투자유치/거래알선/교육	시장조사/시장개척/전시회/거래알선/교육
특징	-정부 기관으로 중소기업 수출지원 및 투자유치 업무 집중 -다양한 수출지원을 위한 서비스 제공	-무역 회사들이 모인 협회로 회원 사들의 이익 증진이 목적인 민간단체 -조사 및 시장 개척 지원, 무역 자금 저리 지원

2. KOTRA 다양한 지원사업과 활용

1) KOTRA 리소스 최대한 활용하고, 자신을 알면 시장이 보인다

중소기업이 해외시장 진출 시 가장 많은 도움을 받을 수 있는 곳은 대한무역투자진흥공사(KOTRA)이다. KOTRA의 서비스를 파악하고 활용하는 것이 해외시장 진출의 지름길인 셈이다. 물론 KOTRA가 해외시장 진출하는데 모든 것을 해결해 주지는 않는다. 하지만, KOTRA를 100% 활용할 수 있다면, 적은 노력과 금전적인 노력으로 성과를 창출할 수 있다.

인적, 금전적 자원이 부족한 중소기업이라면 KOTRA 서비스를 포함한 주요 기관이 제공하는 서비스 활용이 해외수출 마케팅에 큰 도움이 되므로 각 기관이 제공하는 서비스와 그 활용 방법을 자세히 알아둘 필요가 있다.

기업이 주도적으로 수출 마케팅을 실시하더라도 부족한 부분은 KOTRA 서비스를 활용하는 것도 좋은 방법이다. 앞서도 언급했지만 해외수출 마케팅은 중소기업이 주도적으로 해야 한다. 각 기관의 해외수출 마케팅 지원서비스를 활용한다고 해도 중소기업이 자체적인 수출 마케팅 계획과 전략이 없고 상호 협의 통해 방안을 모색하지 않으면 아무리 좋은 서비스라고 해도 효과와 효율성을 거두기 어렵기 때문이다.

2) KOTRA 서비스 및 활용 방법

① 웹사이트를 자주 방문하라

KOTRA 서비스를 처음 접하는 중소기업이라면 서비스가 다양하고 복잡하며 낯선 용어 때문에 어떤 서비스를 어떻게 활용할지 막막할 수도 있다. 이를 극복하려면 먼저 숙제를 하는 자세로 각 지원기관의 웹사이트를 방문하여 완전히 이해가 될 때까지 정독하고 시간이 날 때마다 방문하여 시장 정보를 입수하고 모르면 해당 기관에 문의해야 한다.

필자가 아는 KOTRA 서비스를 잘 활용하는 중소기업의 해외수출 담당은 직원은 아침에 출근하면 가장 먼저 하는 일이 이메일을 체크하고 KOTRA 해외시장 뉴스 정보를 읽는다. 이 직원은 또 지원 수출지원기관들의 서비스나 신청 방법, 각종 수출 상담회와 전시회 정보를 업데이트하기 위해 KOTRA를 포함한 다른 수출지원기관 웹사이트를 가능하면 하루에 한번씩 방문하려 노력한다고 한다.

② 모르면 무조건 물어봐라

KOTRA 웹사이트를 접속해 보면 이해가 안 되는 경우가 많다. 필자도 KOTRA 서비스를 지원해 주고 있지만 서비스 내용을 내가 읽어봐도 잘 이해가 안 되는 경우가 있다. 최대한 쉽고 자세하게 설명을 하려고 노력하나 이것이 활자의 한계 때문에 쉬빗 않다.

지원내용과 신청 방법, 수출 업무 중 잘 이해가 안 되면 해당 부서 담당자에게 전화로 문의하거나 방문하여 상담하는 것이 가장 좋은 방법이다. 요즈음 공공기관 문턱이 낮아졌고, 친절한 서비스 제공을 위해 많은 노력을 하므로 웹사이트에 나와 있는 담당자에게 전화로 문의하면 된다. 전화로 문의하기 불편하면 이메일로 문의하면 2-3일 이내에 답변을 받을 수 있다.

③ 무역투자 상담서비스 활용

KOTRA 홈페이지 상단 메뉴에 무역투자 상담서비스를 클릭하면 온라인 상담, 전화 상담, 방문 상담 등 다양한 상담 지원 서비스가 나온다.

오랜 기간 무역 관련 업종에서 일하며 다양한 무역 실무 경험이 있는 전문가들이 인증, 수출 계약서, 타깃 시장 선정, 거래 조건 등 수출 업무에서 발생할 수 있는 다양한 질문에 자세한 답변과 조언을 해주고 있다.

수출 업무를 하다 보면, 나라마다 다른 형태의 서류, 계약서, 인증 요구 등으로 인해 예기치 못하는 어려움에 직면한다. 온라인 검색을 통해 기초적인 자료를 얻을 수 있지만 전문가의 도움을 얻기는 쉽지 않다. 이런 문제가 발생하거나 의문 사항이 있을 때 KOTRA 무역투자 상담서비스를 이용하면 손쉽게 전문가들의 도움을 무료로 받을 수 있고 해결 방향을 찾을 수도 있다.

④ 자사 역량 파악 후 맞춤형 지원 서비스를 받자

KOTRA 마케팅 사업을 효율적으로 활용하기 위해서는 업체의 수출 역량 및 수출 단계에 따라 자사에 맞는 서비스를 검토하여 신청하는 것이 가장 중요하다.

KOTRA와 같은 수출지원기관은 중소기업의 수출역량진단 서비스를 통해 기업수출 역량을 진단하고 각 기업의 역량에 맞는 맞춤형 서비스를 추천 지원하고 있다. 수출 초보 업체라면 KOTRA의 시장조사 서비스를 활용할 수 있다. 시장조사 서비스는 수출 희망 국가의 해당 품목 시장 동향 조사, 잠재 사업 파트너 조사, 원부자재 공급선 조사 서비스 등이다.

중소기업 역량별 맞춤형 서비스로는 많이 알려져 있는 지사화 사업, 월드챔프사업, 신규수출기업화 사업 등이 있으며 두 사업에 대한 자세한 설명은 KOTRA 세부 마케팅 지원사업 소개를 참조하기 바란다.

자세한 글로벌 역량진단 정보 및 관련 신청은 KOTRA 홈페이지에서 검색 창에 글로벌 역량진단을 검색하면 찾을 수 있다.

<KOTRA 역량진단 서비스>

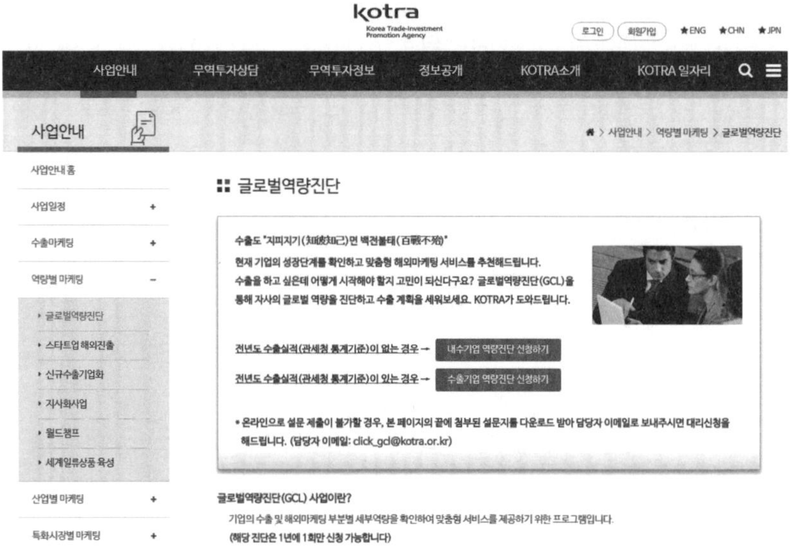

출처: KOTRA 홈페이지

역량진단을 신청하면 정확한 진단을 위해 회사의 매출 현황, 수출 현황 등 기업 세부 자료를 요구하며 이는 기업 수출역량진단에만 활용되니 가능한 자세하고 정확한 자료 제출이 중요하다.

글로벌 역량진단은 해외 수출액이 전무하고 소규모 내수 중심의 초보 내수기업에서부터 해외시장에서 괄목할만한 수출 성과와 시장 점유율을 기록하고 있는 글로벌 강소기업에 이르기까지 단계별로 평가된다. 이 평가 역량에 따라 중소기업은 회사 역량에 맞춰 정부 수출지원사업과 서비스를 신청할 수 있다.

역량진단은 크게 수출 실적이 있는 기업과 없는 기업으로 구분되며, 글로벌 초보 기업부터는 수출 기업으로 구분된다. 내수 기업의 평가는 수출 의지 및 전략, 기초 경쟁력, 수출 인프라 구축, 마케팅 및 네트워크 구축 연락 등으로 평가된다. 수출 기업은 글로벌 전략, 해외 마케팅 전문 인력, 수출 인프라, 글로벌 고객 소통 및 마케팅 능력, 글로벌 시장 전략과 제품 확보 등의 항목으로 평가된다.

<중소기업의 수출역량평가 단계표>

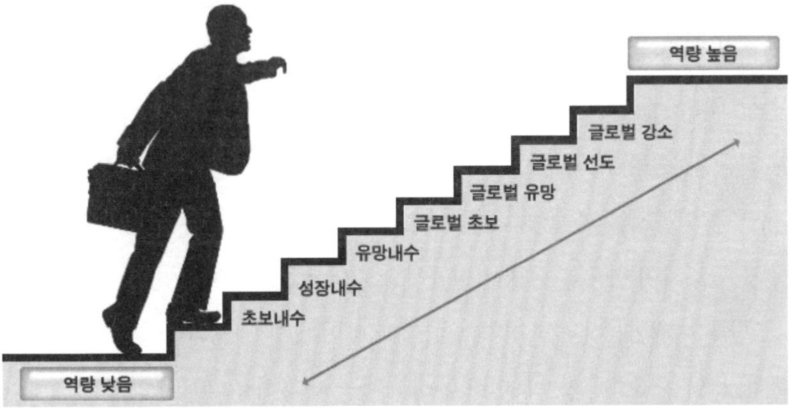

출처: KOTRA 홈페이지

3. 단계별 KOTRA 서비스 활용하기

1) 수출 단계별 KOTRA 수출지원사업

KOTRA는 기업의 수출 단계별로 해외수출 마케팅 지원사업을 하고 있다. 기업이 이를 이용한다면 비용을 줄일 수 있을 뿐만 아니라 KOTRA가 보유한 네트워크나 정보를 활용할 수 있다.

단계별 지원은 크게 네 단계로 나뉜다.

1단계는 수출 준비를 위한 내수 기업의 역량진단이다. 기업이 역량진단서비스를 신청하면 수출 전문 컨설턴트 상담을 통해 자사에 맞는 KOTRA 맞춤형 서비스를 받을 수 있다.

역량진단을 통해 자사가 필요한 사항이 무엇이고 어떤 정부 프로그램을 활용할 수 있는지를 파악해야 한다. 필요한 경우 다양한 정부 수출지원프로그램을 활용하여 비용과 시간을 절약하고 시행착오를 줄여야 한다

2단계는 해외시장조사 서비스와 잠재 바이어 발굴 서비스이다. 이를 활용하여 해외 전시회에 참가하면서 바이어 발굴이나 제품 홍보에 나설 수 있다.

3단계는 거래 계약 체결 단계로 계약서 체결 전후 준비사항과 각종 수출 관련 서류 작성, 관세율에 대한 자문 등이다. 또한 물류지원서비스도 제공하고 있다.

<KOTRA 수출 업무 단계별 주요 지원사업>

분야		지원내용
1단계 수출준비	개발·제작	수출브랜드개발, 외국어 웹사이트 제작, 온라인 카탈로그, 모바일 웹·앱, 디자인개발(카탈로그, 브로셔, 포장지 등), 제품매뉴얼 제작, 상품페이지 제작, 외국어 자료 통번역, 지재권 등록, 정품인증, 해외규격획득 지원 등
	전략 컨설팅	1:1 로드맵 수립과 지원항목 코칭, 경영멘토링, 목표시장 수출전략(로드맵)수립과 지원 항목 코칭, 바이어 발굴, 법인설립 자문, 지재권 등록, 투자유치지원, 특허·인증·시험·수출 IP 전략 컨설팅, 헤외진출 전략컨설팅, 기업 중장기 성장전략 컨설팅 등
	교육	무역교육(온/오프라인), 해외마케팅 역량강화 교육, 해외투자유치 관련 세무·회계 검토, 필수 제출서류교육 등
2단계 거래선 발굴	홍보·광고/ 온오프라인 마케팅	TV·신문·잡지·SNS 홍보, 기업홍보 동영상, 광고제작, 홈쇼핑, PPL, 검색엔진마케팅, 온라인쇼핑몰 구축운영, 오프라인 매장 입점대행, 판촉전 등
	조사·정보	해외시장조사, 소비자리서치, 바이어 발굴조사, 바이어 DB 타깃 마켓팅, 해외온라인 쇼핑몰 제품 경쟁동향 조사, 해외시장설명회 참가, 사업파트너 연결지원, 원부자재 공급선 조사, 프랜차이즈 점포 상권조사(중국, 베트남), 유료 발간자료 판매 등
	전시회/ 상담회/ 바이어 매칭	해외 전시회 개별참가, 해외 전시회 참가지원, 국내개최 국제전시회 참가, 현지바이어 매칭상담회/세미나, 외국바이어 국내초청 연결/설명회/세미나, 해외전시회 사전·사후 마케팅대행, 해외비즈니스 출장지원, 제품시연회, 신제품 론칭쇼, 프로젝트 수주지원, 로드맵 이행 등
3단계 계약체결	계약체결 전	국외기업(바이어) 신용조사 서비스, 관세환급 컨설팅, 계약서 작성(지불조건 포함) 대행 등
	계약체결 후	통관/선적 필요서류, 결제관련 서류, 수출물류, 무역자동화(전자무역서비스), 사후관리(관세환급신청서 등) 대행 등
4단계 해외진출	해외진출	해외진출 자문, 해외투자환경 조사 출장지원, 현지법인 및 공장설립 등 맞춤형 지원, 프랜차이즈 사업등록(미국, 중국), 해외자본시장 상장 및 M&A 자문, 해외자문사 및 시사기관 발굴/활용 지원

출처: KOTRA

마지막 4단계는 해당 국가 수출 확대 또는 생산전략 거점을 마련하기 위한 해외 진출 단계이다. 여기에 진출 지원 서비스를 제공하고 있고, 현지 기업 인수·합병인 M&A 타깃 기업 물색과 해외 현지 공장 건설 지원 컨설팅 서비스도 제공하고 있다.

자세한 단계별 KOTRA 지원프로그램과 서비스는 다음 표를 참고하기 바라며 이에 대한 문의 사항은 KOTRA 홈페이지(www.kotra.or.kr)를 방문하여 사업 안내에서 확인하고 문의 사항은 해당 부서에 연락하면 된다.

2) 자사에 맞는 적절한 서비스 활용으로 효율 극대화

역량진단을 통해 자사의 수출 역량이 평가되면 그 역량에 맞추어 KOTRA 사업을 활용하는 것이 사업 성과를 거두기 위해 아주 중요하다. 물론 몇몇 특정 사업의 경우 역량에 따라 사업을 신청하더라도 선정이 되지 않은 경우도 있고, 역량에 필요 없이 사업을 신청할 수 있는 사업도 있다.

예를 들자면 잠재 파트너 발굴 및 시장조사를 대행해주는 조사 사업의 경우 단계를 불문하고 서비스를 신청할 수 있다. 반면, 월드챔프사업의 경우 사업 참가에 필요한 특정 기준에 부합해야만 사업을 신청하여 승인받을 수 있으며 기업의 해외 수출액, 해외시장에서 차지하는 비중, 기업을 역량 등을 세부적으로 평가하여 사업 참가 승인을 하고 있다.

주요 수출 역량별 KOTRA 추천 사업에 대해 예이다. 기업의 상황과 수출전략에 따라 추천 참여 사업이 다를 수 있으니 참고용으로 활용하기 바란다.

<주요 추천 KOTRA 지원사업 예>

단계	초보 내수	성장 내수	유망 내수	글로벌 초보	글로벌 유망	글로벌 선도	글로벌 강소
KOTRA 사업	수출액이 없는 경우			수출액이 있는 경우			
시장조사 사업							
신규수출 기업화 사업							
지사화 사업							
월드챔프사업							
해외 전시회							
수출 상담회							

3) 해외시장조사와 해외 마케팅 지원 서비스

KOTRA 서비스는 크게 해외 마케팅 지원, 조사, 투자 업무로 구성되어 있다. 대다수 중소기업들은 주로 해외 마케팅 및 조사 서비스를 활용한다. 해외 일자리 창출 지원 등 기타 부수적인 지원 서비스도 있지만 해외수출을 위해서는 가장 기본적인 조사와 마케팅 서비스 중심으로 파악해 보아야 한다.

코트라 홈페이지인 www.kotra.or.kr에 접속하면 해외시장조사에 필요한 종합적인 정보가 제공되고 있다. 무역투자 정보는 크게 해당 국가 정보, 시장 및 상품 정보, 해외 투자진출, 해외 전시회 정보 등으로 구성되어 있고 특정 이슈를 심도 있게 다룬 정보도 제공하고 있다.

상품 및 시장 정보는 해당 국가의 주요 산업 시장 동향에서부터 신규 트렌드, 히트상품 등 다양한 정보를 제공하며, 해당 시장의 유망 상품 시장 정보를 지속적으로 제공하고 있어 손쉽게 세계 최신 시장 정보를 얻을 수 있는 최고의 장소이다.

국가 정보의 경우 해당 국가의 기본적인 국민총생산, 인구 등과 같은 기본적인 정보뿐만 아니라 국가별 출장 자료를 제공하고 있어 해당 국가 출장 시 한 번쯤은 읽고 떠나는 것이 좋다.

경제, 무역, 시장 및 상품 정보, 투자진출 정보 등은 해외시장 뉴스로 묶어 다양한 정보를 제공하고 있다. 이곳은 해외무역관에서 수집된 상품 시장 정보가 실시간으로 업데이트이 되고 있어 주기적으로 방문하여 해당 제품 시장 및 국가 시장 변화를 감지하는 노력이 필요하다.

<해당 웹페이지>

출처: KOTRA 홈페이지

4. 마케팅 지원 서비스

KOTRA 홈페이지에서 사업 안내를 클릭하면 KOTRA에서 지원하는 다양한 마케팅 서비스에 대한 설명과 신청 방법을 안내받을 수 있다.

KOTRA의 중소기업 해외수출 지원을 위한 주요 사업은 크게 수출 마케팅과 역량별 마케팅 지원사업으로 구분되며 이외에도 산업별 마케팅과 특화 시장별 마케팅 지원사업이 있다.

수출 마케팅 사업과 역량별 마케팅 사업은 모든 중소기업이 산업과 시장을 불문하고 활용할 수 있는 해외 마케팅 지원사업이다. 그리고 산업별 마케팅과 특화 시장별 마케팅 사업은 중소기업별 해당 사업이나 특화 시장에 맞을 경우 참여하고 이용할 수 있는 지원사업이다.

사업별 세부 지원사항과 신청 방법 등은 KOTRA 홈페이지인 www.kotra.or.kr를 방문하면 알 수 있다. 방문했는데도 잘 이해가 가지 않으면 사업별 담당자나 상담 신청을 하면 된다.

1) KOTRA 주요 수출 마케팅 사업

수출 마케팅 사업은 앞에서 언급한 것처럼 시장 구분, 사업 구분, 산업 구분 없이 하는 해외수출을 위한 종합적인 수출 마케팅 지원사업이라고 할 수 이다.

수출 바우처 사업은 정부 수출지원사업에 참여하는 기업이 서비스에 대한 비용을 정부 보조를 받도록 바우처를 발급하는 형태의 지원사업이다. 중소기업은 사업별 정해진 수출지원 서비스를 바우처를 활용해 자유롭게 활용할 수 있으며, 바우처를 신청 발급받아 활용할 수 있는 사업에는 월드챔프, 수출 첫걸음, 글로벌 강소기업 사업 등이 있다.

해외시장조사 사업은 KOTRA 해외무역관에 잠재 파트너 발굴, 시장조사 등을 요청하는 유료 서비스 사업이다.

해외 비즈니스 출장지원사업은 해외무역관이 잠재 바이어를 발굴하거나 해외 투자 환경 조사를 위해 해외 투자유치 기관과 상담 주선 및 출장 업무를 지원하는 사업이다.

수출 상담회는 해외 바이어를 초대해 중소 업체에 일대일 미팅을 하는 기회를 제공하기 위한 행사로 단독 수출 상담회와 전시회 부대 행사로 개최되는 수출 상담회가 있다.

무역사절단 사업은 KOTRA가 지자체, 관계기관과 해외시장 개척단을 구성하여 해외에 파견한 다음 현지 바이어와 상담할 수 있도록 기회를 제공하는 사업이다.

해외 전시회 지원사업은 KOTRA와 유관 단체 또는 협회가 공동으로 한국관을 구성하여 국내 중소기업의 해외 전시회 참가를 지원하는 사업이다.

국내 전시회 개최 사업은 KOTRA가 서울국제식품산업대전처럼 국제 전시회를 개최하는 것으로 한국 중소 업체들에 전시 또는 상담회에 참가하여 바이어와 미팅할 기회를 제공한다.

해외시장 설명회는 세계 각국의 시장 동향, 상품, 마케팅 정보, 투자환경, 투자절차 등의 정보를 제공하여 국내 업계의 수출 증진 및 해외 진출을 지원하는 사업이다.

온라인 마케팅 사업은 www.buykorea.org라는 온라인 마켓 플레이스를 운영하고 중소기업의 제품을 온라인을 통해 해외수출을 지원하는 사업이다. 또한 Buykorea.org 사이트에서 해외 바이어들의 인콰이어리 정보를 제공하고 있다.

해외 인프라 지원사업은 KOTRA 해외 무역관 중 지원 가능한 무역관에서 1회 최대 5일 정도 사무 공간을 무료로 이용할 수 있도록 기회를 제공하고 있으며 주로 해외 출장 시 사무 공간이 필요할 경우 이용할 수 있다.]

<KOTRA 수출 마케팅 주요 사업>

수출바우처 사업	해외시장조사
해외 비즈니스 출장지원	수출상담회
무역사절단	해외 전시회
국내 전시회	해외시장 설명회
온라인 마케팅	해외 인프라 지원

출처: KOTRA 홈페이지

2) KOTRA 역량별 마케팅 사업

역량별 마케팅 사업은 업체의 역량과 목적에 따라 활용할 수 있는 수출 마케팅 지원사업으로 구성되어 있다.

글로벌 역량진단은 중소기업의 현재 수출역량을 확인 진단하여 기업의 역량에 맞게 맞춤형 서비스를 제공하는 프로그램이다. 특히 어떤 사업을 먼저 시작할지 잘 모르는 업체는 반드시 역량진단을 통해 해당 사업을 추천받을 것으로 권한다.

스타트업 해외 진출 사업은 국내 신생 혁신기업인 스타트업의 해외 투자유치, 해외 기업과 파트너관계 구축, 신규 수출 등의 지원사업이다.

신규 수출 기업화 사업은 전년도 해외 직접수출이 전무한 내수기업 중 글로벌 역량진단 및 소정의 선정 절차를 거쳐 선정된 기업에 대해 1년간 KOTRA 국내외 네트워크를 활용하여 밀착 지원하고 이를 통해 내수기업의 수출 기업화를 지원하는 사업이다.

<KOTRA 역량별 마케팅 주요 사업>

글로벌 역량진단	스타트업 해외진출
신규 수출기업화	지사화 사업
월드챔프	세계일류상품 육성

출처: KOTRA 홈페이지)

3) 역량별 마케팅 사업의 대표, 지사화 사업

① 해외무역관이 지사 역할 수행 및 지원

지사화 사업은 KOTRA의 대표 해외수출 지원사업 중 하나로 중소기업이 해외에 지사를 설치할 여력이 없을 때 KOTRA나 중소기업진흥공단 등이 현지 지사 역할을 대행하여 수출 및 해외진출을 지원하는 사업이다.

지사화 사업을 통해 신규 수출을 하거나 수출 확대에 성공한 기업들의 공통적인 특징은 목적 달성을 위해 현지 무역관과 기업이 해외 공동 마케팅이라는 유기적인 협업 관계를 구축했다는 점이다.

유기적인 협업 관계는 서로 협력 보완 관계가 잘 이루어진 관계이다. 단순히 해외 무역관 직원한테 바이어 발굴을 맡겨 놓고 바이어와 성약을 해오라고 독촉만 해서는 유기적 협업 관계가 이루어질 수 없다. 지사화 사업은 자사의 해외 마케팅 사업에서 하나의 도구로 활용되어야지, 전적으로 의존해서는 안 된다. 무역관 직원은 현지에서 진행할 수 있는 일을 분담하여 지원하고 전체적인 마케팅 전략과 방안은 기업이 주도하에 이루어져야 하는 것이다.

또한 바이어 발굴과 팔로업을 위해서는 해당 국가의 주요 전시회에 참가해야 한다. 특히 선진국의 경우 바이어 발굴과 미팅은 전시장에서 주로 이루어지기 때문에 성과 창출을 위해서는 반드시 필요한 사항이다.

<지사화 사업 성과 창출을 위한 키포인트>

- 해외무역관에 전적으로 의존하기보다는 하나의 해외 마케팅 도구로 활용하라.
- 해외무역관 직원의 역할을 명확히 하고 협업하라.
- 해외무역관에서 확보한 정보를 잘 활용하라.
- 시장상황에 따라 지속적으로 마케팅 전략 및 티깃 바이어를 변경하라.
- 선진국 시장 진출을 위해서는 전시회를 적극 참가하라.
- 무역관 전시회에서 발굴한 바이어를 지속 팔로업 요청하라.

② 지사화 사업 성공 사례 분석

필자는 KOTRA 지사화 사업을 통해 성약 또는 수출이 확대된 업체들의 특징을 살펴보았다. 수출에 성공한 기업들의 가장 큰 특징은 포기하지 않고 지속적인 수출 노력이 수출 성약으로 이루어졌다는 사실이다.

미국시장에 처음 수출을 시도하고 성약까지 평균적으로 짧게는 2년에서 5년까지 걸린 업체가 많았으며 해당 산업과 제품 경쟁력에 따라 차이가 있지만 수출 성약까지 평균 약 3년 정도 소요되는 것으로 나타났다. 특히 기계나 자동차부품은 다른 제품보다 미국시장 진출에 더 많은 어려움 따라 더 많은 시간과 노력이 들어갔다.

신흥 시장의 경우 한국산 제품에 대한 인지도가 높고 시장 접근이 용이하여 수출 성약까지 좀 더 짧은 시간이 소요되는 편이지만 그래도 수출 성약을 위해서는 시간과 금전적인 투자가 요구된다. 한국에서 성공한 제품을 해외에서 그대로 팔아도 한류 인기로 인해 잘 팔릴 수 있다.

그러나 한국에서 인기 있는 제품이더라도 각 나라 시장에 맞게 색조, 포장, 디자인 등에 변화를 주어야 더 많이 팔 확률이 높다.

성공한 업체들은 이를 알고 가장 중요한 현지 시장 이해에 중점을 두었다. 왜 내 제품이 한국에서는 잘 팔리는데 해외에선 안 팔리지? 라는 질문보다 해당 시장을 먼저 이해하고 어떻게 하면 잘 팔릴 수 있을지 해결책을 찾으려는 자세로 임했던 것이다. 한편으론 현지 시장에서 필요로 하는 각종 인증을 통과하고 현지 디자인 제품을 출시하는 현지화 전략을 추진했다.

또 하나의 성공 공통점은 해외 마케팅 직원을 육성했다는 점이다. 많은 중소기업의 해외수출 담당자들이 이직률이 높은 편이다. 담당 직원이 이직하면 기존에 연결되어 있는 바이어와 의사소통이 원활하지 않을 뿐만 아니라 신규 직원이 다시 경험을 축적하고 시장을 파악하는데 많은 시간이 소요되는 문제가 있다. 성공 업체들은 이를 알고 대응하였다.

<수출에 성공한 중소기업들의 공통적인 특징>

1. 장기적인 노력, 최소 3년 이상 노력해야
2. 시장 파악을 통한 수출전략 및 유연한 대응
3. 해당 시장 이해를 통한 현지화 추진
4. 현지 시장에서 요구하는 인증과 현지화 전략
5. 해외 마케팅 인력을 육성

4) 수출 경험이 많은 업체라면 월드챔프사업 활용

월드챔프사업은 글로벌 기업으로 성장할 가능성이 높은 중소·중견기업을 대상으로 해외마케팅을 지원하여 글로벌 기업으로 육성하기 위한 지원 사업이다.

이 사업의 가장 큰 특징은 정부 지원금과 기업의 매칭펀드를 조성하여 전시회 참가 등, 유연하게 해외 마케팅 활동에 지원금을 활용할 수 있다는 점이다.

사례 14 월드챔프사업을 잘 활용한 P사

P사는 연간 전 세계에 연간 약 2000만 달러를 수출하는 기업으로 글로벌 유망기업에 해당하는 기업이다. 월드챔프사업은 기업들의 마케팅 전략과 계획에 따라 정부 지원금을 유연하게 사용할 수 있다는 것이 장점이 있다. P사는 유망 바이어를 발굴하고 브랜드 인지도를 높이기 위해 대다수 지원금을 해외 전시회 참여와 광고비로 책정하였다. 과거 지속적으로 전시회에 참여했던 P사는 월드챔프사업에 참여하여 확보된 지원금으로 전시회 부스 디자인을 강화하고 영상과 홍보물 제작에 전문 컨설팅업체를 활용하여 완성도 높은 자료를 준비하여 방문객들로부터 호평을 받았다. 그 결과 그동안 지속적으로 공을 들여왔으나 잘 발굴되지 않던 대형 바이어를 전시회에서 발굴하여 성약을 맺을 기반을 마련하였다. 지속적인 전시회 참여와 완성도 높은 마케팅 자료는 기업의 수준과 역량을 간접적으로 보여주므로 바이어들에게 믿을 수 있고 신뢰할 수 있는 기업이라는 이미지를 심어 주었다. P사는 또 해당 산업 유망 잡지에 광고를 게재하여 기업 인지도를 높였고, 브랜드 인지도를 바탕으로 디스트리뷰터 확보도 수월할 수 있었다.

5) 세계일류상품 육성사업

세계일류상품 육성사업은 세계시장 점유율 5위 이내 품목 또는 7년 내 진입 가능한 차세대 품목을 집중 육성하기 위한 사업으로 이미 수출 성과를 창출하고 있는 기업을 글로벌 기업으로 한 단계 성장시키기 위해 지원한다.

6) 바우처 사업을 활용한 세일즈랩 고용

정부에서는 수출 확대 지원을 위해 바우처 사업을 수행하고 있다. 바우처 사업이란 각 정부 부처 수출지원사업간 칸막이를 제거하여 중소 중견 기업이 자사의 수출 역량에 맞는 수출지원사업을 자유롭게 선택할 수 있도록 만든 사업이다.

업체들은 정부 수출지원프로그램을 활용할 수 있는 바우처를 신청하면 심사를 통하여 바우처를 제공하고 기업은 필요한 수출지원 서비스를 선택하여 사용할 수 있다.

바우처를 활용하여 참여할 수 있는 사업은 11가지 유형이 있다. 수출 첫걸음 지원사업, 소비재 선도기업육성, 서비스 선도기업육성, 월드챔프육성, 아시아하이웨이, 수출도약 중견기업육성, 해외 전시회 개별 참가지원, 수출성공패키지, 고성장기업 수출역량강화, 글로벌강소기업 해외마케팅 지원, 해외지

재권 분쟁예방 수출바우처 사업이 있으며 이 중 글로벌강소기업 해외마케팅 지원사업이 세일즈랩으로 이용이 가능하다.

이 사업을 통해 받은 지원금은 세일즈랩에 기본 마케팅 비용인 리테이너 피를 지불하는데 사용할 수 있다. 자세한 바우처 관련 사업 안내는 www.exportvoucher.com에 방문하면 알 수 있다.

7) 기타

기타 지원사업으로 자동차부품 등 특정 산업 지원 산업별 마케팅, 방산물자 및 공공조달시장 진출지원을 위한 특화시장별 마케팅, 해외투자진출지원, 외국인 투자유치 지원, 글로벌 인재유치 지원, 무역투자 교육연수 등이 있다.

10장

-

수출 잘하는 중소기업은 다르다

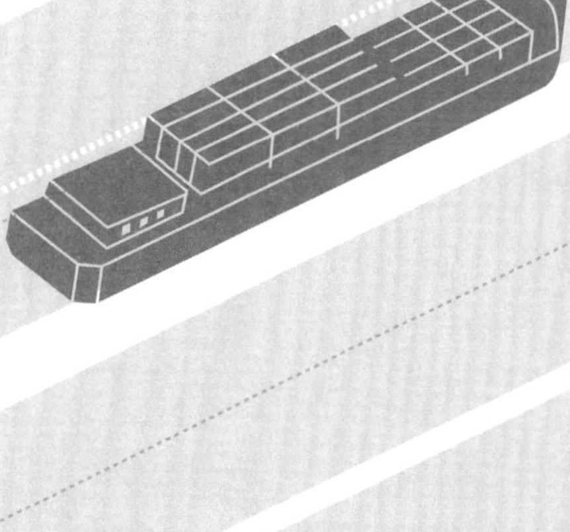

필자는 업무 특성상 많은 중소 업체를 만나고 같이 수출을 위해 노력하고 있는데 수출액이 많은 업체들의 대표에게 수출 잘하는 비결을 물으면 대부분이 운이 좋았다고 한다. 이 뜻은 정말 운이 좋은 경우도 있지만 굳이 수출 비결을 상세히 말하고 싶지 않다는 뜻도 된다.

많은 중소기업을 오랜 기간 지원을 하면서 파악한 수출 잘하는 업체의 특징은 지속적이고 끈기 있는 수출 의지와 투자, 고객관리였다. 이 중에서 가장 중요한 것 하나를 꼽으라면 경영자 또는 관리자의 수출 의지이다.

수출을 잘하는 성공한 중소기업이 되려면 무엇이 필요한지 세부적으로 짚어 보자.

1. 바이어의 고민을 덜어주는 솔루션으로 가치를 제공한다

바이어에게 제품 판매를 위해서는 제품뿐만 아니라 가치를 제공하고 바이어가 당면하고 있는 문제나 고민을 해결해 줄 수 있어야 장기적인 관계로 발전할 수 있다. 즉, 바이어가 기존 거래선 제품에 대해 품질 문제를 가지고 있는지 아니면 납기 문제가 있는지를 파악하고 이에 적절히 대응해야 한다. 가치는 가격뿐만 아니라 품질, 기술력, 디자인, 납기 등 거래업체를 평가하는 항목 전반에 걸쳐 높은 평가를 받을 수 있도록 관리를 해야 한다.

단순히 경쟁력 있는 가격만으로 수출 성약이라는 결과를 기대하긴 힘들다. 최근 들어 한국 제품은 다른 경쟁국가에 비해 가격 경쟁력이 좋지 않기 때문에 자사만이 가지고 있는 경쟁력을 최대한 부각시켜야 한다. 경쟁사 제품과 비교하여 자사 품질 경쟁력과 납기, 기술 및 사후 관리 지원 등 제품의 우수성과 함께 기업의 전반적인 경쟁력과 신뢰성을 설득력 있게 제시할 수 있어야 한다.

또한 바이어는 전문가를 원한다는 사실을 알아야 한다. 상담 시 많은 현장 경험을 통해 제품 기술과 개선 방향 등을 제안할 수 있어야 하고, 상담할 때 세세한 분야의 질문에 답하지 못하면 성약 가능성도 그만큼 낮아진다고 볼 수 있다. 고객이 누구이고 어느 유형이며 어떤 문제를 가지고 있는지, 어떤 제품 구매를 원하는지를 지속적으로 질문하고 그 답을 제공할 수 있어야 장기적인 사업 관계를 구축하는 것이다.

다음 그림의 가치 체계도에서 보는 대로 고객에게 가치를 제공한다는 것은 단순히 한가지 서비스나 장점을 제공하는 것이 아니라 1개 이상의 특징과 장점을 제공하는 것이다. 제품의 가격뿐만 아니라 제품의 품질 경쟁력을 가지고 있다면 다른 기업에 비해 높은 가치를 보유하고 있는 것으로 평가받을 수 있으며, 여기에 빠른 배송 또는 납품할 수 있는 경쟁력을 보유하고 있다면 그 기업의 가치는 더 높아지는 것이다.

가격, 품질, 속도 이외에도 애프터 서비스 등 경쟁력을 높여 가치를 제공할 수 있는 항목이 있다면 이는 다른 경쟁업체에 비해 가치를 더 높여주는 중요한 요인이 될 수 있다.

한국산 제품의 경우 가격을 가지고 경쟁할 수 있는 품목은 거의 없다고 할 수 있다. 가격 수준은 중국산 제품에 비해 높다고 하더라도 품질 수준은 일본, 미국, 유럽 기업들의 수준과 비슷하며 여기에 적기 대응 능력을 갖추고 있다면 이 기업은 가치를 제공하는 기업이 될 수 있다.

<가치 체계도>

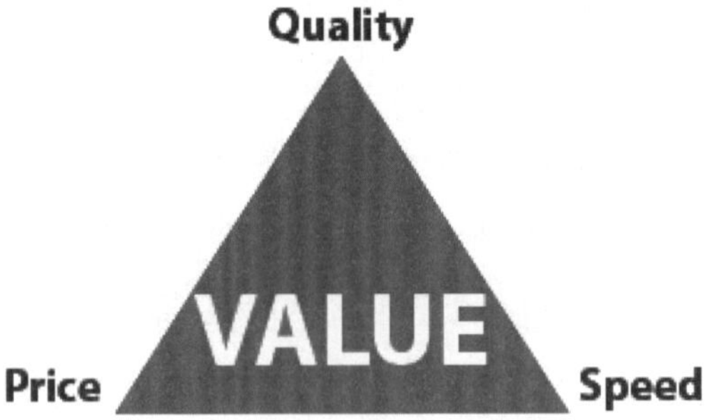

사례 15 바이어에게 가치를 제공하여 성약한 K사

모든 바이어들은 자기만의 문제를 항상 가지고 있으며 이 문제를 해결하기 위해 공급업체를 만나고 문제를 해결해 주는 업체를 선호하는 것은 당연하다.

중장비 부품을 생산하는 K사는 바이어의 고민을 듣고 적절한 제안을 통해 성약뿐만 아니라 사업 확대 기회로 활용하였다.

자동차 2차 부품업체 바이어의 가장 큰 고민은 납품 원가 절감과 다품종 소량 구매로 인해 원가가 높고 다수의 부품공급업체를 관리하는 데 어려움이 있었다. 그리고 소량 부품의 경우 대다수 부품 공급업체들이 납품을 기피하고 있어 공급업체를 찾는데 많은 어려움이 있고 납품 가격이 높아도 어쩔 수 없이 부품을 구매하고 있었다.

일반적으로 바이어는 매년 2-5% 원가 절감 목표가 주어지고 있으나 소량 구매 품목의 경우 부품 구매 단가를 낮추려고 해도 부품 공급업체들은 단가 인하에 매우 비협조적이었다.

이러한 문제를 바이어로부터 파악한 K사는 기존에 진행되고 있는 견적에서 공급업체로 선정되면 소량 부품을 협력업체에서 구매하여 1차 조립하여 공급하는 조건을 제시하였다. 납품을 추진 중인 부품 중 조립할 수 없는 소량 생산 부품의 경우 한국 협력업체에서 공급받아 품질관리와 배송을 책임지고 공급하는 대안도 제시하였다.

바이어 입장에서는 소량 부품의 경우 고가에 미국 업체로부터 전량 구매하던 것을 한국 부품업체가 생산 납품하여 구매원가를 절감할 수 있고, 다수의 부품 공급업체 관리 문제를 해결할 수 있는 대안이었다.

이러한 제안을 계기로 K사는 장기적으로 협력 파트너 업체로 관계를 공고히 할 수 있었다. 현재까지 많은 다품종 소량 제품도 공급하고 있으며 물량이 많은 부품도 점차 증가하여 지난 5년간 거래 규모가 5배 정도 증가하였다.

대다수 바이어들은 처음 만났을 때 자기가 먼저 자기의 문제에 대해 터놓고 이야기 하지 않는다. 바이어가 당면하고 있는 문제를 파악하기 위해서는 바이어와 미팅할 때 다양한 질문 등을 통해 이를 파악하는 시간 활용이 필요하다.

2. 시장을 정확히 파악하고 지속적으로 업데이트한다

경쟁업체보다 우위를 점하고 확보한 경쟁력을 지속 유지하기 위해서는 시장과 기술 동향을 파악하고 지속적인 업데이트를 통해 바이어에게 새로운 정보를 제공해야 한다.

시장과 기술 동향을 파악하기 위해서는 전시회나 각종 세미나 등에 참석하여 정보 업데이트가 필요하다. 새롭게 입수된 정보를 활용하여 경쟁력 있는 신제품을 개발하고 지속적으로 바이어에게 제공해줘야 단순한 거래관계에서 벗어나 장기적 사업 파트너로 자리 잡을 수 있기 때문이다. 어떤 바이어의 경우 제품 생산에 문제가 생길 경우 오랫동안 납품하고 있는 한국 업체에 생산 가능성 또는 문제 해결 방안은 먼저 문의할 정도로 높은 신뢰를 구축하였다.

최근 들어 글로벌 시장은 빠른 속도로 변하고 있다. 특히 국가 간 FTA 체결로 무역 장벽이 사라지기도 하며 이로 인해 나라별 경쟁 구도가 바뀌는 사례도 늘어나고, 국가 간 무역분쟁 탓에 높은 관세 부과로 하루아침에 가격 경쟁력을 상실하는 경우도 있다.

이러한 시장 환경의 급격한 변화를 예의 주시하고 대응 방안을 준비해야 시장 변화에 따른 위험을 줄일 수 있다.

사례 16 중국산 제품에 부과한 특별 관세를 활용하여 성약한 P사

트럼프 행정부의 중국산 제품에 대한 특별 관세 부과로 기존에 중국산 제품을 수입 판매한 업체의 경우 가격 경쟁력이 약화하면서 큰 어려움을 당하거나 수익성이 악화되는 문제가 발생하고 있다.

중소기업 P사는 이런 상황에 직면한 바이어들이 중국산이 아닌 다른 나라 업체들에서 부품을 구매하려는 경향이 높아지고 있다는 것을 파악하였다. 이에 P사는 그동안 지속적으로 연락하였으나 가격 경쟁력 때문에 바이어가 큰 관심을 보이지 않던 미국 업체 J사에 다시 연락하였다.

P사는 바이어에 가격보다는 품질과 안정적인 공급 능력을 최대한 부각하였다. 중국산 부품 가격이 상승했어도 한국산 제품 가격이 약간 높거나 같은 수준이어서 바이어는 선뜻 거래 의사를 표명하지 않았다. 바이어는 중국과의 무역분쟁이 조만간 해결될 것으로 기대하고 기다려 보자는 것이 회사 방침이라고 알려주었다.

P사는 지금 당장 구매할 필요는 없다. 그러나 향후 중국과의 무역분쟁이 본격화되고 장기화할 것을 대비하여 거래 협의를 하자고 바이어를 설득하였다. 처음에 바이어는 알겠다고는 대답하였지만, 거래에 그리 적극적이지 않아 업무 진행이 매우 느렸다.

그러나 시간이 지날수록 중국과의 무역분쟁이 합의점을 찾지 못하고 관세 부과 시행이 임박해지자, 오히려 바이어가 적극적으로 나섰고 마침내 거래가 이루어졌다.

그 결과 바이어는 회사에서 다른 구매 업체를 미리 물색해 놓았다고 높은 평가를 받았고, P사는 거래를 희망하였으나 가격 문제로 오랫동안 거래가 되지 않았던 바이어와 성약을 이룰 수 있었다.

3. 전시회 참석하여 바이어를 발굴하고 기존 네트워크를 강화한다

신규 바이어를 만나고 제품과 시장 정보를 입수하는 최고의 장소는 산업별 관련 전시회이다. 특히 유럽과 미국 등 선진국은 전시회가 크게 활성화되어 있다. 바이어들도 신규 공급업체를 물색하고 신제품 및 기술 정보를 입수하기 위해 전시회를 적극 활용한다.

수출 성과가 높은 한국 업체 대다수는 꾸준히 관련 유력 전시회를 참석하여 신규 바이어도 발굴하지만, 기존 거래선 바이어도 만나 네트워크를 강화하는 장으로 활용하고 있다.

전시회에 한번 참석하여 큰 거래 계약을 기대해서는 안 되며, 지속적으로 참석하다 보면 제품이 시장성이 있을 경우 거래 기회가 올 수 있다. 몇 년간 꾸준히 전시회에 참가하면 바이어들은 지속적으로 전시회에 참석하고 있으니 안정적으로 회사를 운영하는 업체로 인식하고 거래 협상에 나서기 때문이다.

전시회에 참석하기 위해서는 먼저 관련 유력 전시회를 발굴하고 자사에 맞는 전시회를 선정하여 지속적으로 참석하여 네트워크를 구축해야 한다.

사례 17 지속적인 전시회 참여로 네트워크 강화한 B사

지속적으로 전시회를 참가하여 성약에 성공한 사례는 많이 있다. 특히 미국시장의 경우 전시회 참가를 통해 신규 바이어를 발굴하고 지속적인 연락을 통해 거래에 성공하는 경우가 많다.

기계 부품을 생산하는 중소 업체 B사는 2년마다 개최되는 시카고 공작기계전시회에 매번 참가하고 있다. 시카고 공작기계전시회는 세계 최대 금속가공기계전시회로 알려진 만큼 기계 부품을 생산하는 B사에 가장 유력한 전시회 중 하나이다.

B사는 처음에 비용이 많이 들어 전시회 참가를 주저하였다. 그러다가 큰 맘 먹고 어렵게 전시회에 참가하였는데 생각보다 바이어들이 부스를 방문하지 않아 전시회 효과가 없는 것이 아닌가, 심각한 고민을 하였다. 그렇지만 비용이 들더라도 해외 전시회에 참가하여 몇몇 바이어라도 상담할 기회를 얻고자 지속적으로 참가하기로 결정하였다. 그 전시회는 2년마다 개최되어 매년 개최되는 전시회보다 비용 부담이 덜하다는 것도 전시회에 계속 참가 결정요인이 되었다.

B사는 2년이 지나 다시 참가한 전시회에서 성약은 되지 않았지만 처음 참가했을 때 미팅한 바이어가 부스를 다시 찾아와 서로 회사에 대해 더 알게 되면서 심도 있는 상담도 할 수 있었다. 부스에 방문한 바이어 수도 처음 참가했을 때보다 많아졌고, 바이어와 상담을 통해 상담 노하우뿐만 아니라 제품 경쟁력 및 시장과 기술 동향을 파악할 기회가 되었다.

두 번째 전시회 참가를 통해 B사는 다소 수출 성약이 늦게 이뤄지더라도 지속적인 전시회 참가가 장기적으로 회사 성장과 해외마케팅에 도움이 될 것이라는 확신이 들었다. 또한 기계 부품의 경우 품질과 기술 수준뿐만 아니라 장기적인 사업 관계를 선호하고 있다는 사실을 알았다. 따라서 꾸준한 전시회 참가가 안정적인 회사 이미지를 심어 주는 장점으로 작용한다는 점을 파악했다.

B사는 두 번째 참가한 전시회에서 2년 전에 부스를 방문한 바이어들이 다시 찾아와 인사를 하고 상담하는 것은 물론 처음 미팅한 바이어들과도 점차 네트워크를 확대, 강화하였다.

결론적으로 처음 전시회 때 미팅한 바이어가 두 번째 참가 때도 찾아와 상담하였고 그 후 수많은 이메일 교신을 통해 견적에 참여할 기회가 주어졌고, 마침내 1년 후에 수출 성약이 이루어졌다.

4. 수출지원프로그램을 적극 활용한다

정부와 관련 협회나 관계기관은 중소기업의 수출 확대 지원을 위해 다양한 수출지원프로그램을 운영하고 있다.

대표적으로 대한무역투자진흥공사인 KOTRA와 중소기업진흥공단, 중소기업중앙회, 사업별 각종 협회들은 지사화 사업, 해외 전시회 참가, 해외 바이어 초청 수출 상담회 등을 지원하고 있다.

<중소기업 역량별 해외마케팅 활용법>

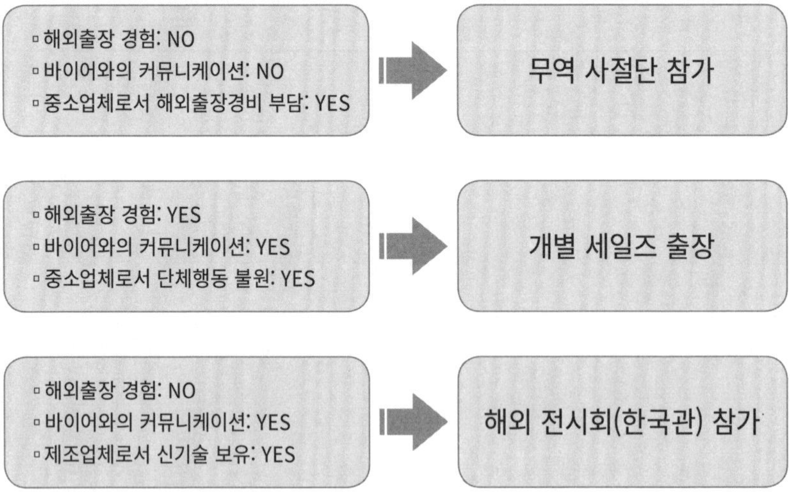

이러한 관련 기관들의 수출지원프로그램을 활용하면 적은 비용으로 전시회 참가 등의 수출 마케팅을 할 수 있으며, 각종 자문과 컨설팅도 받을 수 있다. 따라서 수출 잘하는 중소기업들은 정부, 협회나 기관별 수출지원프로그램을 파악하고 자사에 맞는 프로그램을 적극적으로 활용하고 있다.

앞의 〈중소기업 역량별 해외마케팅 활용법〉 표는 중소기업 역량별 정부나 관계기관에서 제공하는 서비스 활용을 예를 든 것으로 각 기업의 역량과 목적, 시장에 따라 가장 적절한 서비스를 신청하여 활용할 수 있다.

사례 18 무역사절단 참가를 통해 이룬 수출 성약한 L사

KOTRA를 포함한 많은 정부 수출지원기관에서 수출을 위해 다양한 지원프로그램을 운영하고 있다. 무역사절단의 경우 해외 출장 경험이 없고 바이어와 의사소통에 어려움이 있는 중소기업 10~15개사 정도를 단체로 묶어 해외시장을 방문하고 바이어와 상담하는 사업이다. 주로 개발도상국 시장에 적합한 정부 지원 마케팅이지만 미국을 포함한 선진국 시장에서도 무역사절단 사업이 지원되고 있다. 사실 무역사절단 사업에 참가하여 미팅한 업체와 그 자리에서 성약이 되는 경우는 흔치 않다. 대다수가 미팅 후 상호 연락을 통해 가격을 견적하고 여러 거래 조건이 합의되면 그때야 거래가 된다. 그런 만큼 무역사절단은 한국 기업 제품에 관심이 있는 바이어를 소개하고 미팅할 기회를 제공하는 사업이라고 할 수 있다. 사절단 참가가 계기가 되어 수출 성약에 성공한 사례로는 화장품 업체인 L사가 있다. L사는 사절단 참가를 통해 바이어와 미팅을 한 후 화장품 샘플을 보내고 테스트를 통해 만족한 바이어가 자기 브랜드로 생산 공급하는 조건으로 거래를 제안해 와 수출에 성공하였다.

5. 한번 고객은 영원한 고객이다

수출은 제품을 주문받고 납기에 맞춰 제품을 납품하며, 그다음 대금 결제가 이뤄지는 일반적인 절차를 거치는데 이 과정에서 아무리 대비하고 관리를 한다고 해도 예기치 못한 상황이 발생하기 마련이다.

일반적으로 불량이나 납기 등 문제가 발생하면 문제 해결을 위한 노력은 뒷전이고 서로가 책임을 회피하고 책임을 전가하기 위해 다양한 구실과 핑곗거리를 찾아 다투게 된다. 양쪽은 어떻게 해서든 손해를 덜 보려고 하는데 보통 바이어 쪽에 더 힘이 있기 때문에 부품 공급업체가 손해를 떠안는 경우가 많다. 이때 한쪽이 양보하지 않는 등 갈등이 커지면 거래관계에 문제가 발생할 수도 있다. 어떻게 보면 거래를 성사시키는 것보다 장기적으로 거래관계를 유지하고 문제가 발생했을 해결하는 것이 더 어렵고 노하우가 필요하다.

납품하는 기업 처지에서는 만약에 발생할 수 있는 상황에 대비하고, 바이어를 논리적으로 설득할 수 있는 근거를 제시하도록 관련 자료를 잘 보관하고 준비해 놓아야 한다. 언제나 고객이 이길 수밖에 없으므로 그 피해를 최소화하는 범위에서 고객과 협의를 통해 대안 또는 해결책을 마련하고 제시할 수 있어야 한다.

사례 19 문제 해결을 통해 장기적인 협력 관계를 구축한 P사

수출 거래를 하다 보면 납품한 제품의 품질 문제, 원자재가격 상승에 따른 가격 협상, 납기지연 문제 등, 본의 아니게 서로에게 피해를 주는 경우가 자주 있다. 또한 납품한 부품 또는 제품에서 문제가 발생하여 제품을 리턴하거나 크레딧을 제공해야 하는 문제 등도 서로의 협의를 통해 문제를 해결해야 하는 경우이다.

미국 기업에 납품하는 경우 한국보다는 갑을 관계가 심하지 않지만 그래도 납품업체 입장에서는 바이어에 비해 협상력이 약한 편이다. 국제 원자재가격 상승에 따른 납품가격 인상 요구는 바이어가 전적으로 다 수용해주진 않지만 대부분 수용되는 선에서 해결된다.

가장 큰 문제는 제품 불량 문제로서 가장 어렵고 위험한 협상 중 하나이다. 다른 곳도 마찬가지겠지만, 미국 기업 역시 불량 부품 문제는 엄격하게 다루고 있다.

K사는 자동차부품을 2차 부품업체에 납품하고 있었는데 불량 제품 발생에 적절히 대응하지 못해 추가 계약 물량이 매우 감소하였다. 제품 불량이 발생하면 바이어나 부품 공급업체 모두 아주 당혹스러운 일이다. 중장비 부품을 공급하는 P사는 이의 심각성을 알고 문제가 발생하면 신속한 대응을 가장 중요시하였다. 특히 P사는 제품 생산에 차질이 발생하지 않도록 초기에 신속한 대응을 하고 문제 파악을 통해 해결책을 제시하려 노력하였다. P사는 또 그 불량 제품에 대한 금전적인 협상은 다음에 논한다는 자세로 당장 손해가 나더라도 바이어 입장에서 해결책을 먼저 제시했다. P사는 신속하게 제품 불량 문제를 해결한 교환 부품을 생산하여 항공으로 배송하면서 큰 손실이 발생하였으나 이러한 적극적인 대응으로 추가 부품 수출 계약을 체결할 수 있었다.

6. 끈기와 인내심을 가진다

수출로 승승장구하는 중소기업들의 또 다른 특징 중 하나는 끈기와 인내심을 가지고 지속적으로 해외수출을 추진한다는 점이다.

수출에 성공한 중소기업 사장들 대부분이 지속적인 해외시장 공략과 조바심내지 않는 인내심과 꾸준한 노력을 성공의 첫 번째로 꼽는다. 간혹 운이 좋았다는 분도 있으나, 이런 운도 지속적인 노력과 끈기 끝에 찾아온 것이라 할 수 있다.

이러한 꾸준한 노력과 인내심도 해외수출이라는 결과를 얻기 위해서는 지속적인 조사와 분석, 시장성 평가를 통한 전략적인 접근이 필요하며, 왜 수출 성약이 안 되는지 부족한 점은 무엇인지를 파악하여 개선하는 노력도 뒷받침되어야 한다.

지속적인 수출 마케팅이 필요한 이유 중 하나는 성약은 타이밍이 중요하기 때문이다. 아무리 제품이 좋고 경쟁력 있다고 해도 바이어가 지금 당장 구매를 할 품목이 아니거나, 기존 공급업체를 대체 하는 등의 이유가 없으면 당장 구매로 이어지지 않기 때문이다.

제품은 바이어가 필요할 때 팔아야 팔린다. 바이어는 아무리 좋은 가격과 품질을 생산하는 업체를 찾았다고 해도 기존 거래선과의 계약 등의 문제로 즉시 구매할 수 없는 수많은 이유가 있다. 좋은 구매 타이밍을 만들기 위해서는 유력 바이어와 꾸준히 접촉하고 잠재 바이어 수를 확대하여 가능성을 높여 놓아야 한다.

사례 20 바이어와 지속적 연락을 통해 성약한 K사

K사는 3년 전에 처음 연락하고 카탈로그를 송부했던 바이어한테 연락이 왔다. 그 바이어는 신규 부품 공급업체를 찾고 있는데, 견적을 해줄 수 있느냐고 문의해 왔다.

이 이메일이 오기 전까지 그 바이어는 수없이 이메일을 보냈음에도 한번도 회신이 없었다. K사는 오래전 중견 규모의 디스트리뷰터인 이 바이어를 전화로 파악하고 이메일로 제품과 회사 카탈로그를 송부하고 검토를 요청하였다. 2주 후 검토 결과를 이메일로 문의하였으나 아무 회신이 없었다. 그래서 한 달 후 전화를 하였으나 받지 않아 음성 메시지를 남겨 놓았지만, 이 또한 아무 회신이 없었다. 그래도 K사는 6개월에 한번씩 간단한 안부와 필요한 것 있으면 연락 달라고 이메일을 보냈고 제품 또는 회사 정보가 바뀐 것이 있으면 추가로 이메일을 보내고 있었다. 이런 바이어인데 갑자기 연락이 와서 제품 문의와 함께 견적을 요청하였다. K사는 공식적인 미팅도 하지 않았지만, 왠지 친근감을 가지고 최선을 다해 견적서를 제출하였고, 몇 번의 가격 협의와 샘플 테스트를 거쳐 아주 일사천리로 납품 계약을 체결하였다.

나중에 바이어한테 들은 이야기지만 K사가 전시회에 참석할 때마다 바이어는 K사 부스를 지나가듯이 방문하였고, 제품 카탈로그를 부스에서 가져가 추가된 신규 제품을 지속해서 파악하고 있었다고 했다. 또 K사가 해당 전시회에 매년 참가하고 있어 장기적으로 미국시장 진출을 위해 노력하고 있다는 것을 알았으며, 회사를 안정적으로 운영하고 있다는 느낌을 받았다고 했다. 바이어는 몇몇 중국 업체들은 좋은 가격 조건 때문에 거래를 하게 되나 추후 팔로업이 늦거나 납기를 준수하지 못할 뿐만 아니라 일정한 품질 수준을 유지 못 하고 있어 거래에 어려움이 있었다는 사실까지도 추가로 밝혔다.

맺음말

이 책을 쓰면서 많은 생각과 고민을 하게 되었다. 지난 20년 동안 수출 마케팅을 하면서 내가 무슨 일을 어떻게 해왔는지, 어떤 점이 부족했는지를 바둑에서 복기하듯이 하나씩 되돌아볼 수 있었다.

어떤 경우는 이렇게 하면 성약이 될 수 있었을 텐데 하는 아쉬움이 있는 사례도 있고, 어떤 때는 생각지도 않게 일이 잘 풀려 어렵지 않게 성약을 이룬 사례도 있다.

해외 영업 인력은 많은 시간과 경험 축적을 통해 전문인력이 양성되기 때문에 기업들은 성과를 창출하기 위해서는 많은 교육이 필요하며 경험을 축적할 수 있도록 하는 인내가 필요하다. 특히 중소기업의 해외수출 영업은 많은 제약조건이 따르기 때문에 이를 극복하고 성약을 창출하는데 많은 노력과 시간이 요구된다.

중소기업은 제품 가격, 품질, 기술력, 마케팅, 홍보 등의 한계로 해외 기업들의 다양한 수요에 대응하기 힘든 경우가 많아 좋은 프로젝트를 발굴해도 포기하거나 성약이 되지 않는 경우가 잦다. 필자도 중소기업 수출지원을 하다 바이어의 수요를 발굴했으나 중소기업의 생산 제품 및 기술력 한계로 대응할 수 있는 한국 업체를 찾는 데 큰 어려움을 겪은 경험이 많다.

또한 어렵게 발굴한 바이어들에게 입수한 인콰이어리나 RFQ 패키지를 받아 보면, 자동차나 중장비 부품의 경우 수량이 많고 수익성이 확보된 부품은 거의 기존의 부품 공급업체들이 우선해서 차지하고, 수량이 적거나 생산하기 힘든 제품, 납품 가격이 아주 낮은 제품이 대부분이어서 신규 업체의 진입이 어려울 수밖에 없다.

이러한 환경적인 어려움이 있어도 해외시장 수출은 시장 다변화와 매출 증대를 위해 반드시 필요하며 이를 위해서는 해외수출 영업 인력을 육성하고 확보해야 한다.

이 책은 이러한 필요성에 따라 해외시장에 이미 진출했거나 목표로 하는 기업과 그곳에서 수출 영업을 담당하는 직원들에게 조금이라도 실무적으로 도움이 될 내용을 담기 위해 노력하였다.

따라서 마케팅 현장에서 필요한 조사, 바이어 발굴, 진출전략 수립 등 모든 기업이 한 번쯤은 고민하고 거쳐야 할 필수적인 내용을 중심으로, 사례 제공을 통해 현장감을 살리고 쉽게 이해할 수 있게 구성하였다.

20년 동안 수출 마케팅을 하면서 얻은 확신은 시간과 노력이 많이 소요되지만 지속적인 노력을 하면 언젠가는 수출 성약이라는 결실을 얻을 수 있다는 사실이다. 문제는 얼마나 시행착오를 줄이고 필요한 부분을 준비하고 대응하면서 방향성 있게 지속적으로 노력하느냐인데 이 또한 얼마든지 극복할 수 있는 문제이다.

해외시장을 노리며 끊임없이 두드리고 노력하는 기업이라면 수출이라는 알찬 열매를 언젠가 품에 안으리라 확신하며 힘찬 응원을 보낸다.

이 책에 나의 수출 마케팅 경험을 담으려고 노력하였으나 일천한 필력과 지식으로 인해 부족한 부분이 많고 아직도 더 큰 노력이 필요하다는 것을 절실히 느꼈다. 비록 작은 경험과 얕은 지식이지만 중소기업이 해외수출 마케팅을 이해하고 수출 성약을 이루는 데 작게나마 도움이 되기를 바라는 마음 간절하다.

황선창